卷三

周易全书

林之满 主编

吉林出版集团有限责任公司

目　录

周易研究

第十五篇　周易的本性

第十六篇 周易思维论概

第十五篇　周易的本性

引　言

中华书局出版的《周易集解纂疏》(清人李道平著)前言中有一段话:"自清末以来,治周易者,十九在考证易经的作者及成书年代,或能注意秦汉以来的周易著述,而研究其内容者,日乏其人,故周易一书的哲理,已不为一般知识分子所理解。"话说得中肯而似含隐忧,读来令人感慨。笔者认为,这段话若加上一句"尤以近半世纪以来为甚",似乎更为贴切。

对于周易的内涵,一般人(包括一般知识分子)并不清楚,只是人云亦云地认为那是算卦的书,既不重视,当也无意学习、探讨。这便使周易的研究局限在少数学者的书斋之中,而不能广泛流传,更谈不到对中国现代文化的发展作出贡献。在周易的学习与流传上,还有一个阻力,就是在改革开放以前,知识界和学术界存在一种无形的成见,以为易经属于唯心的玄学之类,不愿深入。这也使周易发挥意蕴以充实我国民族哲学的活动,受到阻碍。

为了破除这些俗气的或教条的障碍,以利于民族传统文化的发扬,有必要从根本上对周易一书的内涵进行探索分析,把它到底是一本什么性质的书这一问题,提到书面上来试作探讨。

孔子的《易》占观

关于周易是一本什么书的问题,核心在于,从基本性质来说,周易是属于占筮书,还是属于哲理书。周易具有渊奥的义理,同时具有占筮的成分,这是众人的共识,并无争议。但两者哪一个占主要地位,哪一个是它的本质,却有不同的看法。

首先应该提出的人物是易道所谓"三圣"之一的孔子。他深通《易》道,并对发扬《易》理,使周易哲学化,作出了史无前例的贡献。下面,我们看看他对周易的看法。

先看《论语》。《论语》是记载孔子言论的经典文献。在《论语》中,关于周易的言论记录不多,只有三条:

(1)"子曰:'加我数年,五十以学《易》,可以无大过矣。'"(《述而》)

(2)"子曰:南人有言曰:'人而无恒,不可以作巫医。'善夫!'不恒其德,或承之羞'。"(《子路》)

(3)"子曰:'不占而已矣'。"(《子路》)

第一条的意思是,对周易的"穷理尽性以至于命"的义理,极为信服,希望多活几年，深入学习，以便提高道德修养，达到不犯大过的地步。换言之，意思是如能把周易中的天人之道的义理学到手，以指导立身行事，就可以在进德修业上避免重大过错。

第二条是孔子引用周易《恒》卦九三爻辞“不恒其德，或承之羞”（不能常久坚持德行，会遭受羞辱），来说明为人守恒的重要性。

第三条上下文不明。何晏引郑解曰：“《易》所以占吉凶。无恒之人，《易》所不占。”认为此条是承上文（第二条）义，针对无恒之人说的。这个看法显然不对，一是上举二、三条，句前皆冠以“子曰”，应是孔子的两次言论，由弟子所记；二是既说周易是占吉凶的，如何对问卦者有所选择？何以对无恒之人不予占筮？令人费解。其实，这句话并不难解。这是说孔子精研周易，通达其阴阳之理，也会占筮。但对使用占筮来预测人事，不大感兴趣。孔子之后的儒家大师孟子善言好辩，但从未谈过卜筮之类的事。先秦最后一个儒家学者荀子则明确地说：“善为《易》者不占”（《荀子·大略》），只在文章中引用周易爻辞，以为义理佐证。在这一点上，孔子的态度与荀子大体相似，着重钻研易经的微言奥义，以用于学业与人事，而把其中的“鬼谋”（占筮），置于次要地位。也许孔子“不语怪、力、乱、神”的入世求实思想，使他对筮数之类，也像对鬼神一样，持敬而远之的态度，以致表露出“不占而已矣”的心情。

但是深通周易的孔子，对占筮术也是知之甚深的。这一点《易》传足以为证。至于实际上他是否当真“不占”，是否曾把占筮用于人事解疑，似乎很难断言。先秦正式文献当中并无孔子占筮的记载，类似《左传》、《国语》等书所载史官分析卦象爻辞那类文字，在孔子身上完全见不到。司马迁在《史记·孔子世家》中谈到孔子与周易的关系时，也只说他“晚而喜《易》”“读《易》韦篇三绝”，并未言及他有无占筮行为。但这是正史的情况，在佚史中则有另种记载。如汉代学者刘向在《说宛》的反质篇中就讲过孔子占卦的事例。文曰：“孔子卦得《贲》，喟然仰面叹息，意不平。子张进，举手而问曰：‘师！闻《贲》者吉卦，而叹之乎？’孔子曰：‘贲非正色也，是以叹之。……质有余者，不受饰也’。”大意为：孔子占筮，得到周易《贲》卦，贲是修饰之意。孔子认为

韦编三绝图。孔子晚年喜读《易经》，以至于使韦编（即穿竹简所用的皮条）多次断绝。他曾说：“假我数年，五十以学《易》，可以无大过矣”

经过修饰的，不是本色，颜色不正，所以表示不满而叹息。这个故事是否真实，无从判断，只可供参考。

另外，《易纬·中备》记载，孔子弟子商瞿，从孔子学《易》。年四十而无子，孔子为之占筮曰："'瞿当有丈夫子五人。'子贡曰：'何以知之？'子曰'卦遇《大畜》，艮之二世，九一甲寅，木为世，六五景子，水为应，阳爻五，应有五子'。"（张守第《史记正义》）

这个记载，也许以传说为依据。但即便有此传说，也是经过人为的加工。因为周易的占筮纳入干支五行，是汉代的事，与孔子的春秋时代相距好几百年。

不过，尽管是传说性质，不足为凭，但关于孔子曾经搞过《易》占，并善于《易》占的记载，对探讨孔子的《易》学和判断周易的性质来说，仍不能不加以注意。汉代思想家王充在《论衡·卜筮篇》中也曾讲到孔子占卦的事。他说："鲁将伐越，筮之，得'鼎折足'"（《鼎》卦九四爻辞），子贡占之，以为凶。何则？鼎而折足，行用足，故谓之凶。孔子占之，以为吉。曰：'越人水居，行用足，故谓之凶，行用舟，不用足，故谓之吉'。鲁伐越，果克之。"上述《说宛》反质篇所载，只及于孔子占卦和对卦义的感想，《论衡·卜筮篇》所记，则及于孔子对爻象的分析和占断。其情形类似《左传》《国语》所记太史对卦爻的某种解释。刘向和王充何所据而言此，无可考证，真伪虚实，无从分辨。不过由此也透露出一点消息：孔子不仅深通《易》道与《易》筮，同时也善于占筮，不过是轻易不占而已。

但值得注意的是，同是《论衡·卜筮篇》，却有性质相反的记载。文章一开始就介绍子路向孔子请教占卜问题，借以证明卜筮所谓蓍龟神灵的错误。文曰："子路问孔子曰：'猪肩羊膊，可以得兆，雚苇葶芼。可以得数，何必以蓍龟？'孔子曰：'不然，盖取其名也。夫蓍之为言耆也，龟之为言旧也。明狐疑之事，当问耆旧也。'"王充据此得出结论说："由此言之，蓍不神，龟不灵，盖取其名，未必有实也。"当然，这是王充的观点，不能代表孔子的思想。但王充能借孔子的故事来证明蓍龟并不神灵，也间接反映出孔子对蓍占虽在赞《易》时加以称颂，但在实际生活中似乎并不那么积极、认真地对待。

另外，还有一种说法，认为"不占而已矣"是孔子对人而无恒的评论。意为人之无恒，周易已有定论"或承之羞"，定论如斯，无需占问。这种说法，和孔子《系辞》所说"夫《易》彰往察来而微显阐幽"的观点是一致的，符合孔子的思想。不过如上所述，从记录孔子言论的句法来看，冠以"子曰"的句子，都是另有所论，并不承接前文的言论。所以，还是把"不占而已矣"视为表达孔子对实行占筮持消极态度，较为合适。这一点，孔子的《易》传中有明显的表露。

孔子的周易观

孔子的《易》传，旧说有十篇，号称十翼。十翼大部分记录孔子学《易》的心得与认识，《彖》传是对卦义的解释，包括自己的认识。大小《象》传是对卦象爻象的评注，包括自己的心得。《文言》传是对易卦的根基《乾》《坤》两卦的专章解说，包括自己的体会。《说卦》传在概论易理的同时，介绍八卦的拟物取象。《序卦》传阐明六十四卦排列顺序的意义。《杂卦》传以最简单的话扼要说明性质相反的各对卦的含义特征。十翼中最重要的是《系辞》，是孔子对周易的内容与形式所作的整体概论。在上下二十四章的长篇巨幅中，以天人合一、理用一如的观点，发掘并阐扬周易的生成、要点、性质、义理和功能。洋洋洒洒，文气酣畅，是总结并阐发《易》理的优秀的哲学论文，十翼的主要内容大体是这样。它十分具体地表现出孔子对周易（包括占筮）的全面观点。

《系辞》的基本精神，用一句话来说，就是"推天道以明人事"。它以乾（天）坤（地）为中心，阐发阴阳之道，并依据天人合一的原理，融哲理与伦理为一炉，建立起孔门易学。它的主要内容是讲义理，也讲筮数筮法，但筮数筮法部分不占主要地位，并且是从哲学角度进行介绍，虽不无神秘色彩，但也含有义理性质，和其他占卜书单讲数术的情况迥乎不同。其中没有占筮占验的卦例，也未对六十四卦的任何一卦，从占筮的角度做过分析，做过占断。最简明的例证，可看《大象》。《大象》的文辞，不是从占测吉凶的角度，联系卦义对卦象进行分析、占断，如《左传》《国语》等书中联系卦义对卦象分析、占断那样；而是从卦象的表现上有所领悟，然后联系政治伦理思想，讲出自己的心得。例如周易底蕴的《乾》《坤》两卦，《乾》的《象》辞是："天行健，君子以自强不息。"《坤》的《象》辞是："地势坤，君子以厚德载物。"自强不息和厚德载物，是最高尚的道德品质，成为中华民族精神的骨干。它不是经过揲蓍，从《乾》《坤》两卦的占筮中推算出来的，而是孔子从《乾》卦的天健之象和《坤》卦的地厚之象中"悟"出来的。其他象辞，亦复如斯。这里只有从《乾》《坤》及于君子的天人合一义理，毫无神秘的占筮气息。《系辞》（乃至整个十翼）的主要思路大体如此。

下面，再举一个对比的例证。

孔子和朱熹都研究周易，但两人的基本观点却不一样。朱熹认为周易原本是"卜筮之书"，到孔子手里才阐发出许多道理，所以周易和《易》传是有区别的。可见，孔子的《易》传与朱熹的《易》传（《周易本义》），根本观点有所不同。对同一经文，二人的注释也自然有别。例如，对《乾》卦卦辞"元亨利贞"，二人的断句不同，解释也不同。

孔子依一般句读，断为"元、亨、利、贞。"注解说："元者，善之长也。亨者，嘉之会也。义者利之合也。贞者，事之干也。君子体仁，足以长人；嘉会，足以合礼；利物，足以和义；贞固，足以干事。君子行此四者，故曰：《乾》：元、亨、利、贞。"（《文言》）

朱熹的断句是："《乾》：元亨，利贞。"他的注释是，"元亨利贞，文王所系之辞，以断一卦之吉凶，所谓《彖》辞者也。元，大也；亨，通也；利，宜也；贞，正而固也。文王以为《乾》道大通而至正，故于筮得此卦而六爻皆不变者，言其占当得大通，而必利在正固，然后可以保其终也。此圣人所以作《易》，教人卜筮，而可以开物成务之精意。余卦仿此。"（《周易本义》）

对比之下，孔子和朱熹的注释，都很明显：孔子只以推天道而明人事的义理，讲元亨利贞，不谈占筮。朱熹则反其道而行之，从占筮之道讲元亨利贞，旁及义理。由此足见，孔子虽也在《易》传中谈到占筮占数，但在他的思想中周易的本质和精髓却在于

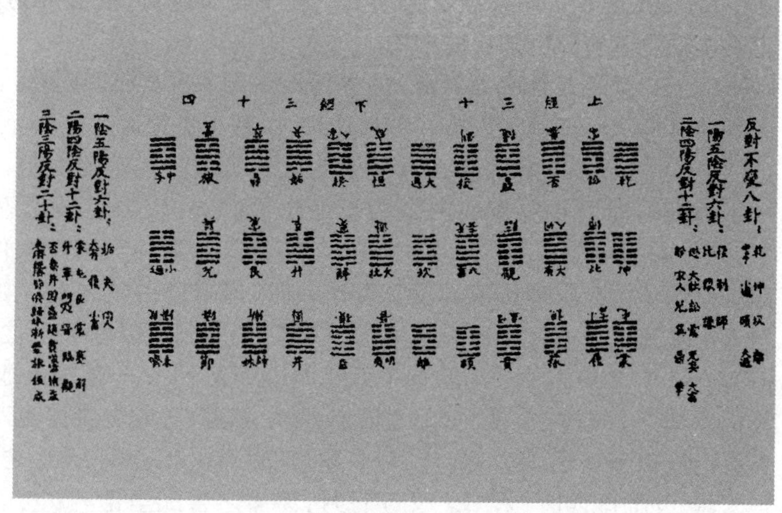

序卦图，出自宋·佚名《周易图》。孔子研究《易经》，作《序卦传》

天人之道的义理。

这一点，《系辞》的表现尤为清楚。

《系辞》总共二十四章，除第九章介绍揲筮求卦的数理，第十一章的前半部分专讲占筮以外，其他篇章大部分是联系周易讲义理的。它以《乾》（天）《坤》（地）为中心，依据天人合一的原则，阐述了《易》的生成、根基、阴阳之道、功能、性质和主要内容，以及学《易》方法和进德修业的密切关系，等等。孔子认为，"《易》有圣人之道四：辞、变、象、占。"这是周易的四大内容。前三项是关于天人之道的义理，只有末项是占筮。这表明在孔子心目中，周易的主要内容是哲理，占筮是依附于哲理的，只占次要地位。

其次《系辞》讲周易，无论讲什么问题，都不是从占筮出发而联系人事，都是以天道为根基而归于人事。讲卦爻问题亦复如是。下面两段话，足以为证。

（一）《系辞上》开始便说：

"天尊地卑，《乾》《坤》定矣。卑高以陈，贵贱位矣。动静有常，刚柔断矣。方以类聚，物以群分，吉凶生矣。在天成象，在地成形，变化见矣。是故，刚柔相摩，八卦相荡，鼓之以雷霆，润之以风雨，日月运行，一寒一暑。《乾》道成男，《坤》道成女，《乾》知大始，《坤》作成物，《乾》以易知，《坤》以简能，易则易知，简则易从。易知则有亲，易从则有功。有亲则可久，有功则可大。可久则贤人之德，可大则贤人之业。易简而天下之理得矣。天下之理得，而成位乎其中矣。"

这段话开宗明义，以天地为准讲《乾》《坤》两卦，阐发出《乾》始《坤》成的功能和易简的原理，并联系人道，认为人应效法天地以增进德业。这是讲《易》卦，也是讲天讲人，以天人合一的关系讲周易。

（二）《系辞下》十章说：

"《易》之为书也，广大悉备。有天道焉，有人道焉，有地道焉。兼三才而两之，故六。六者非它也，三才之道也。"

这段话和《系辞上》所说的周易"弥纶天地之道"（四章）"冒天下之道"（十一章），大意相同，都是说周易内容极其广阔，无所不包。这表现在，卦中每两爻代表一才,三才遂成六爻。三才就是天地人。孔子就是这样,依照周易的内蕴,以天地人的正常运动规律来分析卦爻的结构。

以上二例足以看出,《系辞》的主旨不是为了占筮而谈周易,它是通过周易的内容及其占筮形式而阐明天人合一的大道理,以利于进德修业。

(三)《系辞》对周易价值的极度赞颂,大大超过占筮的功能。

《系辞》对周易价值的占筮功能也作了赞颂,认为它虽无思无为,寂然不动,却"受命如响""遂知来物",具有"至精"、"至变"、"至神"的作用,但同时对整个周易内蕴的哲学价值与伦理价值的反复赞颂,却远远超过占筮之上。如说周易"开物成务,冒天下之道……圣人以通天下之志,以定天下之业,以断天下之疑"(《系辞上》十一章)"……与天地相似……知周乎万物而道济天下,……范围天地之化而不过,曲成万物而不遗"(四章),"一阴一阳之谓道,继之者善也,成之者性也"(五章)"夫《易》,广矣,大矣,以言乎远,则不御,以言乎迩,则静而止,以言乎天地之间,则备矣!","广大配天地,交通配四时,阴阳之义配日月,易简之善配至德。"(六章)如此等等,以天地造化和圣人德业的价值来描述周易的功能。显然,任何占卜,即便所谓占验如神,也不会超过测事的局限,也不具有这样贯通天地人的功能。只有集哲理伦理之大成的经典,如周易之整个象数文辞的内涵,才具有如此崇高的价值。

(四)《系辞》认为,《易》有衰世之意(《系辞下》六章),作者有忧患意识,并举出《履》、《谦》、《复》、《恒》、《损》、《益》、《困》、《井》、《巽》等九卦进行分析,以阐发其中的反躬修德的义理(七章)。同时,揭示出其内蕴的"惧以始终,其要无咎"这样的对处忧患的方针。如此修德警惕、敬慎补过的思想,与占卜的思想性质根本不同,众所周知,占卜的目的仅仅是为了预测神定的祸福,并不讲忧患、反省、警惕与修德补过。占卜的本性在于测知定命定数,与忧患意识无关。道理很明显,倘若反躬修己是对衰世的好办法,占卜之类就没有什么必要了。

(五)《系辞》认为,周易的"神以知来",是在"知以藏往"(《系辞上》十一章)的基础上作出的,不全出于象数的占测,主要是由于"彰往而察来"(《系辞下》六章)的作用,和"前事不忘,后事之师"的作用相类似。

《周易·尚氏学》说:"彰往,如先甲三日,先庚三日。察来,如履霜坚冰至,至于八月有凶是也。"正是这样,结合已有的经验、教训和知识,参考事物过去的情况,依据发展规律进行推算,就能做到预见未来。正因为这样,所以《系辞》又说了"知变化之道者,其知神之所为乎!"(上九章)"知几其神乎"(下五章)这样一些话。意思是,只要充分了解阴阳变化的规律,就可以知道"神"将做什么,善于察知事情发展的先兆,可谓神机妙算。显然,这是通过合理的推论来预见未来,是运用理性的活动进行预测,而不是凭借筮草的占算,极数知来。这样《系辞》一面称颂周易的灵占为"至神"(《系辞上》十章),"神以知来"(同上十一章),同时又盛赞精通《易》理、善察机微,从而预见未来的能力是"神",是料事如神。这样占筮的神和论理的神同居一室,显得很不融洽。这也许由于孔子对周易及其占筮的看法,同他对鬼神的看法有些相似的缘故。在《系辞》中孔子在推天道以明人事的前提下,对占筮时而赞颂,时而冷漠,使人难免有"瞻之在前。忽焉在后"的含糊感觉。明乎此,我们就可以体会到何以孔子一面称颂《易》占为至精至神，占事知来；一面又主张“不占而已矣”的奥秘所在了。

（六）最后还有一点需要特别提出的是，《系辞》（还有其他孔传）里没有一句直接断定周易为筮书的界说，而直接断言周易“冒天下之道”一类的话却出现好几处。可见在孔子眼中，至少周易是一部以讲哲学为主的筮书。与此相关，上举《系辞》那一段名言还得深入玩味。

“《易》之为书也，不可远。为道也屡迁。变动不居，周流六虚，上下无常，刚柔相易，不可为典要。唯变化所适。其出入以度，外内使知惧，又明于忧患与故，无有师保，如临父母。初率其辞，而揆其方，既有典常。苟非其人，道不虚行。”（《系辞下》八章）

大意是：周易这部书，不可远离，应随时观用。它表明，它所运用的一阴一阳之道，不断地变迁。变动而不停留，周流于卦中六个空虚的爻位之间，或上或下，没有一定，忽刚忽柔，相互转易。因此不可执著于规范的公式，唯有与变化相适应。但另一方面，阴阳二气的内外出入也有节度，使人循之而知所戒惧，并且明了忧患所在及其缘故（借以趋吉避凶）。虽然这不是师长对人的关怀和教诲，却也如同在父母身边一样受到指教与爱护。学习周易时，开始应由它的文辞入手，推断其阴阳二气的发展方向，终于能在其无常的变化中察知其内在法则。如果没有穷究《易》理的人“神而明之”，周易的阴阳变易之道就无法发扬光大。

这段话的中心思想一言以蔽之，就是周易阴阳交易的规律，如同师长父母一样，指导人们的行动。换言之，周易就是生活指南，不可须臾离开。值得特别注意的是，孔子没有说周易是测事如神的占筮宝典，教人避祸得福，应时刻带在身边。只告诉人们，要应用周易之理，反身修省，从而趋吉（得）避凶（失），保护自己。这突出地表明两点：①周易虽具有筮书的形式和占筮的效能，但其主要内容、功能和价值，端在于以天理指导人道。②以周易的内容和效能而言，它的性质是哲理、伦理法典。

《系辞》既是孔子的易学，也符合周易的本义。从上述《系辞》内容几个要点的分析，可以看出孔子对周易性质的认识，和朱熹以卜筮为周易本义的观点是根本不同的。从这里可以体会到，为什么孔子颂扬《易》占而又不讲占卦的缘故。

还有一点，需要补充说明。《系辞》这篇文章，深奥难懂。为什么？尚秉和先生的说法是“系辞嘘吸经髓，擎举元神，其难解盖过于经”（《周易尚氏学》）。他说的很对，《系辞》之难解，原因就在于它吸取了周易的“精髓”发扬了它的“元神”。由此可见，孔子对占筮所抱的“变动不居”的灵活态度，也正是周易唯变所适的实质反映。

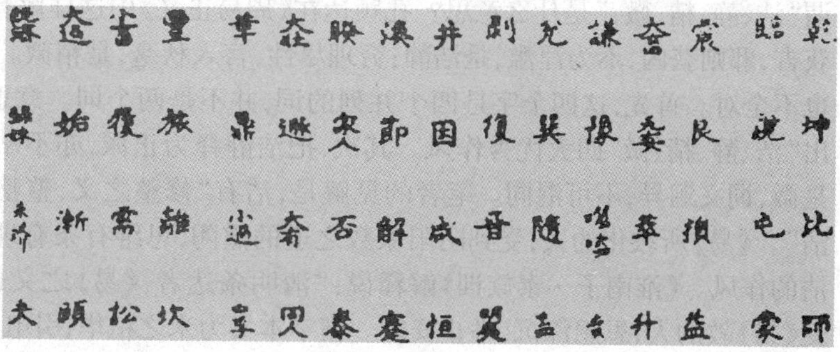

杂卦图，出自宋·佚名《周易图》。孔子研究《易经》，曾作《杂卦传》

如上所述,《系辞》已经显示出孔子对周易性质的看法,但他始终没从正面说明这一点。孔子之后,周易的研究大体分化为义理、象数两大派。从发展为两派的情形也可以看出,周易内涵的多重性发生了分化。主要是,其内容的发展形成义理派,其形式的发展则成为象数派。义理派的发展,大体上继承孔子《系辞》的基本观点而在哲学上更有建树。象数派则乖离孔子《系辞》的基本教义而逐渐坠入占术,甚至入于机祥。

从历史上看,以《易》主要为哲理书而非一般筮书的观点,孔子之前早已有之。《左传》昭公二年记载,晋国韩宣子聘于鲁,看到《易象》与鲁《春秋》,对其内容之高深,大为赞叹,说:“周礼尽在鲁矣!吾今乃知周公之德与周之所以王也。”《易象》当然指周易。韩宣子既认为周礼(文化、体制)尽在于此,又是周朝兴起的理论指南,那么,显然他就不是把周易看成预测类的占筮小技,而是看成关乎天人之道的大书。孔子是否受到这一观点的影响,无从查考。但就观点内容来说,韩宣子的说法与孔子《系辞》的思想,却有一脉相通之处。

在易学史上,孔子可说是义理派的始祖。其《系辞》中的观点,也成为历代义理派学者的宗本。但把上述《系辞》中关于周易性质的看法直截了当地作出集中而明确的论断的,当属清代的《四库全书总目提要》。其经部易类序曰:“圣人觉世牖民,大抵因事寓教。《诗》寓于风谣,《礼》寓于节文,《尚书》、《春秋》寓于史,而《易》则寓于卜筮。故《易》之为书,推天道以明人事者也。”

这一界说式的论断,正确地说明了孔子《系辞》中的《易》道观,同时也正确地揭示出周易的基本性质。

周易的教化作用

古文献中还有一段孔子的言论,也从侧面透露出孔子对周易性质的看法。

《礼记·经解》记载,孔子说:“入其国,其教可知也。”“其为人也、洁、静、精、微,《易》教也。”又曾说:“《易》之失,贼。”“洁、静、精、微而不贼,则深于《易》者也。”这段话是孔子关于《诗》、《书》、《乐》、《易》、《礼》、《春秋》等典籍的教化作用对一国的社会风习和道德修养所产生的效果得失的论述。孔子认为,周易的功能表现在,能使受教育者的思想作风变得洁、静、精、微,这是得。而另一方面,如果受教育者对《易》的教化接受得不深不透,也会堕入“贼”的邪路,这是失。《易》的教化作用有这样正反两个方面。所谓“洁、静、精、微,”是什么意思?孔颖达在《周易正义》中这样解释:“《易》之于人,正则获吉,邪则获凶,不为淫滥,是洁静;穷理尽性,言入秋毫,是精微。”这一解释,既不全面,也不全对。首先,这四个字是四个并列的词,并不是两个词。意思是“其为人也”,表现出“洁、静、精、微”四大优秀作风。其次,把洁静释为正派,亦不贴切。再有,精是精,微是微,词义迥异,不可混同。笔者的见解是,洁有“修整之义,整整齐齐,一丝不乱,可谓洁”。《易》所教化的人,受到阴阳象数之道的熏陶,思维有条有理,做事井然有序,具有洁的作风。《淮南子·泰族训》解释说:“清明条达者,《易》之义也。”说得对。静,是说受《易》教的人,思想深沉,举止安闲。精字本义为米之精华,引申为事物的精华,即事物之本质。受过《易》教洗礼的人，通晓阴阳变化之道，"精义入神"(《系辞下》五章)，对事物的观察分析，善于抓住其内在精华，即本质属性，这叫做精。最后的微字，并非"穷理尽性，言入秋毫，"而是机微之间，亦即《系辞》(同上)所说"几者动之微"、"君子知微知彰"中的微字。指事物初生，欲动未动之际的朕兆。有《易》教修养的人，能够及时捕捉几微，而表现为先见之明，这是四字中微字的正解。总而言之，"洁、静、精、微"的意思就是，《易》的教化会使人变得思维有条有理，头脑深沉冷静，能洞察事物的本质，并有先见之明。孔子说的"洁、静、精、微"四个字，就是指《易》教这四种功效而言。用一句话来说，就是表现于思维能力和精神境界的提高。

孔子像。孔子认为《周易》的功能表现有得有失。得在于使受教育者的思想作风变得洁、静、精、微；失在于如果受教育者对《周易》的教化接受得不深不透，也会走向"贼"的邪路

显然，这种教化的效果，只能来自周易的全部内容，是周易的象、数、辞、理综合体所形成的教育与教养的力量，使人的精神产生如此高层次的升华，这绝非来自周易的占筮形式。仅有周易的象数与占筮相结合的形式，绝不会有这样深邃的教化功能。

洁、静、精、微的风貌，是《易》教的正面作用，但《易》教还有反面作用。孔子斥之曰"贼"。"贼"在上古语里并不指盗贼，它的原意是"害"，亦即是侵害、毁坏之义。《论语》先进篇所谓"贼夫人之子"的贼，就是害人的意思。孔子认为，周易的教化也有偏差的可能。意思是如果教化不深，受教不透，就会产生害处；贼仁贼义，以邪害正。那么，这个贼的坏处来自周易的哪里呢？当然不是来自它的义理内涵，它的义理内涵主要是讲天人的中正之道，不会产生贼人的作用。贼人作用一定产生于其他部分——那就是只能来自占筮的象数演变部分。具体说，就是倘若学《易》者只从周易表层学到一些象数演变的知识、阴阳变化的手法以及占筮的法术之类，而未能深入体会这些东西内部天人之道的扶阳抑阴的精神实质，则学习之未会流于形式而产生不良后果，学者便会运用从周易学来的"法术"(唯心的辩证思维方法)，为谋私利而以邪侵正。列宁在《哲学笔记》里曾经说过"狡猾的辩证法"这样的话，值得深思。由于辩证法讲概念的灵活性，如果随意滥用，就会流于诡辩。所以有人讥笑乱用辩证法诡辩的人为"变戏法"，也不为无因。周易是我国上古时代独特的辩证思维体系，专讲有常无常相结合的变易之道，方法灵活，穷神入化。这种思维方法贯以天人的"中、贞"

之道，是周易的精神实质，倘若贯以阴私之意，便会坠入玩弄手段、害人害事的邪路。《淮南子·泰族训》谈到这一点时，认为“易之失，鬼。”鬼有阴暗狡诈之意，和“贼”之意相通。据笔者理解，孔子所说的“《易》之失，贼”，大体是这个意思。所以孔子又总结说：“洁、静、精、微而不贼，则深于《易》者也。”用今语来说，就是具有洁、静、精、微的出神入化的本领而没有阴暗的坏心眼儿，才算是对周易的精神实质有了深入的认识和修养。当然，孔子对周易教化的作用得失的评论，是指作于殷周之际的周易古经而言，并不包括自己把《易》理阐发光大而形成的哲学形态的《易》传在内。换言之，周易古经大约作成于殷周之际（约公元前11世纪）。而孔子生于春秋末季（公元前五世纪），前后相距六百余年。孔子所谓“《易》之教”，无疑是指周易古经的教化作用。就是说，周易古经蕴涵的哲理、伦理，从诞生后几百年来一直对人的精神世界和道德修养起到熏陶渐染的功效，以致逐渐形成洁、静、精、微这样一种社会风气。仅据这一点，即可见朱熹所说“盖《易》只是个卜筮之书，藏于太史太卜，以占吉凶，亦未有许多话说”“到孔子方始说从义理”云云，完全是一偏之见。

周易的道德占筮观

这里，有一点需要特别提出说明，就是上述《易》教的得失与周易占筮部分的关系。周易的精神实质是“推天道以明人事”，以“中、正”的伦理思想为骨干，其占筮观念也是如此。张载所谓“《易》为君子谋，不为小人谋”（《横渠易说》），亦即以义理控制占筮是周易的占筮之道与卜辞及其他占卜杂术的根本差异。例如《左传·昭公十二年》载：

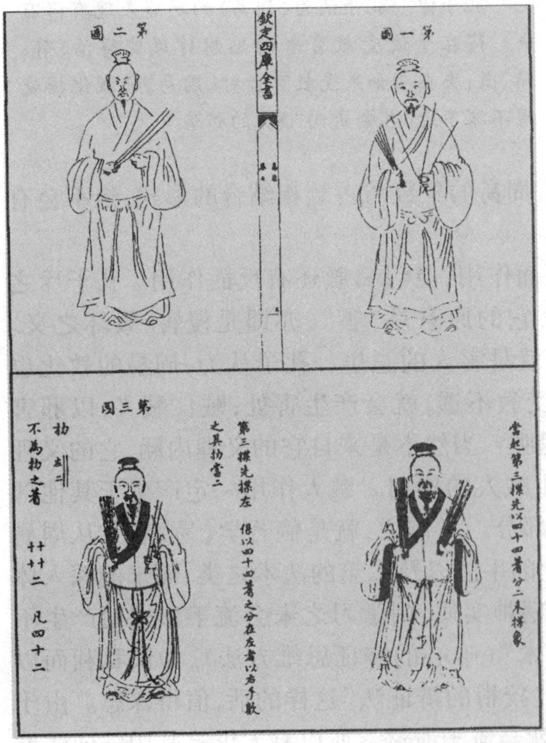

“南蒯之将叛也，枚筮之，遇《坤》之《比》，曰：‘黄裳，元吉。’以为大吉也。示子服惠伯曰：‘即欲有事，何也？’伯曰：‘吾尝学此矣。忠信之事则可，不然必败。’外疆内温，忠也。和以率贞，信也，故曰：‘黄裳，元吉。’黄，中之色也，裳，下之饰也，元，善之长也。中不忠，不得其色，下不共，不得其饰，事不善，不得其极。外内倡和为忠，率事以信为共，供养三德为善。非此三者弗当，且夫《易》不可以占险。将何事也？且可饰乎？中美能黄，上美为元，下美则裳。叄成可

《揲蓍图》，出自程大昌《易原》，描绘了用《易经》占卜时的一些动作

筮,犹有阙也。筮虽吉,未也。”

南蒯是鲁国费邑宰,欲以费邑叛鲁降齐。以周易占问,得《坤》之《比》卦。五爻动变,爻辞为“黄裳,元吉。”依筮法以此爻辞占断吉凶,南蒯以为大吉,而惠伯则认为,周易不可用来占问凶险之事,只能用来占问忠信之事。爻辞之“黄”,表示内心的善美,“元”表示众善之长,“裳”表示在下之善美,倘所问事非属善美,虽占得此吉卦,亦必败事。

惠伯的解释。虽不无牵强附会之嫌,但却表现出周易固有的伦理本质对其占筮数术的控制。由此也可推想到,以德说卦大概是周易成书以来占筮的传统作风。对这一点,当时已处于青年时代的孔子当然会清楚地知道。故此,孔子所谓《易》教“失之贼”,大约也包含那种抛开义理,不论善恶,而单搞占筮,以求避祸得福的成分在内。

从上述关于周易的教化作用方面,也足以看出,在孔子心目中,周易乃是一种哲理伦理书,占筮只是为义理所左右的测事形式。

这是一种儒家特有的道德占筮观,大约在《易》卦缀辞成书时,即已形成。如果周易缀辞成书者真是文王,则满腹忧患意识与道德观念的作者,以道德占筮观作为周易灵魂,也就不足为奇了。但当时及其后几百年间,虽然这种占筮观逐渐形成一种风气,但只有经孔子从哲理上加以阐述发扬,才得以造成理论形态而在《易》学史上成为伦理中心主义的儒家所特有的道德占筮观。

朱熹的周易观

但是,作为孔学的继承人和发扬者,作为宋代《易》学大师的朱熹其人,在看待周易的性质上却违背师训,和孔子的观点大唱反调。他反复强调说:

“八卦之书,本为占筮,方伏羲画卦时,止有奇偶之画,何尝有许多话说?文王作繇辞,周公作爻辞,亦只是为占筮设,到孔子方始说从义理。”(《朱子语类·〈易〉类》)

这段话包含三个观点:

(一)八卦原只有奇偶两画,只为占筮,没什么道理;(二)有了文辞后,也仍为占筮之需,没什么道理;(三)孔子作《易》传,才开始讲出道理。

为了强调自己的观点,朱熹甚至说:“初但有占而无文,往往如今之杯珓相似耳。”把尚无文字的卦画,看成类似“杯珓”那样,将木牌掷地,以正反占断吉凶的原始占卜。总之,他把孔传以前的周易,包括文王缀辞的周易在内,完全看成没有思想内容的占卜末技。实际上是否如此,我们需要回顾历史,进行考察。

只有周易是《易》

周易的哲学性质,从它的名称也可约略窥见。这一点,首先仍不免涉及所谓“三易”:夏之《连山》、殷之《归藏》、周之《周易》。三部书都是卦书的形式,都是由八个经卦组成的六十四卦,但三部书却有所不同。仅就迄今所知,不同之处有四:名称不同,卦序不同,文辞不同,性质不同。《连山》以《艮》卦为首,象山之出云,连山不绝。《归藏》之首为《坤》卦，象万物莫不归藏于大地。《周易》则表示变易之道周遍于宇内，而以《乾》卦为首，以象无为造化之主。同时，三部书也有其共同点，即都可用于占筮，而由周官“大卜”掌握，这是自古以来的传统说法。

但是，关于所谓三易之说，有些学者却不同意旧说，顾炎武就是这样。

他在读书札记《日知录》中说：

“夫子言包羲氏始画八卦，不言作《易》。而曰：‘《易》之兴也，其于中古乎？’又曰：‘《易》之兴也，其当殷之末世，周之盛德邪？当文王与纣之事邪？’是文王所做之辞，始名为《易》，而周大卜掌三易之法，一曰《连山》，二曰《归藏》，三曰《周易》。《连山》《归藏》非《易》也，而云《易》者，后人因《易》之名以名之也。”

这段话说明两点，一曰周易作于殷周之际，易名始于文王所系之辞，此前并无易名；二曰三易之中只有《周易》名《易》，《连山》《归藏》并不名《易》，只是后人借《易》之名而笼统简称之而已。接下来他又以类比法论证说：

“犹之墨子书言周之《春秋》，燕之《春秋》，宋之《春秋》，齐之《春秋》。周、燕、齐、宋之史，未必皆《春秋》也，而云春秋者，因鲁史之名以名之也。”

最后他又引用左传僖公十五年韩之战和十六年鄢陵之战，言其筮辞皆不见于周易，亦不言易名，据此推断，其筮法必另有出处。

顾炎武的说法，论证性很强，可谓独具慧眼的高见。依他的观点，还可补充一个有力的证据，那就是《礼记·礼运》中所载，孔子曰：“我欲观殷道，得《坤·乾》。”他说的《坤·乾》当是指殷代的坤卦为首的筮书《归藏》。但孔子只称之为《坤·乾》，而不称之为《易》。也不像对《周易》那样，当作研究对象。这也足以证明《归藏》早已流行于殷代，而《周易》则始作于殷末周初。“三易”之中只有《周易》是真正的《易》，余二易只是行文之便的借名而已。孔子终身慎于言，他的话极有分寸，可资信从。

由此可见，虽然《周礼》载春官大卜掌三易之法，①《连山》、《归藏》、《周易》同用于占筮，其架构和作用，有相同的一面，但内容、形式、文辞和功能，恐怕有很大差异。从后人所集佚文的蛛丝马迹推测，《连山》、《归藏》两书，大约主要是占筮的数术。所以孔子看过《归藏》，只是看了，并未为之作传。这也许是由于它只是卦书，内蕴浅薄，没有多少可供发挥的缘故吧。

就名称来看，殷之《归藏》始于《坤·乾》，周之《周易》则把它颠倒过来，始自《乾·坤》。前者始于地天，即始于阴阳，后者始于天地，即始于阳阴。阴性柔，阳性刚，刚柔易位，则内容与性质自有重大变化。虽然年代久远，无从查考，但此种情况略可想见。

“易”者变也

同一般的占卜术或占卜类书相比，《周易》的特殊性十分显著。单从名称来看，

① 杭辛斋《易楔》云：“京氏学占筮派实远符连山历数。”顾炎武《日知录》云：“左传僖十五年战于韩。卜徒父筮之曰吉，其卦遇蛊曰：‘千乘三去，三去之余获其雄狐成……’此皆不用周易，而别有引据之辞，即所谓三易之法也。”

它就不同凡响。上古时代的龟卜骨卜，就是名符其实的龟卜骨卜，没有什么话说。《连山》、《归藏》有些话说，但话也不多。至于六爻占法、梅花易数、灵棋占之类，望文生义即可知其大略，“何尝有许多话说”（朱熹语）。但《周易》，唯有《周易》，仅仅一个名称就意蕴深厚，层次繁多，引发出形形色色的解释，令人有目不暇接之感。

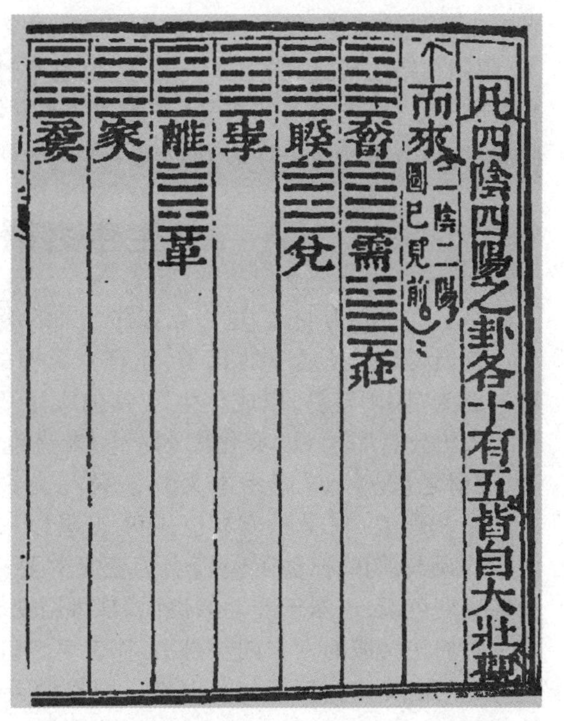
凡四陰四陽之卦各十有五皆自大壯觀
而來（二陰二陽圖已見前）
需
睽
兌
離
革

卦变图（节选），出自宋·朱熹《周易本义》

《周易》的周字，含义比较简单，容易解说。《易纬》说：“因代以题周”，周是周代之意，这是一。郑玄说：“周易者，言易道周普，无所不备”（以上孙星衍《周易集解》），把周字解作普遍，即内容无所不包之意，这是二。周字之义，有此二说。有人将此二说捏合一起，讲解周字，未免牵强。多数《易》学家，如孔颖达、朱熹等，都采取第一说。

难以处理的是《周易》的本称“易”字。它的多重义蕴，引发多种解释。

有些说法，是从易字字形上作解释。

一说：易字由日月二字合成，上日下月，以“日往则月来，月往则日来”（《系辞下》第五章），象征阴阳二气的交叠递变。足为易名本义。但易字的组成不是上日下月，而是上日下“勿”。说者谓上日下勿“象日彩之散著”（朱骏声《六十四卦经解》），但勿字只有旗帛之义而无此义，此说碍难成立。

一说：易字由日与夕合成。卜辞中“日夕”连用时有所见，呈易字形。周初沿用商历计时，日出到日入，称为日，日入到日出，称为夕。日加夕就是昼加夜。但殷商甲骨文中并无易字，也许周易作者将甲骨文中的日和夕合并而造成易字，以昼夜相继，运行不已之象，表示“一阴一阳之谓道”（《系辞上》五章）。但易由日夕二字改造而成，终属推测，故此说亦难成立。

一说：《说文》云：“易，蜥蜴……象形”。据此则易名为壁虎，以其能随时变色，故作者取以为书名，以象征阴阳二气的“唯变所适”（《系辞下》八章）。此说取虫名之同音及其变义，以释周易之易名，虽也可通，但不无以小攀大之嫌。

传统《易》学上比较权威的解释是“三易”之说，即简易、变易、不变三义。简易谓《易》义象天道，淡泊不烦。变易谓《易》义象天道，无时不变。不变谓《易》义象天道，有一定之规。有人在三易之上加上交义，谓之“四易”说。认为阴阳交而成四象，四象交而成八卦，八卦交而成六十四卦，交义也是《易》之精髓，故易名应含交义。清初学者毛奇龄又扩展说，易名兼有变义、反义、对义、移义、交义五种。其实，阴阳颠倒之反义，阴阳相错之对义，阴阳上下之移义，也不过变义的一种而已，说来说去，变义实为易名的中心，可谓易名的本义（参看本书《易名辨析》篇），它简而明地揭示出周易的内涵。故此，将易书英译为 *Book of Change*（变书），可谓深得个中三昧。

生生之谓《易》

易名之中心为变义，这一点古往今来的诸大家俱无异议。

首倡者是四圣之一的孔子，他有个简明的定义："生生之谓《易》"（《系辞上》五章），意为"阴阳转易，以成化生"（韩伯康注）。司马迁的提法是"《易》以道化"（《史记·太史公自序》），以变化解《易》。朱熹也说："《易》，书名也……有交易、变易之义，故谓之《易》"（《周易本义》）。司马光说："《易》者，阴阳之变也"（《易说·总论》）。程颐说："《易》，变易也，随时变易以从道也"（《易传序》）等，不一而足。这些大家的观点，的确抓住了《易》名为变义的要谛。其实，上述日月轮回说、日夕循环说和蜥蜴变色说，也属于变动的性质，都可用变义以贯之，谓之变易说也未尝不可。

对周初做成的六十四卦卦书，作者名之以《易》，确是一个大手笔。一字千金——它把此书的灵魂一下子勾画出来。周易的灵魂就在于变。筮变、卦变、辞变、位变等等，其间贯以天道的阴阳之变，地道的刚柔之变，人道的仁义之变，始于变而终于变，无变不成《易》。以变易之"易"名《易》真是天造地设，恰乎其可。从《易》名这个窗口，人们可以大体窥见周易本体的灵魂。

若同《连山》、《归藏》比较一下，这点就会看得更清楚。宋代《易》家程大昌在《易原》中谈周易和《连山》、《归藏》的区别时说："《连山》、《归藏》不传。《连山》、《归藏》之以不变为占，别自一法。"他举《左传》、《国语》所载，"凡其筮其八者尝三出矣。……凡其三出而皆无'之卦'也。"按筮例，"八"为不变之数，筮用八则无变卦（之卦）。这和周易用"六"的变数，情况不同。所以他结论说："则古谓《连山》、《归藏》，以不变为占者信矣。"他还据此作了推论，认为《连山》、《归藏》之所以失传，也许由于有卦无辞，难以推用；也许由于只有本卦而无变卦（之卦），不能往远处推衍，就是说不变之占使《连山》、《归藏》作用缩小以致失传。这虽属推测，但由此也可见《易》名之"变"，实在是周易其书的画龙点

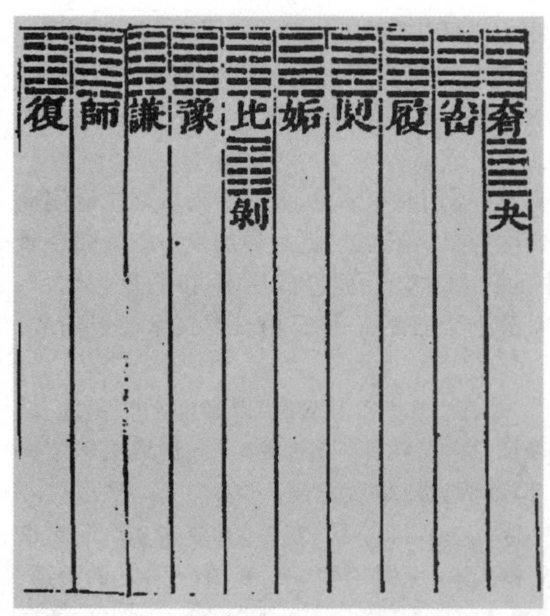

卦变图（节选），出自宋·朱熹《周易本义》

睛之笔。

然则，在这个千变万化的世界当中，是什么学问讲变化之道呢？除了自然科学的化学讲物质的变化的普遍规律外，在社会科学方面，只有哲学是讲天人变化的普遍规律的学问。既然《易》名以变义，表达《易》体之变义，那么，循名责实，则《易》之为书，属于哲学性质，自然顺理成章，毫无疑问了。这样，《易》名之变义，就把《易》书和其他单纯的占卜书在本性上划出了一条界限。其他占卜术数的书，没有内容讲变化之道而以变义命名的，也不会这样做，因为占卜之道的前提是天神的定命论，而不是天人的变化之道。这一点，下面还要细说，此处不谈。

另外，还需补充说明：有些学者认为，《易》名的本义是简易，这源于龟卜变为筮占，方法由繁难变为简易。这种观点，恐怕欠缺深入实际的考虑。因为龟卜虽然手续和兆象繁杂，但相当固定，可为典要，判断吉凶比较容易。相反的，周易筮占表面上筮法较为简易，但卦爻象变化多端，文辞隐晦多歧，不可为典要，占断很难，这是一。另外，这种观点是把龟卜和筮占（含周易），作为占卜术而同等看待，忽略了周易（含筮占）具有渊奥的内涵，是六经中最难解的奇书。故此，无妨说，这种由繁趋简的说法，是有些简单从事之弊。

再有，吴挚蒲《易说》认为易字的本诂就是占卜。尚秉和也同意此说（《周易尚氏学》）。根据之一是，《周礼·祭义》有"易抱龟南面"之句。易为易者，指占者。根据之二是，《史记·大宛传》云："天子发书易。"谓发信占卜之意，如此等等。但这类句中的易字，都是以周易进行占卜之意，并不能视为易字的本义。如若追索易字的本诂，则应是水自此器溢出而注入他器之意，引申而为变易。令人莫解的是，尚秉和一方面同意吴说，认为"简易、不易、变易皆《易》之用，非易字本诂"；一方面又说："周易以《乾》为首，《乾》元亨利贞，即春夏秋冬，周而复始，无有穷期，故曰周易。"又把周易二字释为周而复始无有穷期的变动。这岂非自相矛盾？按他所采取的《易》本诂为占卜说，则周易二字理应释为周而复始、无有穷期的占卜，那就成为笑话了。可见，诸家众说纷纭，说来说去，归根结底，还是离开变义无法解释易名。在这一点，反复强调《易》为占卜书的朱熹，如上述所也不得不承易名为交易、变易之义。而一承认周易是讲交易变易之书，则认定周易为占卜书之说，即不免破产。

前文说过，春秋时代晋国韩宣子访问鲁国时，看到鲁国所藏周易。他不称之为《周易》，而呼之为《易象》，他感到《易象》的深奥内涵，足以说明周之代殷而兴，是理所当然的。孔子为周易作传时，也作过"《易》者象也"（《系辞下》三章）这样的论断。王夫之继而阐释说："……汇象以成《易》，举《易》而皆象，象即《易》也"（《周易外传·系辞下传》三章）。可见，在周易的体系当中，"象"占有决定性的重要地位，后来汉代《易》学家专门致力于象数的探究，也不为无因。但过分拘泥于象数，穿凿附会，以致流于一偏。魏晋时王弼异军突起，扫象言《易》，虽振起义理学风，但流于玄虚，也是一偏。宋人踵迹其后，舍象谈《易》，趋于性理之学，以致无形中往往流于禅虚，都偏离了周易以象为本而言义理的正宗。因此，拘泥于象而研《易》固然不是正途，而舍象研《易》也是斜路。必须对《易》象在周易中的性质、作用及其变化有足够正确的认识，而后因象言义，才是研究周易的正路。

《易》象的本质是什么

那么,周易的“象”又是什么呢?孔子解答说“象也者像也”(《系辞下》三章),又说:“居则观其象而玩其辞。”(《系辞上》三章)在他的思想中,周易的象大概是模仿事物情态而画出的仿佛事物模样的卦画形象。就是指以阴阳二象为基因、以八卦为基础而组成的六十四卦象体系而言,并不包括辞象在内。他认为这个卦象体系,是上古先圣仰观俯察、效天法地而画出并推演成的,所以说它“像”是事物的情态。来之德把《易》比作一面镜子,认为“象”就好似镜中所照出的物形(《易经集注》原序)。如果从反映论的原理来看,《易》象来源的所谓“像”,作为比喻,这样说当然未尝不可。因为易象只能是来源于作者对外界事物形象的创造性模拟,象字本身已经表明了这一点。

但是,《易》之象和镜之象虽同是源于外界事物的反映,形式上似乎相像,而本质上却根本不同。镜之象是原物的机械反映,是呆板的形象,《易》之象却是创造性的能动反映,是活生生的形象。卦象爻象之外,那大量的依据卦爻象的内涵而附缀上的以喻义明理为目的的文辞之象,也应该包括在《易》象的范畴之内。

近些年来《易》学界出现一种比较流行的说法,把《易》象说成是一种“符号”。这种说法,也许是以计算机原理研究周易而产生的,这种符号说和镜象说,如同原始数占的数字说一样,都不能表达《易》象的本质。镜象是呆板的物理映象,不在话下。符号或数字除本身的意义外,在逻辑上也只有代替的功能,如 XY 之代替未知数那样,没有更多的内容与性能。而《易》象则不然,它具有灵活多样的形式和生动具体的内容。例证甚多,俯拾即是。如八卦中象夬的形式,是天的象征,以纯阳之体与刚健之性为内容,谓之《乾》象。与其相反相配的姤象形式,则是地的象征,而以纯阴之体与柔顺之性为内容,谓之《坤》象,两象相交,便产生害踠两象,谓之《泰》、《否》。《泰》象是地上天下,义为地气降而天气升,二气相交,象征“天地交而万物通也,上下交而其志同也,内阳而外阳,内健而外顺,内君子而外小人,君子道长,小人道消也”(《泰》彖)。《否》象是天上地下,义为天气升,而地气降,二气相背,象征“天地不交而万物不通也,上下不交而天下无邦也,内阴而外阳,内柔而外刚,内小人而外君子,小人道长,君子道消也”(《否》彖)。这一例证表明,《易》象不仅具有灵活多样的象征形式,而且每个象征形式中均涵有生动而具体的内容。形式的变动,生出新的内容,新的形式又服从于新的内容,是一种辩证关系。它和呆板的被动的干巴巴的无生命的符号、镜影、数目之类,禀性根本不同。它是个活生生的有机体,具有极大的能动性。

《易》象的功能性

《易》象的能动性之根,扎在它的基因——阴阳二象中。阴阳二象以其象形的特质保持相反相成的关系,便构成能动性,发生前文所述的变化。其能动性表现为下列各种功能:

象征作用

《易》象源于用奇偶之画摹写外界事物,以"—"象物之阳面,以"袴"象物之阴面。阴阳二象交义重叠,形成八卦乃至六十四卦,以象征作用表达事物的情态。如"—"形主要象征纯阳的天,表示健义;"袴"形主要象征阴的地,表示顺义。犨形象征山,表示止义。锜形象征阳气入地,表示雷震之义。�形象征水的外柔内刚,表示险陷之义,哃形象征水在天上,尚未成雨,暗喻办事需要等待;鹄形象征水附地上,水土亲比,暗喻人间的亲昵关系,等等,象征事物的各种情态或人间的各种关系。例子甚多,不胜枚举。这种由外形与内情综合所构成的《易》象的象征作用,绝不是符号、镜影或数字的空虚性与被动性所能造成的。

喻理作用

孔子说"书不尽言,言不尽意。……圣人立象以尽意"(《系辞上》十二章),他的说法是正确的。的确,语言文字受其本身局限性的限制,不能全面表达事物的情态和作者的微意,只有象,才能凭其广阔灵活的性能,喻义明理,"以通神明之德,以类万物之情。"(《系辞下》一章)从而"穷理尽性,以至于命。"(《说卦》一章)从这个意义来看,全部六十四卦就是一个以象喻义的哲理体系。如《屯》象鹄,上水下雷,象征天地始生的混沌状态。翻而为《蒙》象�,上山下水,喻示山泉始流,朦朦胧胧。《需》象鸤,为天上有水,尚未成雨,表示需要等待之义,故名为"需"(等待)。《比》象衹是水在地上,意味着水润土地,彼此亲近,故名为"比"(亲昵)。《同人》象钱为上天下火,表示天气上升,火炎趋上,天与火俱有向上性质,彼此志同道合,喻示与人求同,争取团结。如此等等,卦象出意喻理之情,非常明显。从爻象来看,例如《乾》上六"亢龙有悔",以龙飞天上、知进而不知退之象,喻示其"有悔"的后果,从而警戒世人,得意时要反身自省,留有余地,以免遭物极必反之患,悔之莫及。与此相呼应,《泰》六三"无平不陂,无往不复。艰贞,无咎"之象,则劝告世人,太平盛世发展到一定程度会呈现反泰为否之虞。此时,不可丧失信心。只要居安思危,坚守正道,就可以避免事情的逆转,而保持稳定无咎的处境。这是从另一个方面为人们指出持盈保泰之计。这两个辞象喻示着丰富而微妙的义理。从爻象之变讲,《乾》之阳性好比龙象,龙经潜、见、乾乾、跃、飞而上升到九五的高峰时,即应断然止步。若再进一步,即成为"亢龙"(冒进的龙),卦爻即由阳极而变阴,转为《坤》卦,性质完全逆转。从人事关系来讲,就成为得意忘形,陷入窘境的形象。另外,《既济》钽之象,上水下火,初九、六二、九三、六四、九五、上六,阳爻在奇数,阴爻在偶数,全部为正。整个卦象暗示,宇宙人间的万事万物,上上下下皆各得其所而完结,告一段落。同时紧接着出现《未济》牂之象,和《既济》卦整个卦象阴阳完全相反(叫做"变"或"错"的关系),暗示宇宙人间的万事万物,上上下下,所处不正,而开始迈上新的阶段。关于辞象在这一方面所起作用的具体例子,前文辞象特点的喻理性部分内,已详加论述,兹不再赘。

能行作用

《易》象能够有规律地组合、运行并衍生为各种各样的结构和序列,条理分明,这

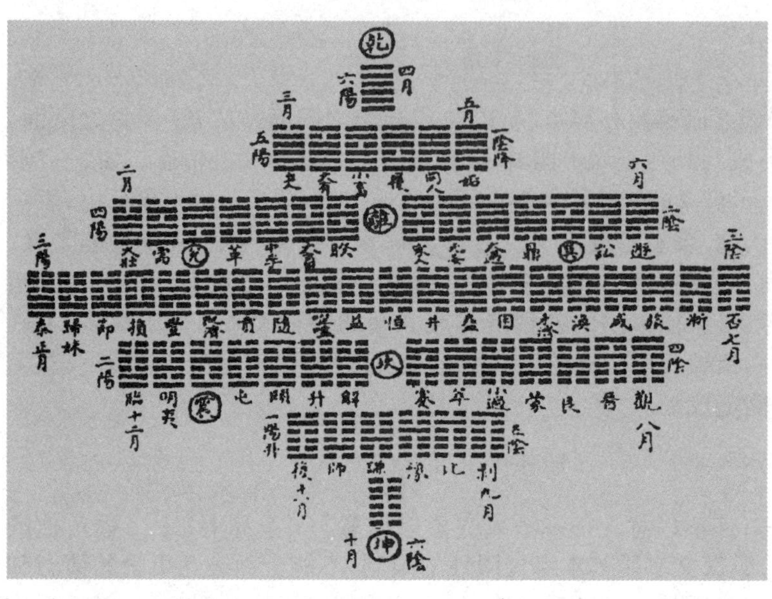

六十四卦变通之图，出自元·张理《易象图说内篇》，体现了六十四卦之间既有序又相互变通的原理

是它的能行性功能。《易》之阴阳二象组合成䂕（太阳）䨣（少阴）沬（少阳）雉（太阴）四象，再组合成夬（乾）䁶（兑）㚘（离）锜（震）傒（巽）赵（坎）犤（艮）姤（坤）八卦，八卦重合为六十四卦。这样一分为二、二分为四，四分为八，八分为十六，十六分为三十二，三十二分为六十四，遂形成《易》象的体系。条理分明，次序井然。依照邵雍的说法，所谓伏羲六十四卦生成的次序是："太极既分，两仪立矣。阳下交于阴，阴上交于阳，四象生矣。阳交于阴，阴交于阳，而生天之四象；刚交于柔，柔交于刚，而生地之四象，于是八卦成矣。八卦相错，然后万物生焉。是故一分为二，二分为四，四分为八，八分为十六，十六分为三十二，三十二分为六十四。故曰：'分阴分阳，迭用柔刚，故《易》六位而成章也。"（《皇极经世·观物外篇》）依据邵氏的解释，从阴阳二象如何从初始状态有条有理有阶段地自然展开而形成六十四卦的过程中，可以清楚地看到并领会到《易》象内在的能行性效能。

关于《易》象六十四卦体系生成的学说，除上述一分为二说以外，还有其他好几种说法。如前文所述的《乾》、《坤》生六子而后衍生为六十四卦的学说，《乾》、《坤》生《复》、《姤》而后衍生为六十四卦的《复》、《姤》小父母说等，旁通说也是其中之一，汉人陆绩、虞翻倡导此说，认为《乾》六爻发挥变动，旁通（阴阳相反）于《坤》，《坤》来入《乾》，以成六十四卦。此外，魏伯阳的《周易参同契》还提出"《易》为《坎》《离》"之说，把《坎》、《离》二卦说成六十四卦形成的基础，属于道家的理论。关于六十四卦《易》体形成的这些学说，哪一个比较合理，与本题无关，姑置不论。总之，这多种多样的学说，反映出一个共同的特点，即：阴阳二象含有一种能行性，可以灵活地有条理有秩序地组合成《易》体形成的各种各样的网络。

《易》体六十四卦的卦序，也鲜明地反映出《易》象的能行性。依据不同需要所形成的不同的标准，六十四卦可以造成各种各样的排列次序。如前文所述，传统卦序是以相因的义理和覆变的形式相结合的标准，而有条有理地顺序展开。还有流行的所谓伏羲六十四卦卦序，依照相对相错的标准，以《乾》、《兑》、《离》、《震》、《巽》、《坎》、

《艮》、《坤》的顺序为基础，形成六十四卦圆图。也是条理清晰、秩序井然；《易》象的能行性，跃然纸上。此外，前文所述京房的八宫卦序，则以占卜之需为准，按《乾》、《坎》、《艮》、《震》、《巽》、《离》、《坤》、《兑》八宫顺序，采取逐一爻变的步骤，形成六十四卦体系。分类清楚，演变有序，一丝不乱，好似计算机的运行。单从象的能行性功能来说，八宫卦序表现得最为优越。

《易》象能行性的范围很广，除上述《易》体生成和卦序安排之外，颇有争议的互体问题，笔者以为，也表现出《易》象的能行功用。有些学者认为它不是周易本义，有些则强调古已有之。但不论周代取象解卦是否有此先例，互体之为《易》象内在能行性的表现，则是毫无疑问的。因为一卦而含数卦之象，是卦爻象自身所衍生，并非来自外部。所谓互体是说一卦六爻除包含上下两个三爻卦之外，经过爻的交互，还可再生出两卦。如《屯》卦䷂由《坎》、《震》两三爻卦组成。其中二、三、四爻与三、四、五爻经交互后，又可分别组成《坤》☷《艮》☶两个三爻卦。这样一来。《屯》卦遂包含《坎》、《震》、《艮》、《坤》四卦。在此基础上，又衍生一些变例，如包体、环互、兼互、大卦，等等，花样不少。这些体例未必是周易筮法原来所有，但来自《易》象，为卦爻自身的衍生物，却是不言而喻。倘若《易》象本身根本不具有这种以能行性形式衍生的性能，一卦而分为多卦的互体，便不会出现。故此，互体也应视为《易》象能行性的表现。

亲合作用

前文说过，《易》之阴阳二象，为一物两体、一而二、二而一的关系。互根互依，互交互易，变化无穷。这表明阴阳二象在对立之中也有其互相依赖、互相渗透等亲合的性质和作用。老子所谓"万物负阴而抱阳，冲气以为和"（《道德经》四二章），孔子所谓"一阴一阳之谓道"（《系辞上》五章）"阴阳合德而刚柔有体"（《系辞上》六章），他们在"和""合"二字上下工夫，强调阴阳二者的统一性。在此基础上王弼进一步阐述说："凡阴阳者。相求之物也……夫阴之所求者阳也，阳之所求者阴也"（《〈周易略例〉·明象》，把阴阳二象的亲合性质与亲合关系，讲得十分明白。

但是，历史上也有的学者反对这种说法，唱出异调，南宋时代的叶适便是一个。他对孔子所说的"一阴一阳之谓道"，持否定态度。他说："道者，阳而不阴之谓也。一阴一阳，非所谓道也。"（《习学记言·周易四》）这可以名之为"独阳说"。这种说法显然是错误的，既不符合宇宙的根本规律，也与周易的本质完全乖离。因为宇宙的根本规律是阴阳的对立统一，反映宇宙根本规律的《易》象，自然以对立统一为自身的根本规律。宇宙赖此而生生不已，变化无穷，《易》象也赖此生生不已，变化无穷。阴阳互相依傍而存在，互为其根而交易，独阳或孤阴，根本无存在的可能，只是叶适脑中的一个幻想的概念而已，如何能生，如何能变？杭辛斋讲得好："一者中也，正也。……《中庸》曰：喜怒哀乐之未发，谓之中，一也。发则一生二矣。……邵子曰：'独阳不生，孤阴不长，皆非一也。必阴阳合一，而后能生。"《学易笔谈·易数偶得》）宇宙一切，包括《易》象，必得有阴阳，阴阳以其亲合性合二而一，才会产生活力。在这一点上，朱熹的观点还是很对的。他说："夫阴阳者，造化之本，不能相无，而消长有常，亦非人所能损益也。……故圣人作《易》，于其不能相无者，既以健顺仁义之属明之，而无所偏主。……”(《周易本义·〈坤〉卦注》),这段话里的“相无二字,用得很妙。“相无”即是“相有”的反面,独阳孤阴无相互之义,如何相有?不能相有,即堕入相无。所以,独阳说虽表面上似乎尊阳,实乃灭阳。故而周易虽有扶阳抑阴之义,但正如朱熹所说,只是正确对待,并无“偏主”。有的书上说周易主张扶阳灭阴,完全是误解。只有阴阳二象相反而相成,相斥而相合,全部《易》象才得生成、变化。

《易》象的亲合作用,在《乾》《坤》二卦的关系上表现得最清楚。从卦象来说,一方面《乾》为纯阳,《坤》为纯阴,相互对立。另一方面在六个爻位中《乾》《坤》各为三偶三奇,相互依存。《乾》《坤》相交而生六子(见前文),互亲互交。《乾》经《姤》《遁》《否》《观》《剥》五变其象而成《坤》,《坤》经《复》《临》《泰》《大壮》《夬》五变其象而成《乾》,表现阴阳相求之义。从卦德来看,《乾》健《坤》顺。性质相反,但同时《乾》以健始,《坤》以顺成,阴阳亲合,万象以生。阴阳二象在对立的基础上互相亲合的功能,表现得十分明显。从卦变之说来看,也是如此。其一说谓:一阳五阴之卦,来自《剥》裯《复》咝。二阳四阴之卦,来自《临》鹁《观》掴。三阳三阴之卦,来自《泰》軎《否》踠。四阳二阴之卦来自《遁》陑《大壮》徬。五阳一阴之卦,来自《姤》旆《夬》踒。例如《损》稆卦为三阳三阴,如六三爻与上九爻互相交换,即成为《泰》軎。故而《损》就是由《泰》上六阴爻来到三位,三九阳爻去往上六,互相交换而形成的。阴阳爻来往交流而衍化新卦,正表现出爻象具有相求相交的亲合性能。其他卦变之说,说法不同,但都是基于阴阳相亲相交的性能,离开这一条,就谈不到任何卦变。

爻与爻之间,有所谓比、应、承、乘等关系。比,是指相比邻的爻。如三与四比,四为三之比爻,四与五比,五为四的比爻。四比五,在《易》象中取比义最多,最重。爻需阴阳相合,才取比义。阳邻阳、阴邻阴,无相求相亲之情,便无比义。周易六十四卦以六四比九五者,总共十六卦,皆吉。《比》六四之“外比之,贞吉”,《小畜》六四之“有孚,血去惕出,无咎”,《观》六四之“观国之光,利用宾于王”,《坎》六四之“纳约自牖”,等等,都是六四(阴)托九五(阳)亲比之福,而获吉或无咎。由此可见,爻象之阴阳相比,是其先天亲合性的表现形式之一。

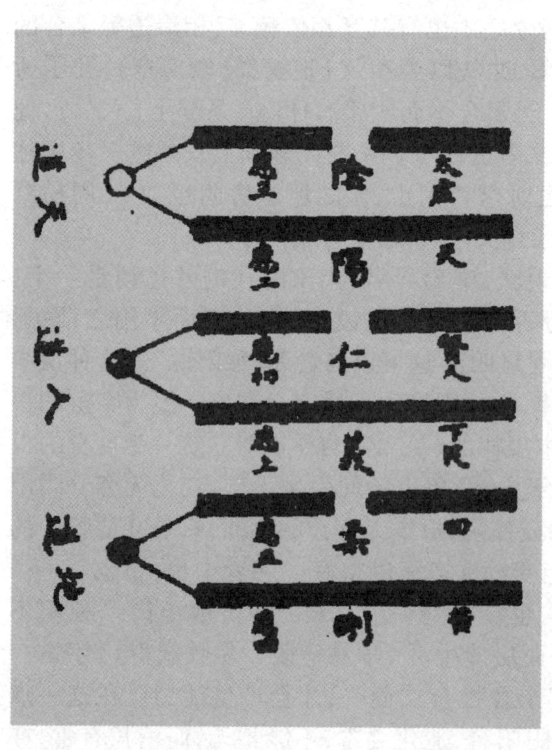

六爻三极图,出自元·张理《大易象数钩深图》

应,是指六爻之间,初与四、二与五、三与六之间,阴阳相合而产生的对应关系。阳爻与阳爻、阴爻与阴爻之间是同性相斥的敌应关系,不是对应关系。只有阴阳相吸,才形成对应。王弼说“夫应者,同志之象也”

《周易略例·明卦适变》,正确地说明了相应关系所表现的《易》象亲合性。

在相应关系中,二爻和五爻的亲合,最为重要。因为二爻处于下卦之中,五爻处于上卦之中,《易》象以中为贵。同时,五爻为尊位,在卦中常起枢纽作用,二爻在下方与之相呼应者,往往能趋吉避凶。故而九二与六五相应者,总共十六卦,辞象皆吉。如《蒙》九二之"子克家",《师》六二之"在师中",《泰》六二之"得尚于中行",《大有》九二之"大车以载",等等,九二皆因与六五保持相应的亲合关系,所以都吉而无咎。

乘承关系是:两爻相邻,阴阳相异,上者为"乘",下者为"承"。王弼说:"承乘者逆顺之象也""辨逆顺者,存乎承乘"(《周易略例·明卦适变通爻》)。韩康伯注解说:"阴承阳,则顺;阳承阴,则逆。故《小过》六五乘刚,逆也;六二承阳,顺也。"《小过》九四为阳爻(刚),六五为阴爻(柔),六五"乘"于九四之上,谓之柔乘刚。依王弼之说,此之谓逆。逆是反其道而行,不吉。所以六五爻辞说"密云不雨"(不足以成事)。六二爻在九三爻之下,为阴承阳,谓之顺。所以六二爻辞说:"不及其君遇其臣,无咎"。这样,以逆顺来为阴阳爻乘承关系定性,从而论其吉凶得失,当然难以概全。但即便如此,至少也可以看出阳乘阴、阴承阳的所谓顺的关系中存在着《易》象间的亲合作用。这种爻象乘承的顺逆关系,也可以视为《易》象亲合性与相斥性相统一的表现形态。爻象间的亲合性,除了表现在比、应、乘、承等关系之外,《易》卦之含有天地人三才,也是其亲合性的反映。初与二合为地,三与四合为人,五与上合为天。显然爻象如无亲合性,三才便无从成立。

除上述爻象情况外,卦与卦的相交,也含有阴阳亲合的意义。如《乾》《坤》(三画卦)易位相交,构成《泰》,象征天气下降、地气上升,二气相交,万象通达,为吉。其反面为《否》,天气上升。地气下降,《乾》《坤》不交,万象闭塞,为凶。水与火相交,构成《既济》,水上火下,水下沉,火上炎,二者相交;初与三、二与五、四与六皆阴阳相应,表示相交,象征功成业就。反之,则为《未济》。如此,卦与卦之相交,也是《易》象亲合性的一种表现。

相斥作用

《易》象之间在保持亲合作用的同时,也保持一种互相排斥的作用。《系辞》首章就论到这一点。它说:"刚柔相摩,八卦相荡。"相摩是互相摩擦,相荡是互相推动,刚柔是指阳象与阴象。阴阳二象既互相依辅,又互相摩擦,它们所构成的八卦也是这样:既互相倚存,又互相推动。这种依辅中的摩擦,倚存中的推动,表明《易》象在互相亲合的同时还互相排斥。王弼所谓"爱恶相攻,屈伸相推"(《周易略例·明爻适变》),即指此而言。《易》象相斥性的突出表现是阴阳互为消长的关系。阴长则阳消,阳消则阴长,互为消长。典型的例子是《剥》与《夬》。《剥》卦卦象是五阴一阳䷖,象征阴剥阳。六阳之《乾》,自下而上为阴所剥,一剥变《姤》䷫;阳消为五,二剥变《遁》䷠,阳消为四;三剥变《否》䷋,阳消为三;四剥变《观》䷓,阳消息为二;五剥变《剥》,阳仅余一。在阴阳相斥,阳消阴长的关系中,《剥》卦表现出阴气最盛,阳气极衰的情景。再进一步,则阳气全消,变为纯阴的《坤》䷁。但孤阴不能独存,紧接着,开始阳长阴消,一阳来复,卦变为《复》䷗。阳长为二,卦变为《临》䷒阳长为三,卦变为

《泰》䷊，阳长为四，卦变为《大壮》䷡，阳长为五，卦变为《夬》䷪。《象》辞曰："夬，断也，刚决柔也。"反过来表现出阳最旺，阴极衰，阳（刚）即将阴完全消除（决断）的景象。但阴阳不能"两无"，独阳无可生存，阴消至极之日，即其开始重长之时。基于阴阳互为消长、相斥并存的规律，经纯阳之《乾》的中介，一阴又返，于是《姤》复至，阳长阴消的关系，又让位于阴长阳消矣。阴阳二象的互为消长，表现出两者在互相亲合的同时，又互相排斥这样一种辩证的关系。正如《剥》卦《彖》传所说："……消息盈虚，天行也。"表明《易》象中阴阳的消长盈虚，乃是反映宇宙运行的自然法则。十二辟卦一年四季的演变足以为证：从十一月《复》、十二月《临》、正月《泰》、二月《大壮》、三月《夬》、四月《乾》，转向五月《姤》、六月《遁》、七月《否》、八月《观》、九月《剥》、十月《坤》，十一月又回到《复》。其循环往复的阴阳消长，与四季气候运行的寒暑关系，完全一致。

阴阳互为消长的过程，是互相排斥的过程，严重时免不了发生战斗。《坤》上六辞象所谓"龙战于野，基血玄黄"，就是战斗的一个生动的描绘。《坤》阴自初爻之"始凝"，逐渐增长。长到上位，已成为森然可怖的庞大的纯阴之体，极其强盛，由顺阳而发展为与阳相敌，分庭抗礼，甚至迫阳退让，欲取而代之。于是发生阴阳大战。一方是真正的龙，是为阳，另一方是其势如龙的"龙"，是为阴，双方在旷野之中展开一场鏖战，结果两败俱伤，黑血（玄，天色）黄（地色）血混在一起，遍流田野。孔子在《象》辞中对造成这一不幸后果的原因解释说："龙战于野，其道穷也。"意思是，发生"龙战于野"的原因是由于《坤》阴发展到极盛的地步，要取阳而代之，以致如此。《坤》上六这一生动而鲜明的辞象，是《易》象具有强烈的相斥性能的有力佐证。

阴阳互为消长的相斥关系，也合乎人事的运动法则。人间也有阳（正）阴（邪）互为消长的相斥关系。《剥》卦象征邪气强盛，正气衰退，《夬》卦则象征正气旺盛，邪气衰徽。把握阴阳消长规律，便可增强预见性，趋吉避凶，有备无患。如《夬》虽五阳一阴，但有阳消阴长之势，故《象》辞说"勿用取女"，表示对阴长的前景，要多加戒备。又如《临》卦，《彖》辞为"元、亨、利、贞"，卦象表示二阳自下而上正在增长，本属吉利之卦，但《彖》辞接着又说"至于八月有凶"，情况似乎不妙。这是为什么呢？就是因为周易作者掌握阴阳互为消长的规律，高瞻远瞩，于现状的阳长之中看到未来的阳退，在现状的阴消之中看到未来的阴长，故而提出警戒，要人们存不忘亡，安不忘危，吉不忘凶，福不忘祸。另如《夬》卦，五阳迫一阴，象征正气完全压倒邪气，但上六爻辞却说是"终有凶"，也含有唤醒人们对阳消阴长的未来，保持戒备之意。

此外，与相应关系相反的敌应关系，也反映出爻象的相斥性。初与二、二与四、三与五、四与上之间阴阳相异，是"同志"的相应关系。反之，阴阳相同，则为相对的敌应关系。例如《艮》卦䷳，初与四、二与五之间是阴对阴，三与六之间是阳对阳，都是同性关系。上下相对，不能应合，故谓之敌应关系。尤其是阳爻与阳爻各以刚强之气相对，构成一种敌对关系，谓之"敌刚"。如《同人》九三《象》传说"伏戎于莽，敌刚也。"意思是，九三与九五敌对，惧九五之刚强，不敢正面相斗，只好把军队埋伏在草丛中，观察动静，以待时机。这一类同性的敌应关系，也是《易》象相斥性的表现。

变易作用

前文在《易》名部分和"变"的部分对周易的变易性质作了许多论述。这里再进一步对《易》象的变易作用作一下探讨。

周易的象,大体可分为三大类:一是阴阳八卦乃至六十四卦的图象,这是它的本体。二是以本体的卦象爻象内涵为本而产生的辞象。三是依据八卦每卦卦性卦德所树立的物象,谓之取象。如《乾》以阳性健德而取天象、父象,《坤》以阴性顺德而取地象、母象,等等。这里所说的变易作用,包括这三大类《易象》。在探讨过程中,凡前文业已讲过的,便不再详述,以免累赘。

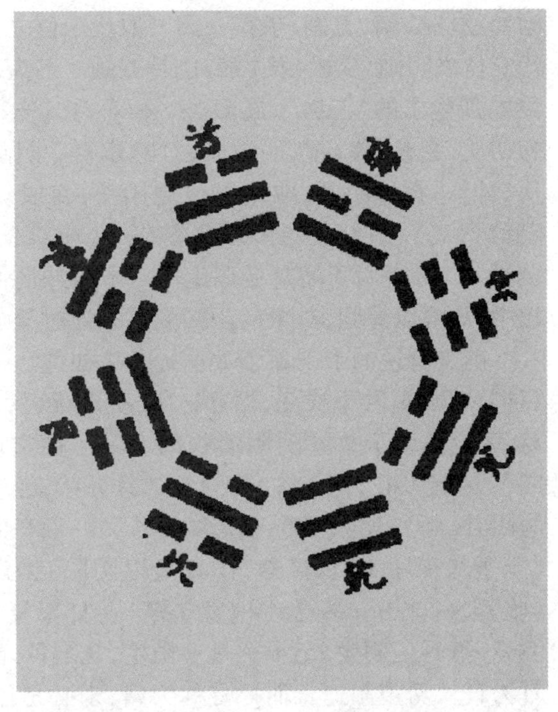

八卦相荡图,出自元·张理《大易象数钩深图》。《易经系辞上传》中说:“刚柔相摩,卦相荡”,体现了八卦之间的相互依存及变化

《系辞》说:“生生之谓《易》”(《系辞上》五章)“《易》之为书也,……变动不居……”(《系辞下》八章)孔子这两句话,确切地揭示了周易的精神实质。《易》象的变易作用,正是这种精神实质的体现。

《易》象的变易作用表现在卦变、爻变、卦序之变以及取象之变几个方面。

《易》象的变易性始于阴阳二象。二象组合生变,生出太阳豭、少阴喷、太阴雏,少阳沫。太阳生一阳成《乾》夬、生一阴成《兑》蹭;少阴生一阳成《离》羑,生一阴成《震》锜;少阳生一阳成《巽》傒,生一阴成《坎》趍。太阴生一阳成《艮》犨,生一阴成《坤》姤。这是两仪生四象、四象生八卦的过程。“生”,表明《易》象的生长变化主要是内在变易性的扩张所造成,不是外力的产物。八卦之衍为六十四卦,也是同样的缘由。

在六十四卦当中,卦象变易的显著形式是前文所介绍的覆与变。相覆者,如水雷为《屯》鹄,雷水为《蒙》鹈,水天为《需》鸬,天水为《讼》睭、泽山为《咸》採,覆则成《恒》嚾,天山为《遁》陑,覆成《大壮》徬,山泽为《损》稆覆则成《益》秬。相变者,如《乾》夬之变《坤》姤《颐》垝之变为《大过》滃,《坎》趍之变《离》羑,《中孚》栢之变为《小过》盬,等等。《泰》害与《否》踠,《既济》钼与《未济》牂两组卦,则既是覆,又是变,兼而有之。覆是两个三画卦覆变所造成,变是卦与卦间阴阳爻反变所造成,这典型地体现出卦象自身变易的性能。

但所谓卦变,大多数场合并不是覆、变之类卦体自身的变易,而是由爻变引起的全卦的质变。《乾》《坤》生六子的卦变情况,就是代表性的形态。《说卦》说:“《震》一索而得男,故谓之长男,《巽》一索而得女,故谓之长女;《坎》再索而得男,故谓之中男;《离》再索而得女,故谓之中女;《艮》三索而得男,故谓之少男。《兑》三索而得女,故谓之少女。”索,是求之意。这段话的意思是,《坤》从《乾》求得一阳,取代初爻之阴画变成《震》䷲,五画;求得一阳画取代二位之阴画,变成《坎》䷜,五画;求得一阳画取代三位之阴画,变成《艮》䷳,也是五画。五为奇数,属阳,故《震》《坎》《艮》成为《乾》《坤》所生出的“三男”,属阳卦。相对地,《乾》夬从《坤》姤求得一阴画,取代一阳画以为初爻,变成《巽》䷸,四画;从《坤》求得一阴画,取代二位之阳爻,变成《离》䷝,四画;从《坤》求得一阴画,取代三位之阳爻,变成《兑》䷹,也是四画。四为偶数,属阴,故《巽》、《离》、《兑》三卦,成为《乾》、《坤》父母卦所生的“三女”,属阴卦。这便是《乾》、《坤》生六子的卦变理论。六十四卦是否如此变出,姑置不论,从这一卦变的过程中,却可以看到,卦象的阴阳变易是通过爻象的阴阳变易而实现的。

前文所说的十二辟卦,情况也是如此。从《复》到《乾》六阳卦,变为从《姤》到《坤》六阴卦,共十二变,循环往复,变动无已,和十二节气相配,若和符契。卦象的变易,完全是基于爻象阴阳消长的变易。前文所列举的《临》卦《彖》辞“至于八月有凶”,是指从相当于《临》卦的十二月开始,经《泰》、《大壮》、《夬》、《乾》六阳卦,又转为阴卦《姤》《遁》《否》,前后共八个月。而《否》为天地不交、气机闭塞,是凶卦,故曰“至于八有月凶”。显然,作者是以阴阳互为消长之爻变引起的卦变的观点来看待《临》卦的未来。《复》卦《彖》辞“七日来复”,也有此含义。依《周易正义》说,则“……五月一阴生,至十一月一阳生,凡七月,而云七日不云月者,欲见阳长顺速,故变月为日。”希望阳速长而把月称为曰,未必是作者本意,也不一定合理,但非本文探讨的题目,可以不管它。这里要说的中心问题是爻象的阴阳之性相反相成,互为消长,发生变易,是客观存在的本性。而爻象变易会起卦象变易,乃事所必至。——当然反命题却行不通:卦象变易未必由于爻象变易。

值得注意的是,《易》象的阴阳变易,也反映出事物量的渐变和质的突变。《姤》《遁》《否》《观》《剥》的发展过程,清晰地显现出一阴、二阴、三阴、四阴乃至五阴的量长的渐变。而一旦量长为六阴,立即发生质变,成为纯阴的《坤》。此种演变,以人事言,则表现出邪之量变、渐进,终于突变为大患。所以《坤》初警告说“履霜”勿忘“坚冰至”,要世人防微杜渐,慎终于始。孔子深有感慨,阐释说:“积善之家,必有余庆;积不善之家,必有余殃;臣弑其君,子弑其父,非一朝一夕之故,其所由来者,渐矣,由辩之不早辩也。《易》曰:“履霜坚冰至”,盖言顺也。”(《文言》)“顺”的意思是因循苟且,随波逐流。对邪恶的苗头不加辨识,而任其发展,最终达到质的突变,而酿成杀君杀父的巨祸。

有的学者认为,周易只有量变的思想而没有质变的思想。这恐怕与《易》象变易的实情不合。显著的例证是《乾》上九辞象的“亢龙有悔”,用九辞象的“见群龙无首,吉”,以及《坤》上六辞象的“龙战于野,其血玄黄”,和用六辞象“利永贞”。“亢”者进也,“亢龙”是一支知进而不知退的盲目冒进的龙象。在《乾》六爻中、代表阳气的龙,自下而上,经潜、见、乾乾、跃,到五位时,飞上青天,阳刚充盈,志得意满,就应该反身自省,有所克制。倘若肆意猛进,不留余地,则极而必反,突然间发生质变。由纯阳之《乾》变为纯阴之《坤》,由大跃进堕入大跃退,悔之莫及。孔子解释说:“亢龙有悔,盈不可久也。”(《象》辞)“穷之灾也。”(《文言》)盈是满贯,穷是到头,盈和穷就是亢龙有悔的原因所在。有鉴于此,用九辞象便劝告说:“见群龙无首,吉。”“无首”,意为以阳刚处《乾》体，应注意刚柔相济，不可一味地刚强逞先。老子所谓“不敢为天下先”（《道德经》六八章）“物壮则老”（三十章），孔子所谓“用九，天德不可为首也”（《象》辞），“进退存亡而不失其正者，其唯圣人乎”（《文言》）！是对于“见群龙首吉”最好的注释。同一道理，也体现在《坤》卦上。《坤》卦上六辞象为“龙战于野，其血玄黄。”孔子解释说：这是由于“其道穷也”（《象》辞）。是说，《坤》阴自初至上，业已发展到尽头，旺盛到极点，再往前去，势必反阴为阳，质变成《乾》卦，取阳龙而代之。当此突变关头，阳龙当然不肯束手退让，于是一场你死我活的战斗必然爆发。结果玄黄之血，流于田野，两败俱伤，下场可悲。为免于这种不幸的发生，故而用六说“利永贞”，劝告《坤》阴，不以盛势侵阳逼阳，要永远保持阴顺之德，要从阳而行，与阳合作，以生成万物和负载万物。对此，孔子的《象》辞是：“用六永贞，以大终也。”就是说，固守阴德，把含弘光大的作风坚持到底（“大”指直、方、大的“大”，不指阳大阴小的“大”）。上述《乾》《坤》两例，都表明阴阳两象从量变到质变的变易情况以及应用于人事关系的经验教训。

《易》象变易性最灵活的表现，是在取象方面。依据性质、作用或其他情况，八卦中的每一卦，可以取许多象。仅据《说卦》所载，每卦至少取十二象，多则二十象。如“《乾》为天、为圜、为君、为父、为玉、为金、为寒、为冰、为大赤、为良马、为老马、为瘠马、为驳马、为木果。”“《坎》为水、为沟渎、为隐伏、为矫輮、为弓轮。其于人也，为加忧、为心病、为耳痛、为血卦、为赤。其于马也，为美脊、为亟心、为下首、为薄蹄、为曳。其于舆也，为多眚、为通、为月、为盗、其于木也，为坚多心。”如此等等。一卦可取多象，便于多方面反映卦德，卦义，这是《易》象变易作用的一种形式。另外还有一种更为灵活的变易形式，就是取象可以易类。《易》学史上著名的例子是《乾》取龙象，而《坤》取马象。本来，按易占的规定和惯例，如上所述，《乾》取马象以象征健性，或为良马，或为老马，或为瘠马，或为驳马等，并不取龙象以象征其卦德。《坤》则取牛象以表现其顺德，并不取马象。但实际上《乾》却从《震》借取了龙象，而且以六龙时位来反映《乾》天的健德，

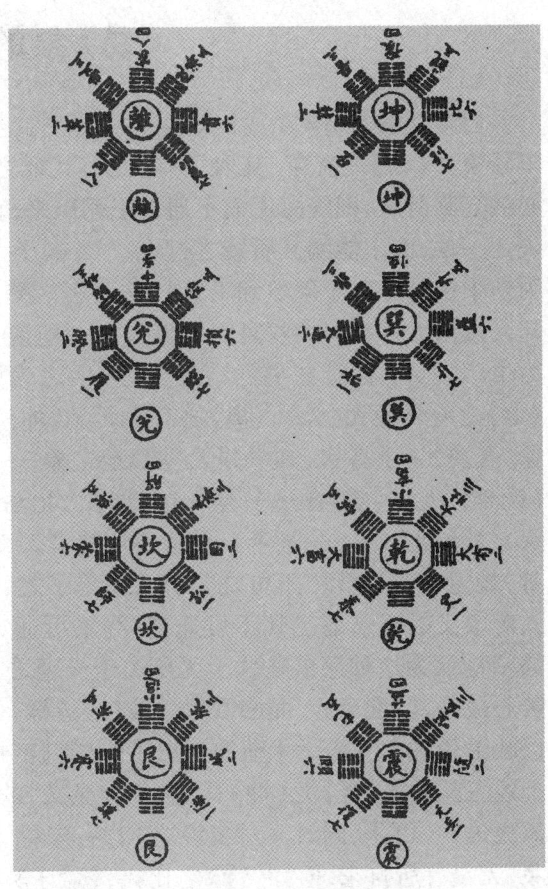

八卦生六十四卦图，出自元·张理《大易象数钩深图》

显然违反了常规。为什么如此？道理何在？这一点，王弼在《明象》中作过阐释，他说："义苟在健，何必马乎！义苟在顺，何必牛乎！爻苟合顺，何必《坤》乃为牛，义苟应健，何必《乾》乃为马！"他这番话的出发点在于论证他来自庄子的"得意忘象"观点的正确，未必能全面解答《乾》象何以舍马取龙的问题，但却给人们提供出一个启示：周易依义依性的取象有一定常规，但常规是活的，不是死的。正如孔子所说："不可为典要"(《系辞下》)八章)。因时制宜，因地制宜，唯变所适。依据这一观点来看，《乾》象取龙而舍马，《坤》象取马而舍牛，虽不合乎周易筮占取象的常规，却不违反《易》象灵活变易的基本精神。并且，具体分析便可看出，《乾》若取马象，虽可一定程度上象征其健性，但无从表现其"元、亨、利、贞"的大德和上天入地、能潜能飞的功能，也不利于喻示圣贤、君子的超凡风貌。唯有取神秘的龙象以为喻，才能达到这一目的。《坤》象之舍牛易马，也是同样的道理。牛象可喻《坤》之顺性，但其愚笨之质，无从象征《坤》随《乾》健行而永不松懈的美德。只有换为马象，尤其是随牡马而健行的贞固不移的牝马之象，最为合适，最利于表现《乾》《坤》合德、生生不已的本性。因此，《乾》《坤》两卦取象的随机应变，含义很深，是完全合理的。它是《易》象本身内在的变易性能的表现。

《易》象的来源

但奇怪的是，作为一个大学者，朱熹对此却表示难以理解。他在杂著《易象说》中牢骚说："《易》之有象，其取之有所从，其推之有所用，非苟为寓言也。然两汉诸人，必欲究其所从，则既滞泥而不通。王弼以来，直欲推其所用，则又疏略而无据，二者皆失之一偏，而不能阙其所疑之过也。"(《朱子大全》册二四)这个牢骚是有道理的，因为切中汉易穿凿于象数和王弼扫象谈玄之弊。但接下来谈到自己对难题的观点时，却又发出无可奈何的叹息而阙疑了之。他说："且以一端论之，《乾》之为马，《坤》之为牛，《说卦》有明文矣。马之为健，牛之为顺，在物有常理矣。至于案文责卦，若《屯》之有马而无《乾》，《离》之有牛而无《坤》(《屯》由水雷合成，其中并无《乾》天之象。《离》上下皆火，其中并无《坤》地之象——笔者)，《乾》之六龙则或疑于《震》(按《说卦》，龙本《震》象——笔者)，《坤》之牝马，则当反为《乾》(按《说卦》，《乾》有马象，《坤》则无。——笔者)，是皆不可晓者。"对《屯》《离》《乾》《坤》所取之象违反《说卦》规定一节，概以"不可晓"三字，简单了之，而不予追究。接着，他又进一步指责汉人对象义的探求是，"其不可通者，终不可通，其可通者又皆附会穿凿而非有自然之势。"他认为这种探求是，"上无所关于义理之本原，下无所资于人事之训诫，则又何必苦心极力，以求于此，而必欲得之哉！?"这样一来，他又进一步在"不可晓"的基础上，以政治伦理主义为学术研究划出了"勿需晓"的界限。但另一方面，话锋一转，他又对上述王弼关于《乾》龙《坤》马"假象以显义"的解说，表示支持，认为可"破汉人胶固支离之失"。可是，同时又对王说之"若有未尽者"，表示不满。认为王说"以《易》之取象，无复有所自来，但如《诗》之比兴，《孟子》之譬喻而已。如此则是《说卦》之作，为无所与于《易》，而'近取诸身，远取诸物'者，亦剩语矣。"他这一批评的根据是，"……《易》之取象，固必有所自来，而其为说，必已具于大卜之官。顾今不可复者，则姑阙之;……固不必探求其象之所自来。然亦不可直为假设……”(以上引号内引文皆来自同书同文)。总之,朱熹的看法是,《易》象来源,必有所本,《说卦》所记并不完全,其说法一定存于周代大卜之官的手里,后来逸失,已不可考。后人只要探取象中之意,以为训诫而决吉凶就够了,不必枉费心机,追本溯源。在这一点上,王弼的假象显义说有道理、有好处,但把《易》象看成诗文中的比喻之类,得意忘象,而不论其来源,则是美中不足之处。朱熹认为《易》象有来源,当然是对的,《系辞》中已言之凿凿,合乎《易》理。但他把“有所自来”视为《易》象的比喻同《诗》象比兴之间的区别,则是不对的。《易》象在喻理而《诗》象在抒情,性质不同。至于《孟子》之设譬喻理,则和周易之取象喻理,都是“假设”性质,在喻理的本质上并无二致,只是形式上有所不同,朱熹的说法也是不正确的。不过,朱熹之强调《易》象的来处来由,是和他认为《易》本为占筮书的主张分不开的。因为《易》既是占筮书,其卦与爻的取象,当然和占筮的具体情况有直接联系,也许来自占断的记录。所以他认为关于《易》象的取象变象的缘由材料,在卜官手里一定曾有保存,只是后来逸失而已。他这一大段说法,可以归结为:取象变象有来由但不可知,不必深求,汉人之穿凿不如王说之假象观意,但王说以《易》象为假设而欲忘之,则不可以。朱熹这种强调来由和反对假设的说法,显然不符合周易在取象上灵活多变的本性。王弼的因义变象和得意忘象之说,如若剔除道家玄虚的成分,就事论事来说,可谓非常确当,足以揭示周易取象变易的秘密。

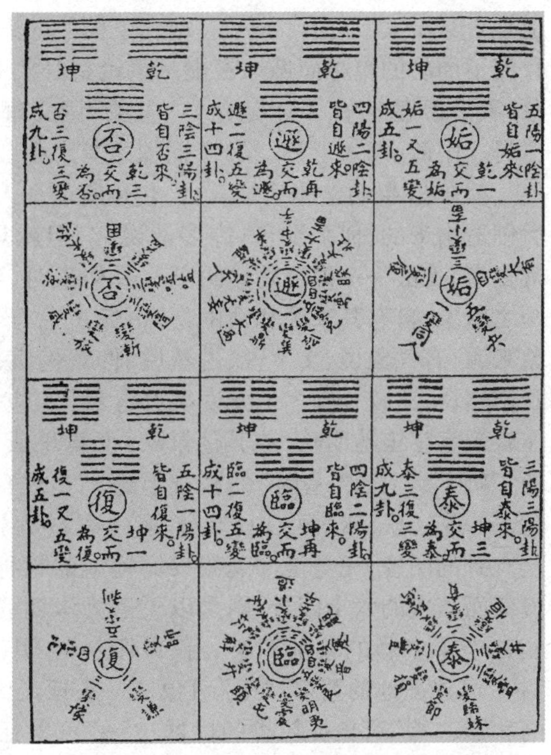
乾坤生六卦、六卦生六十四卦总图,出自明·来知德《易经来注图解》

《易》象的根由

总起来说,《易》象大体上具有喻理作用、能行作用、亲合作用、相斥作用和变易作用。其中,喻理作用是在象征性的基础上通过能行、亲合、相斥、变易等作用的交织贯通而具体发挥出来的。如果进一步深挖这些作用的根源,那无疑是在于《易》象“基因”阴阳二象的象征性质和相反相成的关系,在于性质与关系的统一。换言之,《易》象的辩证性是这些作用的根源。如上所述,朱熹认为“《易》之取象,固必有所自来,而其为说,必已具于大卜之官。”《易》象有其来由,有其根据,这是不言自明的。但其说是否具于大卜之官,却不一定。王弼"象以出意说"是正确的,但"得意忘象说"却背离了周易的精神而遁入玄虚。无论是卦象爻象,或卦与爻的辞象,都是喻义明理之象,象是蓄理宝库,不能抛弃。"忘象"则义理衍漫,无所凭依,《易》理深髓也便无从悟得。因此,深入了解《易》象而探索其来由,对体会周易精义,也有帮助。

就《易》象的整体笼统言之,它是所谓圣人经过仰观俯察,从外界获得感性材料而后创造出来的,似乎没有"许多话说"。但就具体的《易》象作具体考察时,情况就非常复杂,无法一一说清楚。阴阳八卦初生时,当然只有卦画之象而无文辞之象,但卦画之取象,自有其来源和情由,并不像占卜符号那么浅薄。如前文所述,关于八卦卦象来源,有气象说、文字说、占筮说、仰观俯察说,等等,不一而足。其中,以孔子的仰观俯察说,比较合理。依此说来看,《易》象应是外界事物在作者思维中的概括反映。作者观察宇宙的明暗(或其他景象)而构思成"—"(阳)"—"(阴)二象,成为《易》象的"基因"。在此"基因"的基础上进一步观察大自然而构思成《乾》(天)《坤》(地)《震》(雷)《坎》水《艮》山《巽》(风)《离》(火)《兑》(泽)等八种物象,即八卦的图像。这八卦的图像,完全是仰观俯察而构成的精神产品。后来在八卦卦象基础上经重叠覆变而演成的六十四卦,则是以天道为本而囊括人道在内的图像。这简单的图像却涵有丰富多彩的象征意义。仅以阳(—)阴(袴)二象为例,"—"可象征天的清纯,"袴"可象征地的繁多;"—"可象征一头顶天,"袴"可象征两脚踏地;"—"可象征雄类的性器,"袴"可象征雌类的性器;"—"可象征马的强健;"袴"可象征牛的柔顺,如此等等,象征内容宽广多变,却都是"远取诸身,近取诸物,"源于事物。就是一卦之内的天地人三才之象,也不止是来自象数的形式分析,而是以象数的客观根源为基础,有其丰厚的象征内涵。其他爻位之象、内外卦之象、中正之象、互卦之象、比、应、承、敌等象,都是有形有义,归根结底都是天人之道的象征。

《易》象种种

《易》象种类繁多,古人归纳为:八卦之象、六爻之象、爻位之象、反对之象、方位之象、互体之象等七种。实际上不止这七种,这七种是静态的象,至于动态的象,如卦序的"覆"象"变"象,十二辟卦的阴阳消长之象,《乾》《坤》生六子之象,都没有明确地包括在内。

周易的象,大别之,也可分为三类。第一类是画象,即阴阳八卦的卦画之象,可称为本象。第二类是辞象,即因卦象之义而缀上的卦名之象和因爻义而缀上的爻辞之象,统称为辞象。辞象的性质、特性、作用等前文已经详述,兹不再赘。第三类是据卦形卦义而取立的一卦多象。如《说卦》所记,《乾》为天为君父为金为玉等等,可以十四种东西作为其性质的象征。其他七卦,取象也都超过十种。据统计,全文所举卦象共计一百一十二个。后代传承过程中有所逸失,《释文》引汉人荀爽《九家易集解》本较通行本多出三十一个,也许原本所举卦象为一百四十三个。

在《易》象之中,最难解释的是这类卦象。当然,一卦多象的缘故尚不难理解,这是由于象征的性质所致。在假象喻义时,旨在喻义,象为喻义的形式,为喻义恰当、方便，同一意义在不同的场合灵活取象，甚至改换物象，也无妨碍。因此，马牛二象在象征《乾》健《坤》顺的德行时，不如龙马更适当，更有精神，便从《震》《坎》分别借用龙马二象，以为《乾》《坤》德行的象征。在这一点上，喻理的《易》象和抒情的《诗》象，根本不同。《诗》象是反映生活的艺术形象，与内容融为一体，是“只有这一个”的唯一形象，不是喻理的象征，所以不能多，不能换。例如《诗》首篇以“关雎”起兴，喻求爱之情，却不可易为他鸟。倘易为鸳鸯之类，则显乏味。关于周易辞象与《诗》类艺术形象的具体区别，后面文辞部分将作详述，此处从略。至于八卦各卦本象（卦画之象）所取所扩之象，其立象义据何在，《说卦》未作说明。《说卦》所列举之象，有些并未见于六十四卦经文，原因已无从察考。所以朱熹所谓“其间多有不可晓者，求之于经，亦不尽同”，是符合实情的。

不过，一卦多象的具体背景，虽不见经传，但从周易本体的象数义理关系进行探索，其中有一些也可窥见概貌。仅以《说卦》所记《乾》《坤》为例，试作考察。

《乾》卦本象为夬，象天的清纯之阳气，天是《乾》卦本象。据本象的体性而衍展为其他十三象。天形为圆，故为“圜”象。天为万物之主，故象一国之主的君、一家之主的父。天为阳性，刚健尊贵，故以玉金等坚而且贵之物象之。按八卦方位，《乾》居西北，西北寒冷，故《乾》象为寒、为冰。《乾》天为纯阳，纯阳为大红色，故有大赤之象。天行健，故以良马象《乾》。马长行而不息，终成老马，故老马亦成《乾》象。长行之马，身体过劳，或成瘦马，故《乾》也可取瘦马为象。良马衰老，毛色退变，成为杂毛之驳马，也便立为《乾》象。天上有星，星如木果，故木果遂成《乾》象。

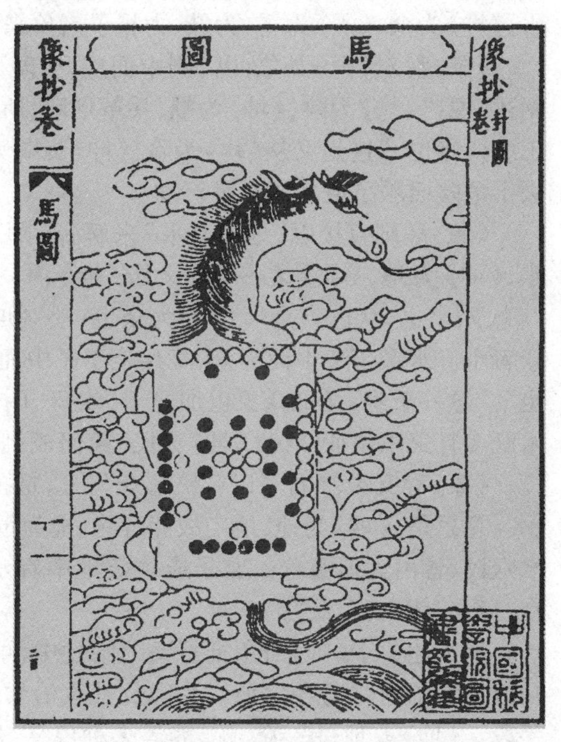

马图，出自元·钱一本《像钞》，描绘了“河出图”的传说，图中马背上的图案就是河图

《坤》卦本象姤，象征大地的丰厚多样。其他十二象皆自本象衍出。大地生殖万物，如同母亲，故象之以母。地性柔顺，如同布帛，故《坤》有布象。《坤》地属阴，其本象中虚，犹如锅釜之象。阳大阴小，阳性慷慨而阴性吝啬，《坤》属阴，故有吝啬之象。大地生万物而无偏私，故象之以“均”。牛性柔顺，犹如地性，故子母牛为《坤》象。大地载物，如同大车，故为大舆之象。大地生万物，千姿百态，富于文采，故有“文”象。大地生物，其数无量，故象之以“众”。万物倚赖大地，大地是万物的根基，故《坤》有“柄”象，“柄”义为本。大地泥土为黑色，故以“黑”象《坤》，等等。

以上是关于《乾》《坤》多象缘由的一种解释，其他卦的多象问题，也可作出与此大致类似的分析。这种解释和分析,未必完全合乎原意,但由此却可体会到《易》象的多象、扩象乃至换象,并不是随意而为,是有一定根据的。至于为什么需要这样做,却是一个关乎周易本质值得深入探究的问题。

扼要地说,《易》从阴阳二象初生到六十四卦象形成,根本是一个图象(卦象)的体系。它凭借图象的象征作用来反映《系辞》所谓"万物之情"和"冒天下这道",可以说它是一个宇宙(天)社会(人)基本架构的"缩影"。但这个"缩影"的时空条件却是有限的,六十四卦三百八十四爻包括辞象在内,只是个狭小的时空场地,而它所要反映的天人对象,却是一个无限的时空综合体。在有限的《易》体和无限的世界之间,存在着极大的差距。想要在六十四卦三百八十四爻的范围内,"弥纶天下之道""神以知来,智以藏往""类万物之情""广大悉备"(以上括弧内皆引自《系辞》),就势必要对《易》象的象征手段给以相应的灵便性和衍申性,以扩大其蓄智、达情、推理、彰往、察来、微显、阐幽等作用,从而在假象喻义,宣扬哲理之际,或在占筮之际,分析卦情时,便于凭借灵活多样的物象对现实问题或未来事情的复杂情况,作出相应的分析和推论。这是《易》象象征性的灵活表现,也是《易》象实用需要的表现。看看下面的实例,便可悟到其中的究竟:

(一)《师》卦,卦象为䷆,上卦为《坤》,下卦为《坎》。师是军队的意思。《周易集解纂疏》引服虔《左氏解谊》谓:此卦"《坎》为水,《坤》为众,互体《震》(二、三、四爻成《震》——笔者),雷,鼓类,又为长子,长子帅众鸣鼓,巡水而行,师之象也。"以《坎》为水、《坤》为众、《震》为雷、为鼓、为长子诸象来解释《师》卦之所以象征军队。

《彖》辞对《师》卦象,以"刚中而应,行险而顺"加以分析。同书引干宝之言加以阐述,说:"《坎》为险,《坤》为顺,兵革刑政,所以险民也。毒民于险中而得顺道者,圣王之所难也。"这是又从《坎》为险,《坤》为顺为民的角度象征性地阐释君主督率民众去干危险而顺乎道义的军事行动。

《象》辞则直接以"地中有水"来解释《师》象。对此,同书李道平疏谓:"《坎》为水,《坤》为地,《坎》之一阳,又居《坤》内,是地中有水之象也。……《晋语》曰:"《坎》,水也,众也。是《坎》亦为众也……《坤》之众,以散为众者也,水之众,以聚为众者也。水聚于地中而为众,犹兵聚于民中而为师,此'地中有水',所以取象于《师》也"。这一疏解,又把众象也加之于《坎》。(按《说卦》,《坎》无众象),以便于用地下水既多且聚来象征众民(《坤》为民)聚而成《师》。

《象》辞又说:"君子以容民畜众"。这是孔子从地中有水这一《师》象中得到的启示。意思是,《坤》为地,地广故能容物,地为母,亦能养物。水容于地,民也容于地,众水众民,皆由大地蓄养。君子应仿效地中有水的《师》象,容民畜众。实行"用众,恤众,简众,任众,合众"的仁政。

从上述关于《师》卦象征意义的阐述中,可以见到周易取象灵活多样的雏形及其功能。为阐明《师》象之所以为师及其政治哲理意义,不能不采取一卦多象和扩象的手段。《坤》取地、民、众、顺、养等多种象义,《坎》在水象、险象之外,又扩增众象,为强调军事气氛,还利用互体的《震》为雷,附会行军的鼓声,如此等等,共取象达九种之多,才得以透彻地阐明了《师》象的内涵。上文所引,虽是后人的分析和阐释,但却是依据《易》象象征性原理与惯例而作出的,并非外加的杜撰。周易作者把地水合象的卦,名之曰《师》,大抵也是以上述的象义关系为依据,这一点《师》卦整个卦爻的辞象,足以为证。前文叙过,无须赘述。

此外,在占筮时,取象的灵活多样,也是解卦之所必需。下例可见一斑:

“初,毕万筮仕于晋。遇《屯》之《比》。辛廖占之曰:“吉。《屯》固,《比》入,吉孰大焉。其必蕃昌。《震》为土,车从马,足居之。兄长之,母复之。众归之。六体不易,安而能杀,公侯之卦也。公侯之子孙,必复其始。”(《左传·闵公元年》)

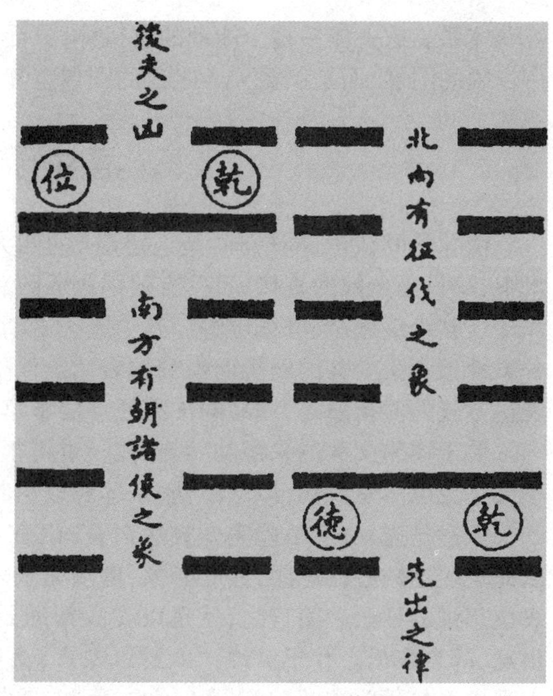

师比御众之图,出自宋·佚名《周易图》

这段历史是说,毕万将为官于晋国,以周易占问前途,得到《屯》卦。初爻阳动变阴,成《比》卦。辛廖解释说,《屯》卦象义是固居,《比》卦的象义是亲合,亲合而固居,所以是大吉。同时,《屯》象是上《坎》下《震》,《比》象是上《坎》下《坤》,《屯》变《比》是《震》变《坤》,《坤》为土,所以是《震》变为土。《震》为车,《震》又为足,变《坤》则有足居于土上之象,《震》又为长子,能尽兄长之义,《坤》为母,能抚育爱护。《坎》为水为众,水附于地为《比》,故有众人归附之象。总之,这是前途蕃昌的公侯之卦。辛廖的推论,是以卦象的灵变多样及其相互关系为依据的,他以《屯》《比》的象义为本,运用《坎》为水、为众、《震》为车、足、长子,《坤》为地、为马、为母等多种物象及其相互联系来推论,做出前程“吉孰大焉”的占断。其取象扩象及以象征手法联系事理而展开推理的作法,和前一例是完全一致的。可见,无论是作《易》解《易》占《易》,也无论是挖掘义理或者钻研象数,都必须把周易取象、扩象、换象之灵活性多样性放在视野之内,否则必将寸步难行。

最后,还可以补充一点,即所谓虚象实象问题。简言之,《乾》天《坤》地《震》雷《坎》水《艮》山《巽》风《离》火《兑》泽等八卦之象以及水雷《屯》、山水《蒙》、水天《需》,等等,象征实物者为实象。而地山《谦》之山入地下,风火《家人》之风自火出,《困》九四之“金车”,《鼎》上九之“玉铉”之类,无其事、无其物,出于虚构,是为虚象。但此实象虚象,与文艺之写实与虚构性质迥异。文艺之写实与虚构,指反映生活的形象,而《易》所谓实象虚象者,乃出意的象征,以喻理为主旨,只要能喻理,则拟构虚象也未为不可,不能喻理,则纵为实象也无济于事。虚象实象可以齐头并进,正如多象、扩象、变象互不扞格一样,都是《易》象本性象征性和灵活性的体现。

由上述可见,《易》象是以图象和辞象象征性地反映宇宙万事万物情态和义理的范畴体系。这一体系是个能动的有机体,灵活多样,变动不居。它不是简单的兆示定命吉凶的图像,而是储藏天人之道的图像宝库,它也为占事察来提供推理的依据。

辞生于象

依孔子的认识,周易有“圣人之道”的四大内容:辞、变、象、占。在卜辞及其他占术中,辞只是贞问的直接回答:吉凶祸福成败利钝,词语简单明了。而在周易来说,文辞却极其纷纭繁杂,深奥难解。其中属于占断的术语只占极小一部分,绝大部分是对卦象爻象含义变义的曲折而模糊的表达。伴随卦爻象含义的渊奥,变义的微妙,加上表达方式的曲折隐晦,周易的文辞便形成丰富多彩的迷宫。

关于周易文辞的来源和功能,孔子讲得很好。他说:“书不尽言,言不尽意。……圣人立象以尽意,设卦以尽情伪,系辞焉以尽其言……”(《系辞上》十二章)

大意是说,文字不能完全表达语言,语言不能完全表达思想。圣人画出形象,借以完全表达内心的思想,建立卦象,借以完全表现事物的真伪,再加上文辞,借以完全表达想说的话语。简言之,就是以文辞帮助卦象来完全表达周易的内涵。可谓象以出意,辞自象出。孔子又说:“八卦以象言,爻《彖》以情言”(《系辞下》十二章)。“圣人观象系辞而明吉凶”(《系辞上》二章)。爻是指文辞,《彖》是指卦辞,意为八卦以卦象表示卦义,卦爻辞则以语言表达卦爻象的内涵情意。作《易》的圣人观看卦象(包括爻象),开发其中的含义而加上文辞,用以明显地表达卦象的吉凶之情。这是孔子对《易》辞来源及其功能的主要观点。

司马光像。司马光,字君实,宋朝著名政治家、史学家、散文家。他认为《周易》的六十四卦卦象,已经具备天下万事万物的情理,但还不能与大众共同享用,一般人很难看懂

对此,王弼的阐释比孔子更明白,更具体清楚。他在《明象》中说:“夫象者在意者也,言者明象者也。尽意莫若象,尽象莫若言。言生于象,故可寻言以观象。”由此观之,要想了解《易》象的内蕴,除观象之外,还必须对文辞加以探索。

另外,司马光又依据自己的体会作了补充,他认为:“八卦成列,以尽天下之象。因而重之,变化备矣。犹得与众共之,故圣人复系以爻象之辞,明言吉凶以告。”(《易说》)他的意思,用今天的口语来说,就是周易的六十四卦卦象,已经具备天下万事万物的情理,但还不能与大众共同享用,也就是说,一般人看不懂。所以

作者又加上文辞，以阐明其吉凶的情意，告知读者。司马光这一关于文辞功能的体会，其实已经包含在孔子关于辞表象意的观点之内，只是略加展开而已。总之，由此可以大致看到象为辞母，辞由象生，辞以明象的根由。并可以约略想见，象义深而体多变，辞随象动，以致繁杂多歧，若明若暗，较之其他占书的文辞，繁杂而难解的缘由。

精义入神的观象系辞

以阴阳二象为基因，以八卦为基础而推演出来的六十四卦、三百八十四爻的卦爻象，是一个有条有理、整然有序的浑然一体，从先后天六十四卦方圆图上就可以看清这个有机象体的全貌。但与此相反，其卦爻辞却呈现出一幅似乎杂乱无章的情景，纷然陈列，犹如一桌盛大的宴席，形形色色的肴馔之间没有什么内在的联系。不过，这只是表面现象。深入内部观察就会发现，众多纷杂的卦爻辞的背后，却以象为纽带而密切地联结在一起，象的统一性暗地里制约着辞的统一性。所以，要想彻底认清辞义，必须结合象义进行钻研。

举例来说，六十四卦的开端为《乾》《坤》两卦，其余六十二卦都是《乾》《坤》爻象所生。继《乾》《坤》之后，是表现阴阳始交的《屯》卦。《屯》的卦象是上雷下水，全名《水雷屯》，象征雨水滂沱，霹雷阵阵；这是混沌初开，天地剖判，上险（坎）下动（震），苦难重重的景象。据此卦象，作者便将此卦命名为《屯》。屯字为象形字，是艰难的意思。《说文》云："屯，难也，象草木之初生，屯然而难，从屮从一。一，地也，尾曲。"草木初生，幼苗从地表穿出，尾部尚卷于地下勾而未舒。初生初长，艰难困苦。但它坚决向上，确乎不拔，生命力极强，这是屯字形象的含义。用这个字为刚柔始交、雷雨满盈、阳动于下、天造草昧、万物始生这样的景象命名，实在是无比妥恰。在人类语言中。恐怕找不到另外更合适的单词替代屯字来集中地表达此种始生初创的景况。三千年前作者观象系辞的智慧和本领，使我辈后人不得不击节赞赏，叹为观止。除非是睿智出众的圣哲人物，否则不能有如此高超的才能，卜史占师之辈，绝对不会有这样的大手笔。

周易作者以一个屯字勾摄了水雷卦象的灵魂。然后依此缀写了卦辞："屯：元、亨、利、贞。勿用有攸往，利建侯。"

卦辞通贯着卦名从卦象中勾取的灵魂。元为始为善，亨为通达。《屯》的卦象表示阴阳始交，万物才得以生长，不交则不生，所以阴阳之交与万物之生为善，而始交始生又是众善之首，是为最善，故而名之曰"元"。《屯》既是《乾》（阳）《坤》（阴）始交而万物初生，为善之首，所以虽处于上险下动的困难之中，十分脆弱，但坚韧向上的生命力却是绝不畏缩的。它必将排除险阻，打开生长的道路。在前途无量的意义上，名之曰亨（通）。其中关键在于，幼苗能保持锲而不舍的精神（贞），作者如此点明了大自然发展的规律。这种意义引申于人事时，对创业者来说，要想事业大有发展，如幼苗之茁壮生长，关键在于保持正直而坚固（贞）的毅力，不畏艰苦，努力向前。这样做，才有利于体现"元、亨"的精神，这就叫做"利贞"。这样，作者又以"元亨"表达《水雷屯》卦的卦象和卦名的含义，并予以阐发，以"利贞"二字表示劝勉与叮咛。

可是，处在这种创业伊始，虽有雄心壮志，生气勃勃，毅力坚强，但毕竟充满困难

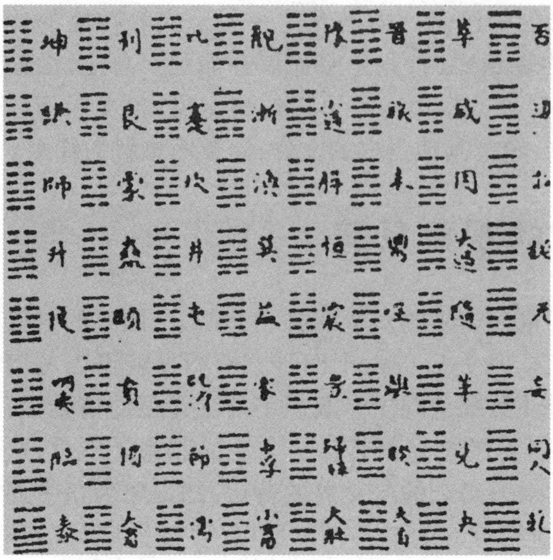

而动荡不安。这时期应该着重注意什么？主要的活动应该是什么呢？作者继续按《屯》卦的卦象与卦名的含义，结合人事经验，提出了告诫："勿用有攸往。"直译为"不宜有所前往"。但《易》辞多富引申义，多为小中见大，故而不宜前往就是不宜行动之意，并不限于行路。同时，此句在《易》辞中只出现两次，另一次是《遁》卦初六爻辞"遁尾厉，勿用有攸往"这种句式和"不利有攸往"轻重不同。"不利有攸往"是说"不宜于行动"，而"勿用有攸往"则是说"不可轻易行动"。《屯》卦卦辞的"勿用有攸往"，是作者依据卦象卦名所显示的万物始生的险难环境，结合人事创业的艰苦经验而提出的劝诫，嘱咐处于《屯》卦境况下的创业者，务必特别注意一条规律，就是凡事要深思熟虑而后行，不可轻举妄动。那么，在创业时期主要应该致力于什么呢？周易作者又依据历史经验指出一条规律："宜建侯"。这句话从字面上讲，是：利于建立侯王（君主）。但如上所说，按《易》例，《易》辞义多小中见大，富于衍申性。"利建侯"云者，不仅指建立王侯，而是指建立制度、秩序、组织，等等，也就是要为始创的事业建立管理的组织，以为稳固的基础。如此这般，周易的作者设卦观象，精义入神，提炼象义，而以"屯"字命名，然后又据此添加天人之道（即自然规律与人事规律）的知识，作成卦辞。可谓：名不离象，辞不离名，辞以明道，道以辞显。象、名、辞、道浑然一体，于是《屯》卦之哲理遂跃然纸上。卦名卦辞大约就是这样创作出来的。

六十四卦方图，出自清·陈梦雷《周易浅述》

卦辞的专名叫做《彖》又叫《彖》辞。《彖》是断的意思，《彖》辞之意就是对一卦主旨作出论断。王弼所谓"夫《彖》者何也？统论一卦之体，明其所由之主者也"（《明彖》）。就是这个意思。正由于卦辞说明了全卦的主旨，"统之有宗，会之有元"，所以全卦上下六爻，"繁而不乱，众而不惑"（同上）。卦辞的这种功能，类似文章当中统率全篇材料的主题思想。

仍以《屯》卦为例，看看爻辞的情况。

如上所述，《屯》卦卦辞的主旨是点明屯难情景，提出处屯之计。"元亨"讲大有可为，"利贞"讲正确对待。要点是不可轻举妄动，要站稳脚跟。六条爻辞则分头通过具体的爻象而一一体现这一中心思想。

下面让我们观察一下《屯》卦爻辞的全文。初爻讲"盘桓（徘徊），利居贞（利于守正而居），利建侯（利于建立根基）。"（括弧内为译语）二爻讲"屯如邅如，乘马班如（上马下马，徘徊彷徨）。匪寇，婚媾（不是掠夺，而是求婚）。女子贞不字（女子守正不嫁），十年乃字（待十年后再议婚嫁）。"三爻讲："即鹿无虞（追鹿而无向导），惟入于林中（只有陷入大森林中）。君子几（君子见机行事），不如舍（不如放弃）往吝（硬要去必导致惜恨）。”四爻讲：“乘马斑如（上马下马，欲进又止）求婚媾。往吉，无不利。”五爻讲：“屯其膏（屯其膏泽）小贞吉（小心稳步前进，吉）大贞凶（大步前进，凶）。”上爻讲：“乘马斑如（乘马彷徨），泣血涟如（血泪涟涟）。”

在上引《屯》卦爻辞中，初爻说“盘桓”，二爻说“斑如”，三爻说“往吝”，四爻说“斑如”，五爻说“小贞吉”，上爻又说“斑如”。综合起来，六个爻辞的共同思想是小心谨慎，稳步前进，都体现出卦辞所谓“勿用有攸往，利建侯”这样的主旨。虽然各爻的辞象不同，但贯通其间的主题思想却是一致的。这种情形，很像一篇文章的各个段落分别以不同的具体内容蕴涵共同的主题思想。

周易六十四卦卦爻辞，都是如此精义入神；卦象卦辞爻辞表面上纷然杂陈，骨子里则相互呼应，融合无间。这是一。其次，文辞内涵，深而且厚，探索玩赏，意味无穷。既表象义卦情，又合天人之道，既有立身行事之计，又含劝诫之教。在此基础上，同时也显示出占卜之用：合起来共有这样五层内容。《屯》卦的文辞如此，他卦大致亦然，可以类推。和其他占卜书以测事为始终的单一肤浅的文辞比较一下，周易以义理为主的哲学性质，昭然若揭。这一点，下面还要细说。

辞象的基本功能

喻义明理是辞象的基本功能。

王弼在《明象》中讲象的功能，认为“象者出意者也。”他在这里所说的象，当然直接是指卦爻的象。但这句话的意思，从客观上也可加以延伸，使“象”突破图像的范围，把文字所构成的形象（辞象）也包括在内。文字形象当然也具有表意功能。

一般认为，周易最显著的特点是假象喻义，以比喻的方式，借辞象之形义，表卦爻之象义。

所谓辞象，是指用形象化的文字所描绘的生物形象、生活形象和精神形象等。周易的文辞，主要是爻辞，其中充满了这样的辞象，作者就是运用这些辞象的喻义功能来表现卦爻象的寓意。

周易的辞象五花八门，丰富多彩。有比喻、隐语、借代、寓言、故事、铭言、诗歌等等，大体可归纳为人物象、鸟兽象、器物象、事象、活动象、艺术象等五类。例如：以君子之象表《谦》卦卦象所含的谦德（人物象）；以牝马之象表《坤》卦卦象所含的顺健之性（鸟兽象）；以黄裳之象喻《坤》卦六五爻象所含的柔居高位的美德（器物象）；以“素履往”之象喻《履》卦初爻之象所含的初涉世事应保持朴实本色之义（动象）；以“栋桡”（屋栋弯曲）之象喻《大过》卦九三爻象所含的在阴气过盛的环境中过度刚强，会造成弯曲，以致倒塌之义（事象）；以“鸿渐于磐，饮食衎衎”（鸿雁渐进到水边大石处，且饮且食，十分和乐）之象喻《渐》卦六二爻象所含的，阴爻居阴位，柔顺而中正，上有九五爻相应合，安安乐乐、稳步渐进之义（艺术象），如此等等，为数甚多。这些表现人物、鸟兽、器物、事物，活动以及艺术的辞象，都是作者用来喻示思想和道理的手段。

诗象与诗歌性质不同

周易的辞象含有不少诗歌,可称为诗象。诗象与一般辞象不同,除喻理表意之外,还有表情的作用。另一方面,诗象又和一般诗歌不同。虽然有些诗象,形象鲜明,音韵铿锵,艺术性很高,甚至不次于诗经的作品;但从性质上看,都不是作为反映生活的独立自足的艺术作品而存在,它只是被借用来喻理表意的手段。它的特殊功能是给卦爻象中引发出来的抽象的义理戴上可感性的花冠,从而加强喻理表情的作用。这是在论理场合诗歌形象所具有的特异功能。这一点,我国古人深谙其妙。春秋时代外交会上的"赋诗言志",就是显著之例。如《左传·僖公二十三年》记载,晋公子重耳外逃过秦。秦穆公设宴欢迎。席间重耳赋逸诗《河水》,以河水朝宗于海之象,比喻秦国胸怀宏大,能容纳天下来归的豪杰。穆公则赋诗《小雅·六月》,以尹吉甫辅佐周宣王战胜玁狁的故事,喻示重耳返回晋国后必能建功立业。这里所赋的《河水》和《六月》虽是原诗,但所取的不是原义,而是一般意义,属于客观意义的范畴。赋诗多取首章,叫做赋诗断章。在外交场合以诗喻义,既有礼貌,又有文采,在语言上还有灵活性,便于转圜。另外,在论说文内或说理当中,古人也经常引用诗歌的形象,喻理表意。这种作法,俯拾即是。例如荀子在《儒效篇》中借用诗经《大雅·文王有声》第六章"自西自东,自南自北,无思不服"(思是语助词)这一歌颂文王政治威望的诗句,来赞扬为人师表的儒者受到各方的崇敬。这也是借诗明理的一种形式。和赋诗言志一样,在先秦时代曾经形成一种风气。

秦穆公送晋公子重耳归国图。春秋时期,晋献公晚年宠信骊姬,骊姬要害太子申生,祸及诸公子,公子重耳出逃,在狄时,献公死,秦穆公派人去问丧,并劝重耳把握时机图取君位,后来派兵护送重耳归国夺取君位

这种借诗喻志的表现手法,最早不一定始于周易。但如此自觉地精心地大量使用这种手法,应该说,始于周易,因为周易是中国最早的成型著作。

因此,周易辞象中诗歌的取譬,与诗经以及其他诗歌的比兴,形似而实异。不过，有些学者对此却缺乏清醒的认识。李镜池先生在《周易筮辞考》中就曾申明："周易中也有比兴式的诗歌，我们解释时也要用着诗的眼光来看它"（《周易探源·周易筮辞考》）。章学诚先生在《文史通义》中也说过："……《易》虽包六艺，与《诗》（诗经）之比兴，尤为表里。"（转引自《管锥编》，见下）他们都把诗经中的诗和比兴作用，同表现周易卦爻象义理的辞象之一的诗及其比兴作用等同看待。对此，钱钟书先生却持不同观点。他认为《易》象与诗象"貌同而心异，不可不辨。"他分辨的理由是：

"《易》之有象，取譬明理也，所以喻道，而非道也。"（语本《淮南子·说山训》）求道之能喻而理之能明。初不拘泥于某象，变其象也可；及道之既喻而理之既明，也不恋着于象，舍象也可。到岸舍筏，见月忽指，获鱼兔，而弃筌蹄，胥得意忘言之谓也。辞章之拟象比喻则异乎是。诗也者，有象之言，依象以成言；舍象忘言，是无诗矣。变象易言，是别为一诗甚且非诗矣。故《易》之拟象不即，指示意义之符（sign）也；《诗》之比喻不离，体示意义之迹（icon）也。不即者可以取代，不离者毋容更张。王弼恐读《易》者之拘象而死在言下也，《易略例·明象》篇重言申明："故言者所以明象，得象而忘言；象者所以存意，得意而忘象。……然则，忘象者乃得意者也，忘言者乃得象者也。……是故触类可忘其象，合义可为其徵。义苟在健，何必马乎？类苟在顺，何必牛乎？爻苟合顺，何必《坤》乃为牛？义苟应健，何必《乾》乃为马？盖象既不即，意无固必，以羊易牛，以凫当鹜，无不可耳。如《说卦》谓《乾》为马，亦为木果；《坤》为牛，亦为布釜；言《乾》道者取象于木果，与取象于马，意莫二也；言《坤》道者取象于布釜，与取象于牛，旨无殊也；若移而施之于诗，取《车攻》之'马鸣萧萧'，《无羊》之'牛耳湿湿'，易之曰'鸡鸣喔喔''象耳扇扇'，则牵一发而动全身，着厘之差，乖以千里，所谓不离者是矣。"（《管锥编》第一册《周易正义二七则·乾》）钱先生不同意把《易》之诗象同《诗》之诗象混为一谈，说前者是取譬明理，拟象"不即"；后者是依象成言，比喻"不离"，基本揭示了两者的歧义，但论述不够充分、严密，也有值得商榷之处。对《诗》象即而不离的根源，仅以（icon）（图象）作解，似嫌不深不足。似应补充说，诗之所以不离象，是由于它是生活形象与思想感情形象的统一反映。既非体现义理的图象（体现义理的图象即体现概念的形象，不是真正的艺术诗），也非喻理的工具。这样从文艺科学的理论上深入论述，才能从根本上阐明，诗与象之间如同肉体与灵魂的关系一样，无可分离。另外，依据王弼"得意忘象"之说，认为《易》象不即而可变。基本上合乎《易》之诗象取譬明理的本性，但并不能涵盖全面。王弼的忘言忘象说，是以《老》解《易》的产物，有道理，但不全是。就读《易》和解《易》来说，理想的境界自然应该是忘象，不为象累，但作《易》者为喻理而取象时，却不能不精心选择，以求喻理确当。《易》中的辞象，包括诗象，成书时即已与卦爻象内在意义融为一体，无可更张。《易》之卦象、爻象、辞象三者早已铸成一有机整体，动一发则波及全身，换一象则影响全体。例如，《乾》卦的龙象以及六龙时位的动象，在喻示君子之德及其应付时位变迁之道上，无比恰当，绝不容变更。以牝马奔走之象喻示《坤》卦之顺健的德行，也是天衣无缝，恰到好处，无可更改。经王弼的笔法来说，可谓：马虽健义，《乾》健非龙莫属；牛虽顺性，《坤》顺非马不当。其他卦爻的辞象，莫不如此，诗象也不例外。例如《中

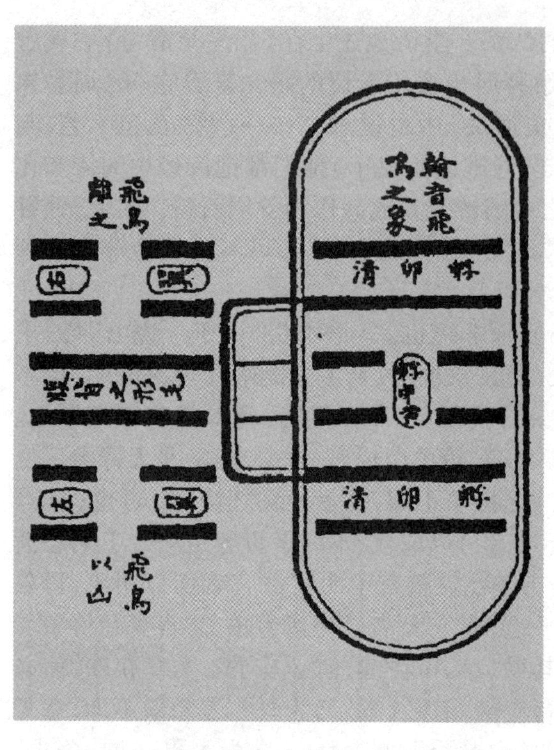

中孚小过卵翼生成图，出自宋·佚名《周易图》

孚》卦，卦象鹣为上下四个阳爻，中间夹两个阴爻，外实内虚（阳实阴虚），是表示虚心而诚实之象，这是卦象的主旨。其中九二爻以诗为爻辞。诗曰："鸣鹤在阴，其子和之；我有好爵，吾与尔靡之。"这是众多爻辞文象中最美最富艺术性的小诗。形象鲜明，意境优美，感情充盈，词句简练，音韵铿锵。有人说把它混入《三百篇》（《诗经》）中，可以乱真。当然这是单独就这首诗本身的情况而言。至于插在《易》象的爻辞当中来说，那却尤其别论。这首诗缀在《中孚》卦九二爻上已经丧失其作为艺术品的独立自足的地位。它从属于九二爻，成为喻义明理的辞象。读它时，必须联系《中孚》卦象的主旨和九二爻象的含义以及九二爻与九五爻乃至其他四个爻象象义的关系，才能真正看清它的意义和作用。具体地说，九二以阳刚之性处于内卦之"中"，相对的，九五也以阳刚之性处于外卦之"中"，都占有最好的爻位。阳刚象征内心的诚实，"中"表示不过亦不及，恰到好处。二五爻之间的三四两爻为阴爻，其中空之形，象征内心的谦虚。双方配合起来，表示谦虚而又诚实，正符合卦名《中孚》（心中诚信）的象义。这样在充满诚实而又谦和的气氛中，处于三四两阴爻之下的二爻，便自然地以安乐和谐的心境自下而上，与上边同类同气的五爻互相呼应，互相唱合，以抒发其互相信赖的思想感情，这表示至诚之声会呼唤来至诚的回音。这就是《中孚》卦二爻爻象的含义。这么深沉幽微的象义如何表达呢？写成表述的文辞，要一大堆，而且只能叙其大意，却无法尽达其微妙的情意。对此，作者采取了以诗象喻示情理的手法，缀上了这样一首小诗（谓之歌也可）。仔细玩味，这一诗象不但充分体现了爻象的内涵，而且"状难言之情，如在目前"（如：二爻处于三四爻二"阴"之下，诗则以鸣鹤在"荫"表之，等等）。可谓天衣无缝，鬼斧神工。此一诗象，不可改换，换成其他诗文，则爻象之情义便无从完满地表达。即此实例，也可见《易》象可变可换之说，只能是适应《易》象局部的特称判断，而不能是放之《易》象而皆准的全称判断。

但必须再一次着重说明，这首诗无论如何美好，在《中孚》卦里也只是喻理的材料，依附于二爻之象，并非独立自足的诗歌。对于它，不能像章学诚先生那样，看成"与《诗》之比兴，尤为表里。"更不能像李镜池先生那样，"解释时用诗歌的眼光来看它"。钱钟书先生说这类东西是"取喻表理"，是完全正确的，但钱先生接着又认为《易》之拟象不即，在于它是指示意义之符（sign）。符是符号，本身除符号之义外，没有他义。符号如代数的x、y之类,可以随机而变更。这可谓之《易》象符号说。但笔者认为此说欠妥。因为《易》象与符号,貌似而实异。约言之,象亦有义。从《易》象的本体来看,阴阳八卦之象,大有意义,是《易》的外形,也是《易》的灵魂,不可变更。变之,则《易》或几乎息矣。故此,《易》象和符号的基本性质根本不同,不能笼统地说《易》象是符号。但另一方面《易》卦之拟象(取象)又有一定的灵活性,如乾为天、为君、为父、为马、为王、为金等等,解卦时可随机取象,不足时,也有别拟之例。但即便如此,所取之象也有形有义,与空洞的符号性质不同。如果需要从符号的角度来看它用它,或者也可以说,它是一种有形有义又有灵活变动性的特殊的符号。

辞象的表意功能超过文辞

这里碰到一个问题:同一般的图象和文辞相比,辞象在表意上有何特殊的优越性。

前面说过,孔子认为《易》之用象是由于"书不尽言,言不尽意。"所以"圣人立象尽意。"王弼也持这种观点。以今天的认识来看,这种观点对是对,却有所不足。一是纵观世界上古时代,亚欧的文风有所不同。古希腊哲人的著作虽也使用以象明意的手法,但较之中国先秦时代哲人的著作却少得多。例如亚斯多德的《形而上学》之类,全面看来,是一种细致分析和详尽阐述的文风,和中国先哲论著(包括口述与写作)普遍以象喻义的文风,显然不同。这是历史、民族与语言的差异所致,不能完全视为作者的创意。二是立象尽意的尽字,作"力求尽之"解则可,作"穷尽"解则不可。因为,谁也无法界定象意的范围。一般简明的象意尚可穷其边界,如"水能载舟,亦能覆舟"之象意,可以穷尽其意域,但就深奥的象意如周易者,情况就不同了。其中不少象意的探讨与争辩,搞了两千多年至今尚无定论。简单的例子,如《临》卦九二爻"咸临,吉无不利",孔子认为它的象义是"未顺命也"。究竟是在什么意思上说九二爻象具有此义,易学界尚无共识。朱熹说"未详"(《周易本义》),金景芳也只好说"今存疑"。由此观之,立象尽意云者,也不过是尽量出意而已。三是重大的象意的深度,高度和广度,其范围可能无法界定,不但旁观者界定不了,恐怕连作者本身也搞不清楚。圣人作《易》时,由于语文无法表达深奥微妙的作意,故而立象,以求尽意。但所尽之意,只不过是作者"自觉"到的意而已,至于象的本身,它还在作者之意以外,"不自觉"地显示它自己的"意"。约言之,象意之中既有作者的主观创意,同时又含有自身的客观意义。客观意义不等于主观意义,它是作品的一般意义和社会意义,比如《易》学发展的"两派六宗"主要就是它的客观意义的发展,绝非作者始料所能及。故此周易的卦爻图象和解图象的辞象,能在多大程度上使读者确切体会周易的创作意图和客观意义,乃是一个难解的疑问。这也可以说是"立象尽意"的局限性。

但是,从表意功能来看,文辞的具体性毕竟大大胜过图象的抽象性,王弼所谓"尽象莫若言……象以言著"(《明象》)的"言",就是指卦爻辞说的,其中除叙述辞和占断辞之外,都是形象语言所构成的辞象。这样,抽象的卦爻图象加上具体的文辞形象,双象合作,就可以更好更具体地表达周易的内在意义和客观意义。

可是，这里又出现一个问题：既然“尽象莫若言……象以言著”，那么可不可以使用直叙的文辞来解释象义？何必使用啰唆的形象文辞来表现象意呢？为回答这个问题，又得返回到孔子说的“言不尽意”上去。

从语言学的道理上说，语言是抽象的，事物是具体的，抽象的语言不能完满地表现具体的事物。这个道理，德国哲学大师黑格尔在《美学》中讲得很清楚。孔子为时代所限，能讲其当然，而不能讲其所以然。但在这一点上，形象化的具体语言，却比普通的直叙语言，表达能力要强得多。有些深情微义，用直叙语说不清，或不便说清时，却可用形象语（如打比方之类）加以表达，让对方自己玩味、体会。这可以叫做形象语言大于直叙语言。所以，周易着重以辞象表象义的做法，深得表达方式的个中三昧，是非常高明的。

与卜辞及其他占书的比较

以象喻理是周易爻辞的主要特点。和卜辞对比，这个特点就显得更为突出。卜辞的文辞主要是贞卜的兆辞的记录，词句简洁，质朴无华。其记事、记人、记言、记行，均使用极其简练的文字，如实记录，不做修饰，更无周易式的辞象。

兹举数例，以见一斑。（择自郭沫若《中国古代社会研究·卜辞中的古代社会》）

A：“癸卯卜，丁亥渔。”（癸卯日卜。猎渔吉日在丁亥。）

B：“壬申卜，贞王田猎，往来无灾。王稽，曰吉，获狐十三。”（壬申日卜，问王猎于鸡，兆象为往来无灾。王稽留，卜曰吉，获狐十三支。）

C：“庚午卜，贞禾有及雨。”（庚午日卜，问谷物收成及雨水。）

D：“贞众有灾。九月，鱼。”

从文风来说，上举四例可谓范例。可见卜辞之文是单纯的记事叙事，由日子、事情和结果三部分组成，可谓最原始的记叙文。李镜池先生认为它是“中国散体的记叙文的创始之作”，的确如此。它和周易以辞象为主、隐喻明义、五花八门的文风大相径庭。为明显计，将双方文辞对照如表所示。

卜辞与周易文辞对照表

类别	文　风	结　构	涵　义
卜辞	单纯记事的简体文风	单层（贞卜） 贞卜的时、事、结果	卜兆显示的吉凶祸福
周易	辞象为主，喻义明理，隐晦而丰富的文风	多层 1. 卦名、卦辞、爻辞 2. 喻义的辞象 3. 叙事辞 4. 诫辞 5. 占辞	1. 基于阴阳变化的天人之道 2. 基于天人之道的告诫 3. 基于告诫的占辞

必须指出,双方文辞在形式与内容上所以有偌大差异,除时代、作者、写作意图和写作方法等因素之外,其深层的实质原因在于,前者属于求神问事的测卜文字,后者则是以占筮形式推天道以明人事的哲学伦理文书。前者由于目的只在测事问结果,所以无需讲理,无需告诫,只要记事记占辞便已蒇事,以至简单如斯。后者则由于写作主旨在于借占筮以喻义明理,借义理以为占断,故而其爻辞文象繁富如斯。在这一点上,卜辞以外的其他各种各样杂占的爻辞,同周易相比,亦复如是。

广义性

卦爻象与辞象结合,产生广泛多歧的意义。本义衍义之外,还有一般意义乃至社会意义。多数辞象,率皆如此。

最显著的是《蒙》卦鹡的辞象。其中三上二爻可视为范例。

三爻辞象为"勿用取(娶)女。见金夫,不有躬。无攸(所)利"。这一辞象与卦爻象的具体关系如何,本身是何意义,有几种不同的见解。

王弼的见解是,"六三在下卦之上,上九在上卦之上,男女之义也。上不求三而三求上,女先求男者也。女之为体,正行以待命者也,见刚夫而求之,故曰:不有躬也。施之于女,行有不顺,故勿用取女而无攸利。"(王弼注《周易》)

虞翻的见解是,"谓三(指女),诫上也。金夫谓二。……阳称金。三逆乘二阳,所行不顺,为二所淫。上来之三陟阴,故曰勿用取女,见金夫矣。……"(孙星衍《周易集解·蒙卦三爻解》)

以上二注的共同点是,勿用娶女的"女",是指六三阴爻,说她行为不正。"勿用娶女……·无攸利"是劝诫上九阳爻所代的男人,不要娶她,娶她没好处。二注的主要分歧是,王注认为女求男是三求上阳,虞注则认为是上阳求来三阴,求者不同。其次,王注以刚释金,认为金夫是伟大夫之意。虞注则认为阳称金,二爻为阳,金夫是说有钱的汉子。二注的分歧很大。

朱熹的注释是,"六三阴柔,不中不正:女三见金夫而不能有其身之象也。占此遇之则其取女必得,如是之人无所利矣。金夫,盖以金赂已而挑之,若鲁秋胡之为者。"(《周易本义》)

朱注不同于前二注之处是,仅以六三秉性阴柔,处位不中不正来解释六三所象之女的品行不端,未涉及六三爻与上下爻之间的关系,并把"勿用取女""无攸利"视为对占者的戒语。相同于虞注之点是,将"金夫"解

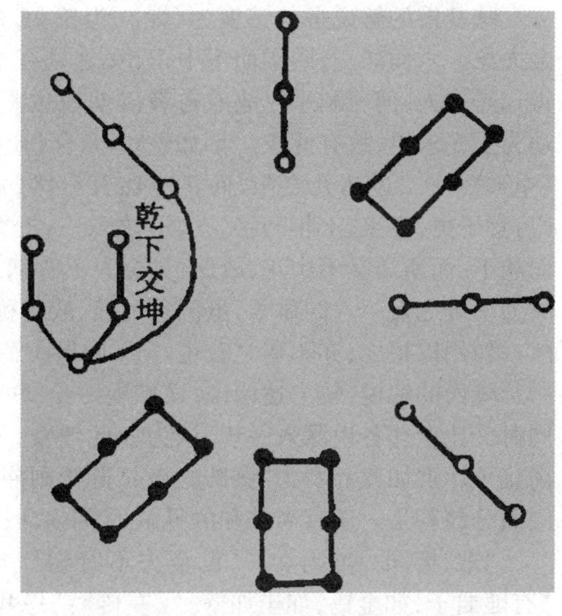

巽为长女图,出自宋·刘牧《易数钩隐图》

为有钱的汉子。将“见金夫,不有躬”解为见有钱人就舍身忘义,并举秋胡戏妻的故事补助说明。

程颐的注解是,“三以阴柔处蒙暗,不中不正,女之变动者也。正应在上,不能远从,近见九二为群蒙此归,得时之盛,故舍其正应而从之,是女之见金夫也。女之从人,当由正礼,乃见人之多金,说(悦)而从之,不能保其身者也。无所往而利矣。”(《易传》)

程传对六三之阴柔昏蒙,见利忘义,讲的简明透彻。他采取王注之三求上说,不同意虞之上求三说。另外,他认为“无攸利”不是劝诫上爻,而是论说六三。但对金夫,则采用虞、朱之说。

来知德的注释是,“变巽(三爻动则下卦变巽),女之象也。九二阳刚,乾爻也。乾为金,金夫之象……以金赂已者也。六三正应在上,然性本阴柔,《坎》体(下卦为坎)顺流趋下。应爻《艮》体常止,不相应于下。九二为群蒙之主,得时之盛,盖近而相比……故舍其正应而从之。此见金夫不有躬之象也。且中爻顺体,《震》动,三居顺动之中,比于其阳,亦不有躬之象也。若以蒙论,乃自暴自弃,昏迷于人欲,终不可教者。……曰勿用取,无攸利,皆其象也。”(《周易集注》)

来注强调象的作用。此注依全卦《蒙》象,通过六三爻变的《巽》(长女),结合上卦《艮》止、中爻《坤》顺《震》动,下卦《坎》陷等象,吸取王注的“三求上”,虞注的“三求下”和“金为钱”等,糅合一起,对辞象之义加以发掘、分析和阐释。同上述诸注相比,来注较为深入、全面。另外来注又认为,由于“六三阴柔,不中不正,又居《艮》止《坎》陷之中,盖蒙昧无知之极者也,故有此象。”最后他独抒已见,以鄙夷的语气说:“占者遇此,如有发蒙之责者,弃而不教可也。”这样,他在“勿用取女“三象本义之外,又衍申出“勿用教女”的意义。

陈梦雷的解说是,“三变为《巽》,为长女,有女象。九二阳刚得《乾》金之中爻,有金夫象。六而居三,阴柔而不中正,女之见有金之夫,而不有其躬以从之者也。取女得如是之人,何所利乎?故戒占者以勿取也。王注谓:三应在上,有男女之义。三之动为女先求男,故有此象。不如《大全》合《屯》六二参观,而以三趋二取象为优。盖《屯》之六二,近初九之阳,而正应在五。然《震》之性,动而趋上,而所居又中正,故曰:女子贞,不字,十年乃字。《蒙》之六三,近九二之阳而正应在上。然《坎》之性,陷而趋下,而所居又不中正,故曰:见金夫不有躬。六五中正,故为可纳之妇;三不中正,故为淫奔之女。六四质柔,虽困犹可教,故得称为蒙。三徇欲而忘身,并不得言蒙矣。故言勿用以拒之,亦不屑之教也。”(《周易浅解》)

陈氏的解说,较上述诸说,又扩展一步,联系六二、六四、六五诸爻作了比较分析。同时又比上述各说深入一步,认为如此淫女,不得言蒙。弃之勿顾,不屑为教。来氏尚止于斥责如此邪女为“蒙昧之极,”陈氏则痛骂为蒙也不够。同一辞象,由于理解不同而分歧若是。还有尚秉和的见解(《周易尚氏学》)如下。

“取、娶同。坤为女。‘见金夫不有躬’,申勿用之故也。金夫者,美称。《诗》:‘有匪君子,如金锡,如圭如璧。’《左传》:‘思我王度,式如玉,式如金。’皆以金喻人之美。《艮》为金,为夫。人徒知《乾》为金,不知《艮》坚亦为金。《易林》《随》之《屯》之互《艮》云:'玉满堂',以《屯》之互《艮》为金也。人徒知《震》有夫象,不知三《艮》皆为夫。《比》曰:'后夫凶',以《艮》为夫也。《易林》《复》之《剥》云:'夫亡从军',以《剥》上《艮》为夫也。三与上《艮》应,故曰见金夫。《坤》为躬,三体《震》。《震》为行而决躁,故见金夫而亟欲往上,不顾四、五之阻,故曰不有躬。女行如此,不顺,故无所利也。"

尚先生对《易》象深有研究,于《焦氏易林》中发现许多遗象。他以周易遗象解释《蒙》卦六三爻,引经诂字,树立新说。并对旧谈,作出驳斥,说:"案此爻归解:虞翻以阳为金,谓三为二所淫。朱子谓金夫,盖以金赂已而挑之,若鲁秋胡之事,均堪喷饭。若夫王弼以金夫为刚夫,毛大可,惠栋等用卦变,又以兑阳为金,皆非。故夫卦象一失传,无论如何揣摩,皆不能当。其关系之重若是。"

对此爻的旧解,尚先生一律反对。他提出上九为金夫,而金夫为美男子之谈,有理有据,完全站得住。但为强调卦象的作用而以"喷饭"斥责虞、朱以金为钱之说,未免过分。以金为美是据经(诗经、左传)解爻,以金为钱是据象解爻(《乾》阳为金)。两解都言之成理,持之有故。前解并不能推翻后解的论据。尚先生之解,作为新说,当然可以成立。但虞、朱、程、来、陈等之解,作为旧说,依然可以存在。周易的卦爻象及其辞象本身,就"天生"有这种多义、广义的特性,无可厚非。如果实用上有必要,也不妨把辞象的意义进一步引申为一般意义。譬如把三爻的阴柔昏昧与不中不正加以延伸,喻之为奸邪的贪官,见利忘义,拜倒于"金夫 "脚下,把"勿用取"解为"不可用"。这样引申发挥,在解《易》而用《易》上不但不算谬误,而且有其积极的社会意义,也未尝不可。

上述各家说法中有一个值得特别注意的问题,就是对诫辞"勿用取女,无攸利",虞、王、程、尚等都从爻辞象内部关系加以解说,而朱、陈的注释则以占者为对象。来氏的解说是照顾两面:一面说"勿用取女,无攸利";一面又说占者遇此,可弃而不教。比较看来,来氏的解说是全面的:既讲了辞象的内在意义,也涉及它的客观意义,即客观作用。读周易的人可以从《蒙》卦六三的爻象与辞象中获得勿娶拜金主义女人的教诫,占卜的人也可如此。此外,任何人都可灵活地引申其辞象的一般意义,从中获取教益。

此外,从这一范例中也可看到,周易的大多数爻辞(还有卦辞)的结构是由直述词、辞象、诫辞和占辞四部分组成。"勿用取女"是诫辞,"见金夫,不有躬"是象辞,"无攸利"是占辞。主体是象辞。诫辞与占辞是从辞象的内涵中导出的,把"无攸利"视为诫辞,也未尝不可。周易的占辞(吉、凶、悔、吝、无咎、无攸利,利有攸往,等等)不象卜辞及其他占术的占辞那样,仅仅表达占兆所显示的定命式吉凶祸福,而是以卦象爻象辞象所蕴涵的天人之道及其几微为据,推出诫辞和占辞,借以指出进德修业中趋吉避凶的正当道路。占筮的面貌、义理的内容——周易这一特性,从它的辞象的多义性中也可窥见。

隐晦性

周易文辞的最大特性是隐晦难解。卦辞爻辞均有此性,辞象亦复如此。全书充满隐语、寓言、故事、诗歌、暗喻、铭言之类,真所谓"遁词以隐意,谲譬以指事"(《文心雕龙·谐隐篇》),望之如群山雾罩,难识其本来面目。倘若以阅读其他经书的办法,

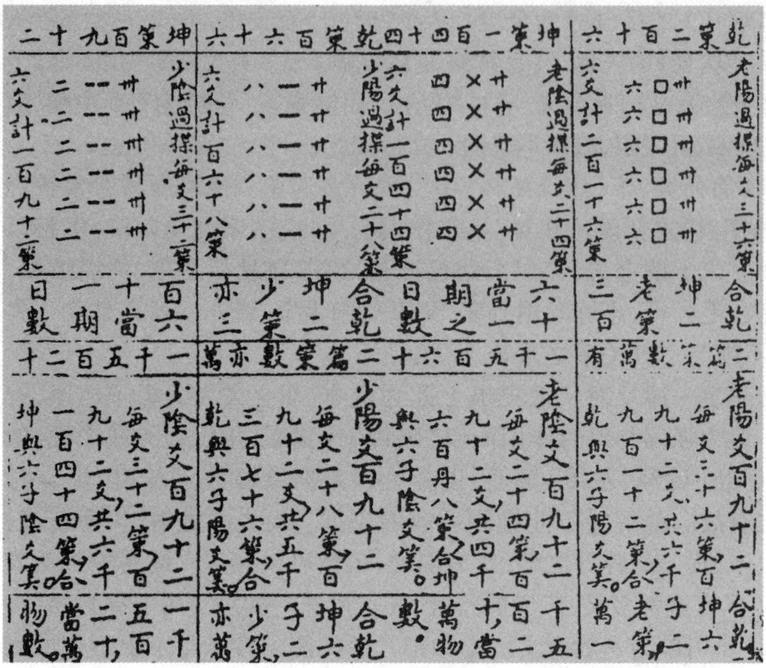

二老过揲计三百八十四爻数，出自元·胡一桂《周易启蒙翼传》。此图描绘了《易经》六十四卦的三百八十四爻

从字面上训诂解义，那就不仅不能晓其本义，即词句的表面意义也难以通达。只有将杂花生树式的，似乎七拼八凑的，缺乏关联词语的文辞和辞象，同卦象爻象沟通，同各爻间的数、位、性（阴阳）、比、应、承、乘诸关系结合起来，乃至参照互卦和错卦综卦，贯通其义，才有可能剥开隐晦的外衣，读懂文辞，看清辞象深处的本来面目。在六经中易经最难解，基本原因即在于此。

但是，李镜池先生的看法却与此相左。据他的推测，周易的卦爻辞"乃卜史卜巫记录。……所占一定有一爻数占的，因而有数种记录。……所以卦爻辞中，很有些不连属的词句，这不相属的词句，我们要把它分别解释，若要硬把它附会成一种相连贯的意义，那就非大加穿凿不可。"（《周易探源·周易筮辞考》）

依据这种观点，李先生接着举例说："《师》之六五：'田有禽，利执言，无咎。长子帅师，弟子与尸，贞凶。''无咎'以上，当为某次占词；长子以下，当为又一次占词。"（同上）

这样，李先生以《师》卦六五爻为例，把它的辞象割为两半，认为这是两次"互不连属"的占辞，凑到一起。李先生这种臆断，是不符合周易文辞的实际状况的。实际上，周易的卦爻辞，包括辞象，都来自于卦爻象，都是对卦爻象的解释。前文反复说过，无需再赘。每卦有每卦所表现的特定情境、特定问题，特定主旨，而由卦名表达之。在这种特定的情境、问题和主旨的统帅下，六个爻象生出六个爻辞（大多为辞象），反过来六个爻辞分别地集中起来，表明全卦的情境、问题和主旨。表面看来，爻辞辞象，五花八门，杂然并陈。骨子里却以卦象爻象为背景，以卦义为中心，形成一个有机的统一体。《乾》六爻辞象不离健义，《坤》的六爻辞象不离顺义，《屯》的六爻辞象不离难义，《蒙》的六爻辞象不离昧义……卦卦如此，俱有中心，并非互不连属"的凑合。即以李先生所列举的《师》卦来看,连李先生自己也说:“《师》谈军事”(《同上·序言》),可见每卦都有统一的主题。六爻分别为表达主题服务,是理所当然的,事实上也是如此。李先生所举的《师》卦六五辞象,自然也不例外。具体说,《师》谈军事,六五爻自亦如此。这是有“连属”的统一性。当然,从词句缺少关联词上看,六五爻象似乎是互不连属的两件事,但深入辞象的内部,就其爻象的背景来看,其实正是表达军事行动前后相继,紧密相关的统一体。“田有禽”:田指大地、田野,如《乾》卦二爻“见龙在田”之田。禽指禽兽。田地侵入禽兽,对庄稼是祸害,理应除之。暗喻有寇盗入侵,为害于国,应予讨伐。“利执言”是说,首先要“执言”以对,方为有利。“执言”即《诗经·小雅·出车》所谓“执讯”,《尔雅·释言》所谓“讯,言也”。意为兴师讨伐之前,先以言论宣布敌方罪状,师出有名。这样,才有利而无害(咎)。师出有名,为兵家之则,循则而动,才合乎节律。这也正是与卦辞“师、贞,丈人吉”(出师要名正言顺,以老成持重、练达时务者为统师,前途吉祥)以及初六爻辞“师出以律,否,臧凶”(出师以法,否则,虽胜亦凶)之意,遥相呼应,若合符节。从爻象来说,六五爻以阴性的柔顺性情处于尊位,并且得中,若仁义之主,不会兴兵惹事。只有当敌寇来侵时,才不得已而应之讨之。卦象是上《坤》下《坎》,《坤》为地,《坎》为豕、亦为盗,皆糟蹋田地,侵害民生者。必须大声疾呼,予以膺惩。互卦《震》,为动为言,是声罪致讨之象。既是师出有名,故而“无咎”。声讨之后,继之以出兵。出兵的首要是委任主帅。六五处于尊位,为决策之主,乃委派长子担任主帅。长子即卦辞所说的“丈人”,意为老成持重、深通兵法的人物,是众人对他的尊称。长子之称,来自卦爻象,二、三、四爻成互卦,为《震》卦。《乾》《坤》相交而生六子,长子为《震》,故而称丈人为长子。五爻与二爻阴阳应合,所以委二爻为帅。前面九二爻辞“在师中,吉无咎”,即指主帅的长子而言。九五、九二两爻辞象前后呼应,天衣无缝。但另一方面,六五阴居阳位,中而不正,虽为仁义之主,却不免有阴柔不明之处。故而委任长子为主帅之后,又派一些弟子参与军权,使主帅不得自主。这必然失败,故曰凶。弟子是小人之意,指六三爻。六三爻以阴柔而居刚位,不中不正,恰似德薄才疏的小人,却居于九二主帅之上。这种情况,很像晚唐时代监军的宦官。这样一来,军权分散,战争必然败北。所以九三辞象说“师或舆尸,凶”。九五辞象又强调说:“弟子舆尸,贞凶”。也是前呼后应,紧密相连。“舆”是多的意思,《坤》《坎》二卦都有舆象,故言舆。“尸”是主的意思。“舆尸”,意为众人做主。行兵打仗,不听主帅指挥,而由众小人参权行事,虽出师抗敌为正义之举,结果亦凶(贞凶——虽正亦凶)。

从上述解释和分析,可见《师》卦六五辞象是由前后相继的两个活动所构成的一个统一的整体,是与全卦卦象卦义以及其他爻象前后呼应,拍节一致的。正如前面所说,由于辞象(生于卦爻象,而卦爻象是紧密相连的有机体,故而辞象虽然词句简涩不工,形态杂乱,显得隐晦不明,似乎互“不连属”,但骨子里却是内在意义紧密“连属”的整体。因此,李先生把《师》卦九五爻象割为两半,并断言其为两次占辞的记录,大约是从周易文辞为占辞汇编的观点派生出来的不切实际的说法,令人难以赞同。

从上述也可见,周易辞象的隐晦性如何深重。这种隐晦性的根源,首先在于作者以象出意的手法。象能出意,能尽言之所不能尽,这是它的特殊性能。但另一方面,象之出意却不如言之清楚，它的广义性和含蓄性使它在表意上模糊不清，这是周易辞象隐晦性特点产生的根源。其次，卦爻象的分散性（一卦六爻，所谓六虚），决定了卦爻辞象的分散性和占筮占辞的分散性，也促使卦爻象难以保持内外的统一性。最后，还有另一个原因，那就是孔子所揭示的作易者的隐忧。在《报任安书》中司马迁说："盖文王拘而演周易"（《汉书·司马迁传》）。他认为文王被殷纣王拘于麦里，受苦难的鞭挞而演成周易。如果这种情况属实，那么周易深处蕴涵文王在政治迫害的衰世境遇中所怀的隐忧，就是理所当然的了。人们刚一展开周易，便隐然有此感觉。《乾》九三的"终日乾乾，夕惕若，厉，无咎，"《坤》六四的"括囊，无誉与咎"，便是此种心情的表现。实际上仔细通读周易，便可体察到作者那无法倾诉的政治隐忧。孔子的揭示，可谓鞭辟入里。

在这方面，给人印象最深的是《明夷》卦。卦象上《坤》下《离》叒，象征《离》火沉入《坤》地之下。光明陷入阴暗之中。夷是受伤之意，光明陷于黑暗的底层，故名《明夷》。在六十四卦之中，这是政治性最浓重的卦。作者把它对衰世暴政的嫉恨心情、隐忍守正的情操和无德必败的远见，蕴藏在隐晦幽暗的辞象深处。耐人咀嚼，耐人玩味。

全卦辞象是"明夷，利艰贞"。言简意丰，含义深厚。孔子在象传中解释"明夷"说："明入地中，《明夷》。内（指下卦《离》火之明）文明而外柔顺（指上卦《坤》地之顺），以蒙大难：文王以之。"又解释"利艰贞"说："利艰贞，晦其明也，内难而能正其志，箕子以之。"

这段话表明，孔子认为《明夷》卦是反映文王在殷商末年的暗政之下遭到纣王的残暴拘禁而蒙受大难的情况。就全卦内容来看，感情与思想大约是这样的。辞象的"明夷"有两层意思：一层是贤人蒙受暗政的伤害，恰似光明遭到阴地的掩埋；另一层意思是，在暴政的迫害下，贤人以晦暗的外表掩藏其光明的心志。这是贤人对处衰世昏政的韬光养晦之计。但另一方面，在苛政下又不能随事倾邪，同流合污，必须面对艰难，坚守正固之志。所以卦辞又警戒说："利艰贞"。正如杨诚斋所说，"……不晦其明，则以艰险而丧其生，……不正其志，则以艰险而丧其明……"（《诚斋易传》）"明夷"和"利艰贞"合起来，构成《明夷》卦的辞象，表面只有五个字，背后却隐藏偌大的忧患思想，显著地表现出周易辞象的隐晦性。

《明夷》卦反映了商朝末年纣王残暴失政之事。图为《武王伐纣书》版画之酒池、蛩盆图，讲述妲己让纣王建立酒池肉林，男女裸体相戏，胜者浸死在酒池，败者投于蛩盆内让毒蛇咬死，宫女因此被折磨至死者不计其数

《明夷》卦爻辞象中上五、上六两辞象，隐晦性最深。

先说上六。其辞象为："不明，晦。初登于天，后入于地。"上六是阴爻，处于"明夷"之极，《坤》阴之上，站在昏暗的巅峰。这种情况，当然是不明而晦暗。"初登于天"是描写上六初登上尊位，如同登天，光明四照的得意情景。"后入于地"则是刻画上六登天之后，忘乎所以，胡作非为，最后由光明的天上堕落，沦入黑暗的地下。那么，这个辞象是暗喻什么人呢？从全卦来看，当然如孔子所说，是指殷商的末主纣王。他很有才干，初登王位，君临四方，颇有作为。后来腐化堕落、凶恶残暴，终于丧失宝座，为周所灭。显然，这是作者以鲜明的辞象隐晦地表现对暴政独夫的嫉恨和"无德者失之"的政治观点。如果周易是文王被囚时所作，在纣王的暴政监临下，要想表现自己的心志，除了运用这种隐晦的暗喻辞象之外，恐怕没有其他可行的办法。

尤其引人深思的是六五爻的辞象："箕子之明夷，利贞。"孔子在象辞里解释说："箕子之贞，明不可息也。"明确指出，此即纣王叔父之箕子，箕子的语言触怒纣王，被囚之后，佯狂自晦，保身守志，终得免于祸害，并且保持住光明的节操。但问题是，按周易通例，六五为君位。如六五辞象指箕子，便成为臣踞君位，属于大逆不道。不过，"《易》者变也，随时变易以从道也"（程颐《易传》序）。"时"是具体的时间条件之意，周易随"时"之不同而变化无常，不可为典要。在《明夷》卦的具体条件下，纣王昏庸无道，只会登上高危的上六峰颠而随入地下，亡国殒身。六五的君位不可无主，作者的意思认为具有君德的箕子堪当此重任。箕子的光明虽受到伤害（箕子之明夷），但他守志不移，不息其明，不没于暗。这种态度，有利于正道的延续（利贞）。这种有德有道的贤人，置之君位，利国利民，并无不可。联系上六和全卦来看，作者未必没有这种意思。从历史观的变化来说，当时在朝代的转移的基础上天命靡常的观念已经萌生。正如史墨所说："社稷无常奉，君臣无常位……高岸为谷，深谷为陵。……故《易》卦雷乘《乾》曰大壮，天之道也。"（《左传》昭公三十二年）史墨依据历史演变的经验解释周易《大壮》卦。他认为《大壮》卦象是雷在天上，天象天子，雷象诸侯，诸侯凌驾于天子头上，君臣移位，是天的运行规律。当然周易的《大壮》卦不一定有这样含义，史墨大约是借《易》言志。但作为参考，结合后来周灭商的史实，联想到作者为《明夷》卦爻缀以辞象时，内心深处也可能早已藏有这种"有德者居之，无德者失之"的想法。这样说来，上六之失明而入于地和六五之守明而登于天，在创作思想的领域内就是完全合理的安排了。但如果周易是文王囚居羑里时所作，那么这种"有德者居之，无德者失之"的思想，当然既不能表之于口，更不能形之于笔，于是他便巧妙地运用周易卦爻象和辞象的演变，隐晦地表现对纣王暴虐的嫉恨，对箕子君德的敬仰（文王效法箕子晦明守正而对应艰难），并暗示兴周灭商的心志。

另外，《明夷》六爻之中，下五爻都有"明夷"之象，唯独上六特殊。它的辞象不是明夷而是不明，是不明而晦。下五爻之"明"所以被"夷"，都是上六的不明而晦所致。这种利用辞象之差来暗中透露内情的手法，也是周易辞象隐晦性的一种形式。对于表现政治忧患意识，是最妙的方法。孔子所谓"其言曲而中，其事肆而隐"（言辞委曲而合理，事情具体而言辞隐晦），正是指这种耐人玩味的隐晦性的表现手法而言。司马迁在《史记·司马相如列传》中所说"易本隐之以显"（以隐晦的形式表达思想），也是指此而言。

含蓄性

周易的思想,如果不使用辞象而使用直接文辞来表达的话,即便把字数增加十倍,也表达不尽。而像现有这样,灵活地运用大量辞象,喻义明理,言简意丰,意在言外,韵味无穷,的确是最高明的表达方式。在文学上来说,这叫做含蓄的笔法;在戏剧来说,这叫做潜台词的手段;而从语言学来说,这种手法,属于以少量的外部语言表现大量的内部语言。出于礼节或其他种种缘故,人们的外部语言往往少于内部语言。俗语所谓"见人只说三分话,未肯全抛一颗心",就属于这种情况。

但周易文辞的内部语言大于外部语言,却是另有缘故。一则是由于作者严重的隐忧,有话不能原原本本地讲。二则卦爻象所蕴涵的思想过于丰富和细微,言不尽意。三则辞象本身喻义宽泛,难以捉摸。故而周易文辞,特别是辞象,含蓄的功能异常明显。

孔子对周易的文辞非常喜爱,他说"以言者尚其辞",又说"居则观其象而玩其辞"(《系辞上》二章)。他认为周易的文辞有利于充实言论,有利于悟道明理。用他的话来说,周易文辞具有"微显阐幽""其称名也小,其取类也大,其旨远,其辞文,其言曲而中,其事肆而隐"这样一些特点。大意是,周易的文辞对明显的东西能做到"微(动词)之使幽",对晦暗的东西能做到"阐而使显"(用杨万里说,见《诚斋易传》)。名称虽小,表类甚大,所含义理非常深奥。孔子这段话,总体看来,可视为对《易》辞,特别是对其中辞象含蓄性特点的阐释。

这方面的实例,《易》辞中比比皆是。兹举一生动有趣的,说明如下:

《乾》卦爻辞取象于龙,以象《乾》天纯阳的德行。其中初、二、四、五、六爻皆有龙象,唯三爻为君子象。而整个卦象为龙之潜、见、乾乾、跃、飞、亢。孔子谓之"六龙时位"(《乾》彖)。但三爻辞象却是"君子终日乾乾,夕惕若,厉,无咎",以君子象代表龙象,与全卦他爻的取象不一致。为什么呢?对这原因,作《易》者未用外部语言解释,而是含蓄在内部语言中。自古以来,《易》学家作过各种探索。

王弼的解释是:"余六爻说龙,至于九三,独以君子为目,何也?夫《易》者,象也,象之所生,生于义也。有斯义,然后明之以其物,故以龙叙《乾》,以马明《坤》,随其事义而取象焉。是故,初九九二,龙德皆应其义,故可论龙以明之也。至于九三,'乾乾夕惕'非龙德也。是故,明以君子当其象矣。"意为乾初九"潜龙勿用",九二"见龙在田",以龙德喻圣贤之意,是合适的。但九三之"终日乾乾夕惕"云云,不合乎至高无上的龙德,不能说龙乾乾而夕惕,故以君子充当辞象。接着他进一步补充说:"统而举之,《乾》体皆龙,别而叙之,各随其义。"(以上《文言》王注)就是说,整个乾体,是一条龙,但各爻分别表述,则随其具体意义而灵活变动。总之,王弼的理解是,九三爻义与龙德不尽相符,故而改取君子之象以明其意;但就全卦来说,仍属于龙的范畴。

郑玄和干宝的诠释则有所不同。郑玄说:"三与三才为人道,有《乾》德而在人道,君子之象"。干宝说:"(爻象)以气表,(爻辞)以龙兴,嫌其不关人事,故著"君子"焉。阳在九三……阳气始出地上而接动物,人为灵,故以人事成天地之动者,在于此爻焉。”(《周易集解纂疏》所引)他们二人解说的共同点是,卦具有天地人三才,三爻属人位,人为万物之灵,有龙德而成大业者,唯有人中的君子,故而三爻取象于君子而明其义。这种手法,是依据三才的爻位和龙德与贤才为一体的观点来解答六龙中杂以君子之象这一难题。和王弼之“乾乾夕惕,非龙德也”之说,恰好相反。

苏轼对此,有更深刻的体会。他阐述道:“九三非龙德欤?曰:否,进乎龙矣。此上下之际,祸福之交,成败之决也。徒曰龙者,不足以尽之,故曰君子。夫初之所以能‘见’,四之所以能‘跃’,五之所以能‘飞’,皆有待于三焉。甚矣,三之难处也。使三不能处此,则《乾》丧其所以为《乾》矣。天下莫大之福,不测之祸,皆萃于我而求决焉。其济不济,间不容发,是以终日乾乾,至于夕而犹惕然,虽危而无咎也。”(《苏氏易传》)苏氏的体会与王、郑、干等不同。他认为九三爻的爻位,表现一个决定君子前途命运的关键时刻,处于初、二、四、五各爻赖以有所作为的中轴地位。单以龙象,不足以体现其重要意义,故而取用君子之象。这是着重从进德修业的忧患意识上解释三爻换象的缘由。

但是杨诚斋却根据自己的心得,提出了另一种见解。他认为:“乾之六爻,皆龙德也。故曰六龙。九三不言龙而曰君子,何也?言龙者明而神,言君子者神而明,皆君德也。”(《诚斋易传》卷一)意思是:龙德与君子之德都是君德,说“龙”,是明示其象(明)而暗示其德(神);说“君子”,是暗示其象而明示其德,二而一,一而二,实质一样,只是表达方式不同而已。这等于说,三爻用君子之象或龙象,并无二致。

来之德袭用郑玄的话,说“以六画卦言之,三于三才为人道。以《乾》德而居人道,君子之象也,故三不言龙。”这种认识,和上述王、干、苏等人之说基本类似。但奇怪的是,来氏同时又说:“君子指占者。”(以上《易经集注》)把占卦的人无论善恶都称为君子,和自己关于君子有《乾》德的论断产生出入,令人莫解。

陈梦雷袭用旧说,但说的更明确。他说:“九,阳爻,三,阳位,在下卦之上,重刚而不中,乃危地也。六爻取象三才,则三为人位,故不取象龙,而称君子。处危地而以学问自修,君子之事,非可言龙也。”(《周易浅述》)他认为三爻的象义是君子处危地,不可以龙象表达。把龙象与君子分开。

这样,关于《乾》卦龙象中何以掺入君子之象的问题,大体上有上述一些解释。其中陈氏的解释是代表性的说法,可视为正解。至于杨氏所谓龙象与君子象并无实质差异的说法,则是一答非所问的遁辞。

对《乾》卦九三辞象变换的缘故,诸位《易》学家所作的解释,其实只是在探赜索隐,抉微勾玄,打算从这一问题中找出周易作者出于什么思想作了爻象的变换。亦即,对作者把龙变为君子这一外部语言,究竟是怎么回事,或者说君子这一外部语言背后所含蓄的内部语言,到底是怎样的,做了探索。至于作者的内心深处含蓄的具体思想,是否完全如陈氏所述的代表性说法那样,后人只能做合理的推断,无法做出确切的解答。

由此一例可见,周易辞象的背后,含蓄着多么深厚的思想。这远非测事答问的占卜小术之肤浅辞象,所可伦比于万一。

喻理性

周易六十四卦卦名卦辞、连同三百八十爻爻辞，再加用九、用六的爻辞，总共四百五十条，绝大部分是辞象，构成了巨大的形象思想的宝库。几乎每个卦爻辞象都蕴涵一定的道理：自然之理，人事之理，大道理，小道理，处处是道理。周易辞象内容的精义，就是哲理与伦理的结晶。

在《易》之蕴、《易》之门、作为六十四卦基因的《乾》《坤》两卦当中，这一点表现得十分明显。《乾》卦为纯阳之卦，取象于龙，卦性为健，以六龙时位的潜、见、乾乾、跃、飞、亢以及用九的"群龙无首，吉"，比喻在阳气的不同进程中君子所应采取的不同对策。时不利或力不足则潜伏以待，时机来到而羽翼丰满则见（现）身显德，有所发展而未离下位，则应朝夕不懈，小心谨慎。进至上位而尚在人下，在即将大有发展的前夕，要反身自试，或跃或安，待机而行。一旦时机成熟，即飞升高位，成为高贵圣明的主宰，便大展宏图，以利天下。但此时此位（五爻），已中正之极，应善于持盈保泰，谦虚谨慎，以免过亢而转向反面。最上策是刚柔相济（龙为刚，无首则柔），不以刚强为天下先。飞不忘堕，安不忘危。如此进德修业，则事无不立，业无不成。

简言之，这就是纯阳之《乾》卦所蕴涵的人生哲学，其中贯穿着辩证的思维。与《乾》卦相对相配的卦，是纯阴的《坤》卦。《坤》卦的性情是柔顺，以牝马为象。所谓"利牝马之贞"的辞象，是比喻《坤》之顺《乾》，如牝马之顺牡马。牝马随牡马奔跑，是为顺，奔跑而不失正轨，亦不厌倦，是为贞（正）。顺而能贞，是为《坤》德，可与《乾》相反相成，共奔前程。倘若只有顺而无贞，盲目顺随，中心无主，那将奔向邪路。这可用于比喻女对男、下对上，虽应以柔顺为德，但如柔而无刚，顺而无贞，便难保纯正的人格。《坤》卦卦辞的这一辞象，虽然如此简短，却也以对立统一的辩证形象，（牝马之贞），表示出关于立身行事的一种人生哲学。《坤》卦爻辞的辞象，亦复如此。

初六的辞象"履霜坚冰至"，虽是描述极平常的气候转移的自然现象，但内里却涵有深奥的道理。《坤》为纯阴之卦，初六阴爻，居于初位，表示阴气始凝成霜，自下而上，逐渐发展，势必趋于强盛，终于结为坚冰。周易含扶阳抑阴的微意，将阴气比为小人、邪路、恶事、疾病、过失、缺点之类的消极事物。故此这一辞象便成诫语，告诉人们，如同脚踩到秋霜便要想到坚冰将至那样，对坏人坏事以及事物的一切消极成分，刚一触及它的苗头，便要立即警惕，不可掉以轻心。要高瞻远瞩，想到它会逐渐发展壮大，终成巨恶大患，难以应付，要及时采取对策，防微杜渐。

孔子对这条辞象感触甚深，他说："臣弑其君，子弑其父，非一朝一夕之故，其所由来者渐矣：由辩之不早辩也。《易》曰：'履霜，坚冰至'，盖言顺也。"（《文言》）

孔子的体会，正确而深刻。的确，恶事形成在于"渐"，防范对策在于"早辩"。不早辩而顺其渐，则结果不堪设想。这是一条永恒的真理。

像这样的义理与规律，在周易的辞象中比比皆是，给人以启发，令人深思。在这方面，孔子也提供了学《易》研《易》用《易》的榜样。如前所述，他曾对周易义理的教育作用，表示赞叹，说："假我数年以学《易》，可以无大过矣。"读了《系辞》，便可深信，他这句话确是发自内心的感想。有《系辞》中，他前后总共举出十八个爻辞辞象，发明

《师》卦认为，只有师出有名的正义性战争才能取得胜利。图为《武王伐纣书》版画之伯夷、叔齐说武王图。武王伐纣，伯夷、叔齐拦马进谏，认为以臣伐君，师出不义，不符合《师》卦所讲的战争原则

其蕴涵的义理，学以致用。为免于行文烦琐，谨选出几个，以为范例。

——“同人先号滔而后笑”（《同人》卦九五爻辞）（求同于人，先大哭而后笑）。子曰：“君子之道，或出或处，或默或语。二人同心，其利断金。同心之言，其臭如兰。”

对《同人》卦九五爻辞象，孔子体会它的含义，并联系实际加以阐释。他认为，这个辞象是说，君子的“同人”（与人和同，团结）之道，应该是无论同在外面，或同在室内，无论是默默相对，或互相交谈，都要真心实意。设若达到两个人一条心，那便如锋利的刀刃，能切断坚硬的金属。这样，即便起初各怀歧见而难以沟通，令人感到难过。但只要真心求同，渐渐就会融洽无间。二人同心的言语，香味如同兰草一样。

这样，孔子从《同人》卦九五辞象中发掘出君子的团结之途及其巨大功效。

——“初六：藉用白茅，无咎。”（《大过》初六辞象。意为用洁白的茅草衬垫祭品，无误。）

子曰：“苟错诸地而可矣，藉之用茅，何咎之有？慎之至也。夫茅之为物薄，而用可重也。慎斯术也以往，其无所失矣。”对这一辞象，孔子从中体会到谨慎行事的重要性。他认为，只要把祭品放在地上就可以了。再用茅草垫起来，又有什么害处呢？这是极为慎重的作风。茅草是不值钱的东西，但它可起重要的作用。以这种方式慎重行事，就不会有过失了。

——“劳谦，君子有终，吉。”（《谦》卦九三爻辞象）

（有功劳而又谦逊，唯君子能善始善终，吉。）

孔子讲解其中的道理，说：“劳而不伐（勤劳而不夸耀），有功而不德（有功而不自豪），厚之至也（真是敦厚之至），语以其功下人者也（说的是有功劳而能甘居人下）。德言盛，礼言恭（道德讲隆盛，仪礼讲恭谨）。谦也者，致恭以存其位者也。（所谓谦逊，就是致力于恭谨而能保持其地位之意）。”

周易六十四卦中，没有全吉或全凶的卦。只有《谦》卦，六爻皆善。传统思想如此，孔子的思想也如此。他从“劳谦君子”的辞象中感到敦厚之德的可贵，并引发出致恭存位的观点。但应注意，孔子的意思并非说谦逊是为了保持禄位，而是说，谦逊是修身之要，恭谨致谦，则不为天下人所忮，自然而然会达到存位的善果。

——子曰：“危者，安其位者也，亡者保其存者也。乱者，有其治者也。是故君子安而不忘危，存而不忘亡，治而不忘乱，是以身安而国家可保也。《易》曰：‘其亡其

亡,系于苞桑'。"

这段话是孔子对《否》卦九五爻辞象的阐释。原文全句是:"休否,大人吉。其亡其亡,系于苞桑。"意思是,在天地不交、万事不通的否塞时期即将结束之际,作为《否》卦主爻的九五,以阳刚中正之德居于尊位,有道有力,有其时机;拨乱反正,休否建泰这一扭转乾坤的使命,正好由九五这一大人来完成。这就是"休否(停止否塞局面),大人吉"(大人任之,必获吉祥)的意义。而大人以阳刚中正之德,具有高瞻远瞩的智力,能在休否建泰的局面中看到潜伏的不利因素,而保持警惕戒惧之心,经常将危亡之念系于心间(其亡其亡!),这样存不忘亡,安不忘危,便可使拨乱反正后的安泰局面,如同丛生的桑树根深蒂固,纠缠在一起那样,稳固不拔。

如此,孔子依据周易阴阳互变的原理,从《否》卦九五爻辞象中阐发出安危转化的辩证规律,从而提出了处安保泰的为政之道。这是为政为人必须遵循的一条铁的法则。历史证明,违反这一法则的一切事业,毫无例外地完全趋于灭亡。

周易六十四卦,表达六十四种情境。其中有些情境,涉及专门的领域,卦爻辞象的内涵也便具有专门领域的特定规律。《师》卦就是最明显的例子。其卦象为下坎上坤姤,水聚于地中之象。《坎》险《坤》顺,象征险道而顺其法则以行,有战争的意思。其卦义的辞象是"师,贞,丈人吉,无咎。"首先,就军事行动的整体而言,周易提出"贞"的口号。贞为正义,即战争要师出有名,必须是正义之师。其次,是任命主帅以统领兵众。周易提出了"丈人吉"的辞象。丈人是指深谋远虑、老成持重、经验丰富、精通兵法的人物。必须选用这样等级的人物,才是上策,才会获得善果(吉,无咎)《师》卦首先提出这两点作为兴师作战的首要条件。这完全合乎军事科学的基本法则,具有永恒的意义。

然后,爻辞辞象又表现出下列行动规律:

(一)初六:"师出以律,否臧,否。"

律就是军纪,否臧是不善之意。整个辞象是说,兴兵打仗必须严行军纪,军纪不善,必凶无疑。这也是军事学的基本常识,作战的根本规律。纪律不严的军队谓之"乌合之众",战斗力低下,即使打胜仗,也是碰大运。这样军队,前途必凶。

(二)九二:"在师中,吉无咎。王三锡命。"

九二爻以刚居柔,在下卦之中,为统兵的丈人,与上卦六五爻阴阳相应。六五为君位,对九二宠信无疑,多次颁令奖赏(王三锡命)。丈人在师中的"中",不是表示位置。是说,丈人统帅全军,受命在外,能以刚柔兼济的"适中"态度,协调朝廷与军队的关系,既获得上方信任,又获得部众的支持,指挥权不受限制,作战计划得以顺利进行。

这也是大军出外作战时一个要害问题。作为总指挥,倘若上下级关系处理不当,势必对战斗的顺利展开,产生负面影响。九二爻辞象表明,周易作者对这一道理,深有体会。

(三)六三"师或舆尸,凶。"

或是或然、即可能之意。舆为众,尸为主,即众人做主之意。指挥军队,必须主帅专权。倘若众人分权,多头指挥,则必败无疑 。这也是军事学的一条基本定律。所以孔子在《象》辞中评论说："师或舆尸，大无功也。

(四)六四"师左次，无咎。"

古代行军，以右为尊。左次，在左边驻守，是退兵之象。六四虽阴柔不中，但居于正位，其象为虽未获胜，但全师退守，未伤元气。知进而知退，为兵法之要，所以无咎。这也是兴兵作战必须遵守的法则。

(五)六五"田有禽，利执言，无咎。长子帅师，弟子舆尸，贞凶。"

六五爻居尊位，是用师之主。性本柔顺而中和，不会挑起兵端。然而外寇入侵，正如田地有禽鸟飞入，残害庄稼，只得予以捕捉，始为有利。这是正义的自卫战争，故而无咎。但所任用的主帅九二爻(长子)，头上边有六三爻(弟子)、六四爻(弟子)参与谋划。谋划则可，分权指挥则万万不可。指挥不统一，必定败北。纵然是抗敌警侮的正义战争，结果也只能是凶。这一条也是久经验证的军事法则。

(六)上六"上君有命，开国承家，小人勿用。"

这一爻是讲战胜后上方必须注意的问题。战争获胜，论功行赏，由君主发布命令，列土封疆，功大封侯(国)，功小封卿(家)，依次有差。但此际应特别注意的是，奖赏有功的小人时，只可赐以土地与金帛，而不可任以政事，以免居功自傲，危害国家。这是战胜后财产与权力再分配的正路，对国家元首来说，这是长治久安的重要措施。

总括上文可以见到，《师》卦的卦爻辞象所表现的，完全是军事的基本原则，是我国军事科学的蒿矢，大都为后代兵书所继承。例如《孙子》兵法第一篇"计篇"(谋划篇)开头就说："兵者，国之大事，死生之地，存亡之道，不可不察也。"这样说明战争的重要性之后，提出了"五校之计"(五个必须谋划的大计)，为首的就是"道"(一曰道)。道是道义，属于政治原则。兴兵之前，首先要考虑是否合乎道义，即在政治上是否正确。这和《师》卦卦辞所说的"贞"，精神完全一致。王晳注所谓"夫用兵之道，人和为本"，正是对贞与道的阐释。其次，《孙子》认为"将者，智、信、仁、勇、严也"。李筌注曰："此五者为将之德。故《师》有丈人之称也。"可见《师》卦"丈人"的辞象，已成为后代兵家的楷模。《孙子》的五校之计也提出了"法"，以严密的法令法制为行军作战的节制。《吴子》兵法也强调说："若法令不明，赏罚不信，金之不止，鼓之不进，虽有百万，何益于用。"(《治兵》第三)这些后代兵家的思想，就其材料的继承来讲，它的来源

《师》卦所阐述的战争的原则，为后世的军事家孙子所采用，并体现在其著作《孙子兵法》之中。图为《春秋五霸七雄列国志传》版画之孙子斩吴王二妃图，此事印证了法令严明在治军中的作用，符合《师》卦中的军事原理

只能追溯到周易《师》卦的初六爻辞象"师出以律,否臧,凶。"因为,众所周知,在周易成书的殷周之际,除了周易《师》卦之外,还没有任何专讲军事的载体。此外,《师》卦关于分权有害的思想,在《孙子》中亦有传承发展。《谋攻篇》所谓"不知三军之权而同三军之任,则军士疑矣"。陈皋注曰:"将在军,权不专利,任不自由,三军之士,自然疑也。"恰似"长子帅师,弟子舆尸,凶"这一辞象的解说。关于"师左次,无咎"这一灵活因应的法则,在《孙子》兵法中当然会占有一席。在《计篇》中谈到"兵者诡道也"的部分内。曾提出"强而避之"的原则。曹操的解释是:"避其所长也。"梅尧臣的解释是"彼强则我当避其锐"。这一量力而行、慎重从事的用兵思想,是战争经验的总结,早在周易问世时,已经在《师》卦中形成理论形态,较之《孙子》《吴子》等兵书对这一问题的论述,要早五六百年。

至于上六爻所讲的论功行赏、小人勿用问题,表面上看,属于政治措施,似乎与战争没有直接关系。但回头仔细想一想,就会认识到,整个《师》卦从头到尾都是在政治的基础上讲战争的原理原则,并非就军事谈军事。从开始的"贞"、(正义)中间的"田有禽,利执言"(御寇保国)和"弟子舆尸"(军权分散),以至最后的"开国承家、小人勿用"(以政治安全为原则论功行赏),等等,都是围绕军事的政治问题。由此看来,我国从上古时起就已经认识到战争和政治有密切关系。除了"国之大事,在戎与祀"这样抽象的命题之外,关于战争与政治间的具体联系的表达,应该说始于周易《师》卦与爻的辞象。当然,由于时代与思维类型的限制,在三千年前的殷周之际,我们的先祖——周易作者,还不可能像近代军事理论家克劳塞维茨那样,作出"战争是政治的延长"这样高度概括的论断。但能够认识到《师》卦这个程度,已是难能可贵,令人不得不由衷赞叹!

与此同时,令人警觉的问题是,在古人心中兴兵打仗是国家大事,故而除了谋之于人之外,还要谋之于鬼,所谓"必告于祖庙,启于元龟,参之天时,吉乃后举"(《吴子·图国第一》)。殷商卜辞及左传国语等文献中记载极多,不需赘举。而在这种时代氛围中,以占筮形式出现的周易,在表现军事思想和战争行为的《师》卦中,却只从政治的角度谈军事的原理原则,对于龟卜、占筮之类的鬼谋,却只字不提,这不能不令现代人感到惊奇。

但令人惊奇的地方不止于此,还有更加令人惊奇之处,那就是《革》卦九五爻的辞象,象曰:"大人虎变,未占有孚。"具体意思是说,九五爻阳刚中正处于尊位,在《革》卦的情境中,它是领导革命的主人,即所谓大人,是大德之人。他顺天应人,破旧立新,势如猛虎,所向无敌。经过革命,万象更新,大人自新新民,其事业出现辉煌的形象,鲜明夺目,犹如老虎随季节更换新毛,光彩艳丽。这种顺天应人的革命事业之获得民众的信任,是必然的趋势,无需占卜。《革》卦九五这一爻,真有革命精神,使人感到震惊:《周礼·筮人》说:"凡国之大事,先筮后卜。"而"占书"周易,竟而讲未占而孚(信),岂非值得深思的"怪事"?!

其实道理也并不艰深。正如《坤》卦初六爻象所谓"履霜,坚冰至"那样,"事有必至,理有固然"(苏洵《辨奸论》)。革命如能吊民伐罪、除旧布新,而且功绩赫赫,正大光明,当然会得到人民群众的信服。不问可知,不占自明。《卜居》中太卜詹尹对屈原

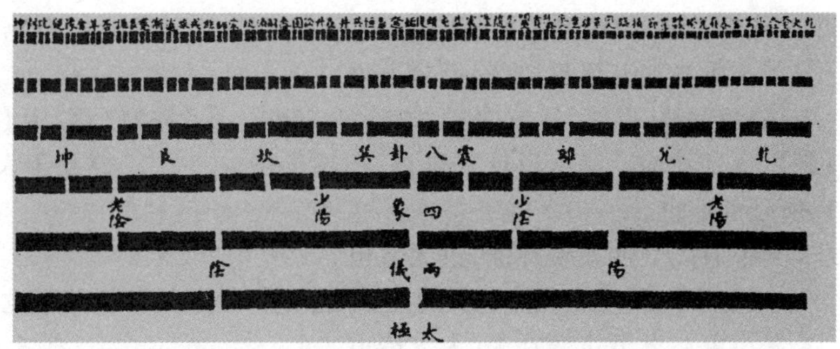

先天六十四卦横图，出自清·黄宗炎《图学辨惑》

求卜前程之所以婉言谢绝，就是因为他已看透屈原此后必至的悲剧命运，卜亦如斯，不卜亦如斯。《革》卦九五辞象之未占有孚，即是此义。

但一意主张周易为卦书的朱熹，却对“九五爻未占有孚”作出别解。他说：“占而得此，则有此应，然亦必自其未占之时，人已信其如此，乃足以当之耳。”（《周易本义》）照他的说法，问卦者求得《革》卦，九五爻动，革命便会成功而出现虎变的光明局面。但有个前提：必须在未问卦之前，已经获得人民群众的信任，才会应验。朱氏此言，实质上是同语反复，是说了等于没说的空洞逻辑。如以A代成功，以B代信任，以C代应验，则A—B—C的公式成立，等于说，如成功则信任，如成功而信任，则应验。如此，应验之兆则是，成功而信任。这不是同语反复，言之无物，又是什么！朱氏是大学者，其所以如此犯初级语病，端在于他咬定周易本性为卦书，极力从占筮角度加以解释，以致除同语反复之外，他还不得不把《易》象内在义理的客观独立自足性和问卜者的情况以及占卜的应验性混成一团，勉强作解，以致令人费解。《周易今译》的说法与朱氏有些仿佛，它说：“不过，改革虽然可以成功，但先决条件，应当在没有占卜吉凶之前，先得到群众的信赖与支持。”都非原文本义，无须赘解。

从上述可见，周易辞象的哲理内涵十分丰富深奥，远非占卜性质所可包络。为清楚计，下面再将周易与其他卦书对照比较，看看两者的区别：

甲：周易《乾》卦

原文

《乾》：元、亨、利、贞。

初九：潜龙勿用。

九二：见龙在田，利见大人。

九三：君子终日乾乾，夕惕若。厉，无咎。

九四：或跃在渊，无咎。

九五：飞龙在天，利见大人。

上九：亢龙有悔。

《象》传

《大象》：天行健，君子以自强不息。

《小象》：初九潜龙勿用，阳在下也。

陈梦雷解：阳谓九，初爻在下，阳气在下。君子处微，未可以有为也。……

《小象》：九二见龙在田，德施普也。

陈梦雷解:德即刚健中正之德,二虽未得位,而德化足以及物,所施普矣。

《小象》:九三终日乾乾,反复道也。

陈梦雷解:反复,往来进退,必合乎道也。下《乾》已尽,上《乾》复来,《乾》而复《乾》,无他涂辙。犹云反反复复,只在这条路也。"二"德及于人,"三"惟道修于已,以所处危地也。

《小象》:九四或跃在渊,进无咎也。

陈梦雷解:量可而进,适其时则无咎。增一进字,以断其疑也。

《小象》:九五飞龙在天,大人造也。

陈梦雷解:造,作也。圣人兴起,在天子位也。此释飞龙在天,至同声相应节,乃言利见大人。

《小象》:上九亢龙有悔,盈不可久也。

陈梦雷解:《乾》之上九,阳之盈也。盈则必消,不可久,致悔之由。人知其不可久,防于未亢之先,则有悔者无悔矣。防其亢者,复返于潜而已。

《小象》:用九见群龙无首吉,天德不可为首也。

陈梦雷解:天德即乾道,阳刚天德,不可为物先。"群龙无首,"用九之象。不可为首,为人之用九者言也。然唯其不可为首,所以能首出庶物。盖《乾》本为万物之所资始,已具首出之德。而物极必变,善体《乾》者,刚而能柔,谦卑逊顺,不为天下先。故曰:不可为首,非于《乾》有所不足也。

(以上,为简明计,除《乾》卦原文外,仅摘录孔子解释《乾》卦卦爻象的大小象词以及陈梦雷《周易浅述》对象词的注释,旨在列举以作比较,故不详述。)

乙:易林

《易林》为西汉象数派《易》学家焦延寿所作的占筮书。它将周易六十四卦每卦分成六十四小占,六十四卦共分成四千零九十六小占,用以占卜吉凶祸福。兹引其《乾》卦卦辞与周易《乾》卦文辞对比,以见双方义理深浅的差异与两书性质的不同。

《乾》下《乾》上:道陟石板,胡言连蹇。译喑且聋,莫使通道。请谒不行,求事无功。

注:陟,升也。连按《礼韵》读上声,傲慢下前之貌。蹇,难也。译,传言通夷夏之言转告之也。

《乾》卦缀辞,就是这些。大意是说,占得此卦的人,卦象显示,犹如一个人前往胡人之国。在关卡地方,走上一个石板,意欲通过。守关的胡人言语傲慢难懂,旁边的翻译又哑又聋,不让他过去。这个故事表明,占得此卦的人,想要谒见在上的贵人却行不通,想要办事也不会有成果。

易林的《乾》卦辞象,除了以不如意的故事表示所占不吉、所问不成这样单纯的占卜性质以外,既无周易的天人之道,也无任何规律性可言。其占法,虽以周易六十四卦为本,但只是利用其卦象的框架而已,实已脱离其内涵(《易林》对《易》象的研究颇有贡献,是另外的问题。此地单就其占卜的肤浅性而言)。

丙:金钱课

乾为天

乾者健也,刚健不屈,中正之谓,故有困龙得水之象。如同一条蜇龙久困渊中,不得舒展,忽然天降大雨,得雷鸣而起,任意飞腾。占此卦者,时来运转之兆也。

象曰:困龙得水好运交,不由喜气上眉梢,一切谋望皆如意,向后时运渐渐高。

诗曰:大吉之课,无不如意,上人见喜,诸事均吉。

断曰:诉讼大吉,病人痊愈,功名有成,求谋大利。

(引自上海昌文书局印行《金钱课》)

这种所谓金钱课。也是以六十四卦为本,采取火珠林八宫卦序配以五行六亲,但不讲五行生克和六亲的关联,只按上述"一锤定音"的占辞,简单地占断吉凶,和原始式占卜的筊牌以及寺庙的神签,如出一辙。文辞粗俗,占法简陋,较之《易林》的占卜尤为低下。

通过上述比较,可以立即看出,周易的辞象从头到尾饱含天人之道的哲理,而哲理则蕴于占筮的形式之中。读者或问卜者可以从中汲取立身行事、进德修业的法则或铭言。换言之,可以说它包含三层内容:哲理层面、论理层面和占筮层面。但相对地,《易林》及《金钱课》的辞象,则从头到尾,只是表达测事结果,并无其他意蕴。也可以说,它的内容只限于占卜的层面。仅就这一简单的辞象比较。也可以看出,周易与一般的卦书不同,它通过占筮讲义理,而以义理为主,它的基本性质是哲理书。

为彻底看清这一问题的真面目,下面再以《坤》卦的辞象为例,通过正常的全面解说和非正常的占筮解说,互相对比,试作进一步的考察。为免于赘解,仍借用《周易浅述》的阐释。

原文:《坤》:元亨。利牝马之贞。君子有攸往,先迷后得主利。西南得朋,东北丧朋,安贞吉。

甲:《周易浅述》的解说:

"三阴为偶,其卦为《坤》,其象为地。阴之成形,莫大手地。地势卑顺,故名为《坤》。纯阴至顺,一承乎阳,循物无违,居心顺应,理无不通,故占亦可大亨。然必守此顺德,久而不变,故曰利牝马之贞。牝马,柔顺而健行者。马为《乾》象,曰牝马,明配《乾》也。阳得其全,阴得其半,以柔顺得正为利,则其他有所不利矣。阳先阴后,君子占此,欲有所往,率先首事,必至于迷,居后顺从,乃得其当。故曰先迷后得。……阳为阴主,《乾》为《坤》主,居后从《乾》,得其所主,所以为利也。西南阴方,东北阳方,西南致养之地,与《坤》同道,故得

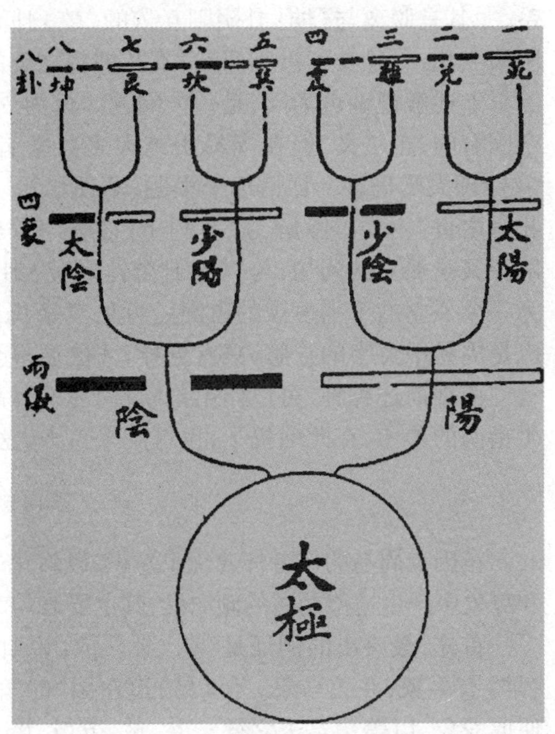

先天八卦次序图,出自明·来知德《易经来注图解》

朋。东北反乎西南，故丧朋。阴体柔而躁，妄作以求全，则非矣，必安于正乃吉，故曰安贞吉。……此地道、臣道、妻道也。……"

上述解义有三：(一)从天地阴阳关系讲《坤》性柔顺之正常性；(二)《坤》必顺《乾》而行，不可争先，人们(包括占者)应依此行事；(三)地道、臣道、妻道，为坤之正道，必安于正道乃吉。

关于《坤》卦辞象的注解，有好几种说法，陈解是否完善暂不置评。总之，此解说再一次表现出易卦辞象涵有的哲理、伦理、占筮等三层意义，而哲理伦理则占主导地位。这是正常而全面的解释。

乙：《八卦与占筮破解》的解说

在"《周易》系辞的原则和依据"一节中，谈到卦辞和爻辞时，作者说："卦辞和爻辞都有两个内容，一个是卦象爻象述语，另一个是吉凶断辞。……如《坤》卦的卦辞说：'元亨，利牝马之贞。君子有攸往，先迷后得主，利。西南得明，东北丧明。安贞，吉。'意思说，很通顺，有利于关于母马的事情的卜问。君子有旅行的事情，开始会迷失方向，后来却能得到可靠的主人，对他有利。在西南方向能得到货贝，在东北方向则要丧失货贝。如果问安身的事，则是吉兆头。"

这段解说，同前述所有卦辞的解说(包括金钱课)都不同，它有这样六个特点：一是逐字逐句从字面作解释，类似译语；二是将贞字解作问义；三是内容散乱，无中心无联系(忽而问母马，忽而问旅行，忽而问得货贝，仿佛一卦三占)；四是完全脱离周易体系，尤其是脱离与《坤》卦阴阳互依的《乾》卦而单讲《坤》卦。五是抛弃辞象的义理和阴阳变化；六是文意极其浮浅，不及神签之类的某些占断诗，尚有风趣。

上述解说训贞为问，是一大问题。贞为周易之基本概念，全经凡一百七十见。贞字固有问、正二义，但在周易中绝大多数学者训为正。若训为问，则义难贯通，且使《易》理大受伤害。详情远于本题，不便详论。仅就《坤》卦来说，如以问释贞，则"利牝马之贞"一句。除解为"有利于占问于母马的事情外"，无法作出他解。而这样的解释又是孤立的词句，与《坤》卦全体、《乾》卦乃至《易》卦体系在辞象上完全脱节，成为一个孤立的个别事项的占问。可见贞字仍以按传统观点，训正为宜。"言行抱一"应是周易中贞字的正解，只有这样，才能通贯全经而不别扭。

依据前述种种，可以作出论断：周易的卦辞象和爻辞象，都含有深厚哲理，可为人生指南的参考，在此前提下，也可用来占卜，这表现出周易辞象的独特性和优越性。

倾向性

正因为周易的作者怀着忧患意识，以教化的主旨从事创作，所以自然而然地在文辞和辞象中产生道德劝诫的倾向性，其主要表现为：扶阳抑阴，为君子谋而不为小人谋。

首先，最突出的例证是《乾》卦。依《说卦》所载筮例，《乾》并无龙象，而有马象；《坤》有牛象，并无马象。但《易》道在因"时"而变，为突出展现《乾》的纯阳之性，作者便取龙象，以美化君子之德。潜、见、乾乾、跃、飞、亢等辞象，都是代表阳性的君子的形象，也是作者从修身立业上为君子所作的谋划，其中也包含劝诫。仔细想想，依中国的传统思想，除了以龙为象之外，实在没有其他更合适的物象，足以有声有色地象征阳性之美和君子之德。假若泥于占筮惯例，仍以马喻《乾》象，那就要大为减色，枯燥乏味了。《坤》卦的情况，也相类似。倘宥于占筮惯例，以牛为象，牛形之丑之笨，不足以喻示《坤》阴的柔顺而坚贞之性，与《乾》阳的健德，难以匹配。作者以牝马之象为《坤》卦辞象，的确高明之至。牝马不但善跑，而且有恒，紧随牡马，绝不松懈。"利牝马之贞"这一辞象，恰能喻示《坤》阴顺随《乾》阳，相伴运行，生成万物，以利天下的美德。《坤》虽纯阴，但随阳辅阳，协同为善，相当于君子之伴之佐，故而不属于恶性小人。如此，以龙马之象喻阳阴，而以龙阳为主，以龙阳所喻之君子为主，明显地表现出作者取象构辞的道德倾向性。

这种道德倾向性，在周易所有文辞与辞象中比比皆是，一贯到底。再举几个明显的例子：

——《泰》卦与《否》卦是相反相伴的一对卦。《泰》䷊是《坤》（地）上《乾》（天）下。天气上升，地气下降，二气交融，万事通达，是谓"泰"。周易以阳为大，以阴为小，故天气（阳）上升，谓之"大来"，地气（阴）下降，谓之"小往"，小往大来是好事，所以《泰》卦卦辞的辞象是"小往大来，吉亨。"以阳为大，以阴为小，不是平等看待，显然是一种道德倾向性。据孔子《象》传的解释则是："内（下卦）阳而外（上卦）阴……内君子而外小人，君子道长，小人道消也。"他认为《泰》卦的"小往大来"之象，象征君子之势上涨，小人之势下降，故而是吉祥的局面。这种解释，符合周易作者一贯喻示的扶阳抑阴的本意。

《否》卦的情况与《泰》卦恰好相反。《否》䷋卦是上《乾》下《坤》，上天下地。天气上升，地气下降，二气乖离，万物闭塞，故名曰"否"。其卦辞为"《否》之匪人，不利君子贞。大往小来。"意为：世道闭塞，人道不通，不利于君子的正道。孔子解释说："（这卦显示）天地不交而万物不通。……内阴而外阳，内柔而外刚，内小人而外君子，小人道长，君子道消也。"他把"大往小来"的辞象视为小人势盛，君子势微的表现，而这种形势，正是天下闭塞的非人道的局面。这种尊大卑小、扶阳抑阴的思想，是周易的创造思想，也成为辞象的倾向性，当然也便成为孔子《易》学的倾向性。

——《乾》卦夬初爻辞象"潜龙"，喻示一阳在下，时违力薄，需晦养静待，故戒以"勿用"。《复》卦初九辞象"不远复"，喻示一阳初复，气力微弱，需安心休养，闭门思过。故评之以"无祇（大）悔，元吉。"两卦初爻虽辞象不同，而微阳下伏之势，则基本一致。所以周易作者对它们都作出了叮嘱与教诲。对阳气关心备至，也就是对代表阳气的君子关心备至。反过来，周易作者对阴气则采取完全不同的态度。《姤》卦是五阳在上一阴在下。在下的一阴是初爻，自《乾》初复，也需涵育。但周易作者却从负面观察，认为一阴能载五阳，是阴气太盛之象。君子对此不可掉以轻心，要严加戒备。故而缀以辞象曰："《姤》，女壮，勿用取女。"把《姤》卦初阴，描绘成一个蛮壮淫荡的女人，一身而遇五男。故而警告君子（阳），不要娶（取）她为妻。很明显，这是一种疾阴护阳的立场，不为阴计，而为阳谋。同样地，对《坤》卦初六的阴爻，作者也抱着冷眼警示的态度，认为阴气初动，似无危害，但逐渐增长，会成大患。故而提醒代表阳气的君子，在"履霜时"，要预想到"坚冰至"（《坤》卦初六辞象为"履霜坚冰至"），以免吃亏。把阴的增长视为祸害，嘱咐君子加以警惕。其扶阳抑阴，为君子谋的立场十分坚定。

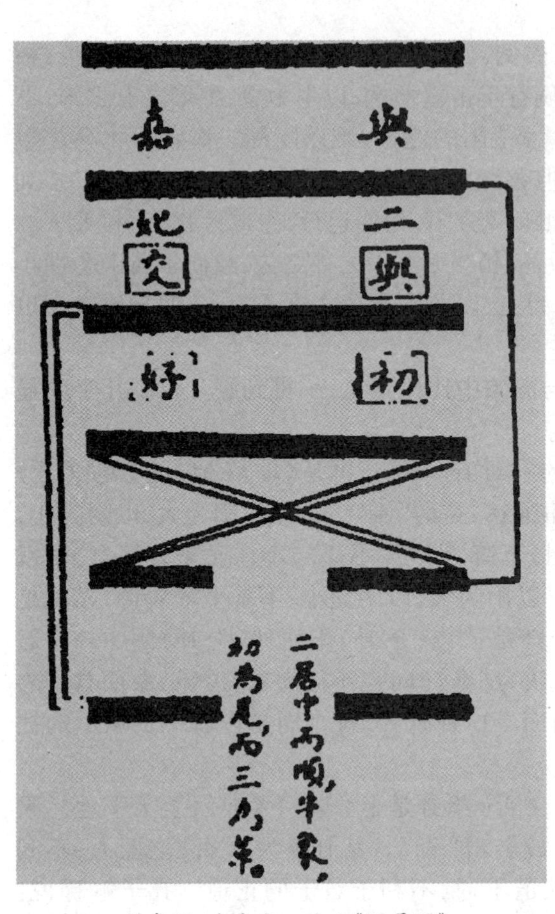

遁象图，出自宋·佚名《周易图》

——还有《遁》卦陏辞象，倾向性更发人深省。《遁》卦九四辞象为“好遁。君子吉，小人凶。”一般释为九四能割爱遁去，获吉，小人恋而不舍，逢凶。但笔者却宁愿解为：在阴长阳消，天下无道之际，舍弃所好而悄然遁世，身退业殒，是为失败，而不与恶政同流合污，洁身自好，在道德上却是胜利者。所以在君子来说，隐遁能保持节操，是吉事。但人格卑下的小人，却与此相反，认为抛掉心爱（好）的权势利禄而隐遁于草芜之间，是不堪忍受的坏事，故而持反对（否）态度。这样，周易作者便就《遁》的卦象（天下有山），以“天喻君子，山比小人。小人浸长，若山之侵天，君子遁避，若天之远山”（《周易集解》引崔憬语），于是系以如上辞象。其崇阳卑阴、恶小人而爱君子的倾向性，可谓泾渭分明，毫不含糊。

——《剥》卦卦象为上山下地䷖，象义为群阴势盛，一阳仅存，是众小人剥蚀君子之象。所以作者以爱护君子的感情劝嘱说：“不利有攸往。”意思是，在此群小猖狂的黑暗时刻，君子应当反身养晦，谨言慎行，不可有所作为，以免受害。反之在《复》卦当中，对受尽阴剥而独复于下的阳，作者却寄予厚望，期其施展才能，大展宏图。鼓励说：“利有攸往。”对阴长的形势，劝诫说；“不利有攸往（不应该前进）”。而对阳复的形势则鼓励说：“利有攸往”。（应该前进）完完全全是站在阳的一边、君子的一边，倾向性何等鲜明！

由上数例可见，周易的辞象在饱含哲理的同时，也含有善善恶恶的倾向性，并不像龟卜及其他占书那样，内容只限于神谕或定命的告示，只限于无原则地预告来事，而是在正义的倾向性和原则性的基础上讲授进德修业、立身行事的道理。据此一点也足见，朱熹所谓“文王重卦作繇辞，周公作爻辞，也只是为占筮设。到孔子方始说从义理”，是歪曲事实的谬论。

占基性

正如《系辞》所说，周易的内涵无非“辞、变、象、占”四大项而已，这四大项分工合作，构成周易整体。其中有一条无形的线把这四大项贯穿起来，那便是《易》理。象蕴阴阳之理。象变即阴阳之变；辞生于象，辞象之理即象之理；而占则以象、变、辞（包括辞象)为依据,占之理系由象、变、辞所推出;所以占之理实即象、变、辞之理,亦即辞(主要是辞象)的内蕴之理。反过来说,辞象也便成为《易》占的主要基础。许多辞象,如诗歌、故事、寓言之类,放在别处是独立自足的东西,放在周易里则变成《易》理的形象,表现哲理伦理,以指导人事,辅助教化,同时作为占筮的理论基础,以占事知来。《系辞》所谓"圣人设卦观象,系辞焉而明吉凶(上篇二章)""辩吉凶者存乎辞"(上篇三章),就含有此意,这便是作为辞象特点的所谓占基性的来由。

依据《左传》《国语》留下来的占例来看,当时的《易》占也有仅据卦象作出占断的,如《国语·周语》记载,晋成公自周返晋时,晋人曾占问其前途,得了《乾》之《否》(《乾》卦变为《否》卦),断为:"配而不终,君三出焉。"意思是,能配天为君,但不能到底,将三次出走。依据是,《乾》象为天,为君。《乾》卦之上卦为天,下卦为君,象征地上的国君与上天相配。但筮得《乾》之《否》后,下卦变成《坤》,《坤》象地象臣,是预示君变为臣,所以说"配而不终。"《乾》之下卦变《坤》,是三阳爻变成三阴爻,所以说有三次由君变臣而出走之象。这就是仅据卦象之变来占断吉凶的例子。但这样的占断法为数甚少,多数则是观象玩辞,主要依辞象占断吉凶。例如《左传·哀公九年》:

"宋公伐郑……阳虎以周易筮之,遇《泰》之《需》。曰:'宋方吉,不可与也。微子启,帝乙之元子也。……祉,禄也。若帝乙之元子归妹而有吉禄,我安得吉焉?'乃止。"

这段历史记述,春秋时代宋国征伐郑国之际,阳虎用周易占问是否可以伐宋救郑。占得《地天泰》卦变《水天需》卦,第五爻动,爻辞辞象为"帝乙归妹,以祉,元吉。"帝乙是纣王之父,是帝王,帝王嫁妹,得如其愿,得受福禄,是大吉之象。微子是帝乙的长子,宋国是微子的后裔。阳虎认为,卦爻的辞象表示微子嫁妹而福禄吉祥,那一定是宋国的吉兆,我焉能获吉?不可与宋国交战。于是,停止出兵。

这一筮问,就是依据《泰》卦六五辞象所示而作出的占断。

再举一例。《左传·襄出二十五年》:

"齐棠公之妻,东郭偃之妹也。东郭偃臣崔武子。棠公死,偃御武子以吊焉,见棠姜而美之。使偃(娶)取之。武子筮之,遇《困》之《大过》。史皆曰'吉',示陈文子。文子曰:'夫从风,风陨妻,不可妻也。'且其摇(爻)曰:'困于石,据于蒺藜,入于其宫,不见其妻,凶。困于石,往不济也。据于蒺藜,所恃伤也。入于其宫,不见其妻,凶,无所归也。'"

这段历史是说,崔武子要娶棠姜,占以周易,得了《困》卦,第三爻阴变阳,成《大过》卦。史官都认为是吉卦,只有陈文子不同意。他先从卦象解释,认为原卦《困》是上《兑》下《坎》。《兑》为少女,《坎》为中男,有夫妻相配之象。但卦变《大过》,则下卦成《巽》,《巽》为风。风往上吹,伤及少女,成为风陨妻之象,夫妻不终,故不可娶。接着,他又据爻变后的辞象进一步作解。他说,辞象的'困于石',(困于巨石之下)是难以前进之意'据于蒺藜'(恃于蒺藜之上),是处于受伤的境地之意,入于其宫,不见其妻(返回家去,连老婆也见不到,凶),是表示无家可归。就这样,陈文子着重从辞象上详细解释、分析,遂据以占断:婚事不吉。

对这一辞象,孔子在《系辞》下篇五章中也作过阐释。他的说法是,"非所困而困,名必辱;非所据而据,身必危。既辱且危,死期将至,妻其可得见邪?!"意思是,本来无所困而自入困境，为所不宜为，自寻烦恼，如此则名誉必然受羞辱。置身于不该置身之处，身子必然危险。既受羞辱又临险境，则死期将至，如何能见到妻子！

孔子的解释，旨在阐发辞中的义理，以助于立身行事，所以并不泥于辞象的爻义。而陈文子的解释，则完全是为了占测未来，故从全卦观象解辞，以卦象和爻辞之象为据，对婚娶吉否，作出了占断。对同一辞象，孔子据以讲了一般的立身行事之道，属于辞象哲理性的范畴；陈文子则以之为占断的依据，所讲的属于辞象占基性的范畴。周易既含辞、变、象、占四大项，则孔、陈的不同讲解，可以同在周易圈中并行而不悖。

辞象的占基性，有时直接表现在辞象后面的占断辞上。上举第一例在“帝乙归妹，以祉”的辞象后面，断以“元吉”字样；第二例在“困于石……不见其妻”的辞象后面，缀以“凶”的断语，这是定论性的占断辞。另外还有的辞象，后面所缀的占辞，不具有定论性质，只是一种劝诫辞。如《乾》卦初九辞象为“潜龙”，后缀以“勿用”二字。意为宜于养晦待时，不宜有所作为。这是从辞象中引出的对占者的教诫，不是对辞象本身价值的定论，与前二例“吉”“凶”的占断，性质不同，此点容后细说，兹不赘述。以上所述，就是周易辞象所具有的六个特点。前五个：广义性、含蓄性、隐晦性、哲理性和倾向性，在其他取譬喻理的讲话或文章中也不少见，但最末一个“占基性”，却是可提供占卜之用的周易辞象所特有的功能。后代一些占卜书，如前文列举的《金钱课》之类，也利用活跃的辞象以为占卜之据，当是对周易辞象的模仿，但仿其形而弃其理，不过剩下一些皮毛而已。对周易辞象的精义既不能继承，更谈不到发扬。

必须指出，仅就上述周易辞象的深厚内涵及其隽永的特性来看，原始的《易》自文王继伏羲之后，以富于形象的文辞阐发卦象的内蕴而著作成书之日起，即已大显义理，绝非“自孔子方始说从义理”，朱熹之言，显然与史实不符。

从上面论述和分析中，还可看出，周易的辞象，具有两重性：既是以卦爻的形象蓄藏中华民族从往古的实践中获得的知识结晶，此之谓“知以藏往”（《系辞上》十一章），是一重性，是根本，同时又为运用卜问未来的筮占提供测事的论据，此之谓“神以知来”（同上）。是二重性，是派生的。前者为理性、为“人谋”（《系辞下》十二章），后者为感性（“感而遂通”《系辞上》十章），为“鬼谋”（《系辞下》十二章）。既可对人谋提供行之有效的“知”（智慧），又可对鬼谋（占卜）“阴阳不测”（《系辞上》五章）的“神”，提供道理的佐证，一身二任，是周易辞象独具的功能。而正因为周易的辞象是伴随六十四卦卦象和三百八十四爻爻象而缀系的，以占卜的形式藏往知来，所以呈现散乱的各自为政的面貌，这也是不可避免的。但归根结底，以爻象卦象为背景的辞象，自可沆瀣一气、脉络会通，这也是理所当然的。

结　语

最后，在我们费了很大精力对如此千姿百态而又隐晦难解的辞象作了上述理解与分析之后，难免又发生疑问：有的学者说，周易之所以曰《易》，是由于此前的龟卜灼甲解兆，过于繁难，而改为筮占之后，观象解卦远较龟卜容易，故名为《易》，《易》是简便易行之意。可是，揆诸事实，《易》占并不容易，如上所述，仅探索辞象一点，其广义性、含蓄性、隐晦性、哲理性以及占基性等等，就如同入海探珠一样，异常繁难。从龟卜到筮占，手续上也许变的简便些，而从内容来说，不要说彻底观象玩辞，吃透辞象真义，就连看懂也不容易。对比之下，周易的占卦实质上要比龟卜难得多。如此说来，占卜之道，从龟卜发展到筮占，不是从难到易，倒是从易到难了。问题在于，单为占卜未来，何必舍易求难?！卜辞之简单问答，岂不较《易》占之观象玩辞方便得多?！从占验性来看，《易》占不但较龟卜并不优越，而且还有"不占险"的道德限制。所以，单就占卜之道来说，《易》占较之龟卜，实质上并不能说是一个进步。然则，周易的作者为什么把一个以象喻理，以辞解象，充满隐晦辞象，而占验性并不优越的周易，推向世间？显然，作者的创作目的，除用于占事知来外，主要的还在于义理教化。用孔子的话来说，那就是"作《易》者，其有忧患乎!?"(《系辞下》七章)"于稽其类，其衰世之意邪?!"(《系辞下》六章)困于殷周之际的"衰世"，满腹"忧患"的作者，是借卦爻之辞象以含蓄地表现济世之忧。韩康伯说得好："有忧患而后作《易》，世衰则失得弥彰。爻繇之辞，所以辨失得"(《周易·系辞下》六章韩注)。有忧患而辨失得，这才是周易的创作主旨。占筮云者，无非是作《易》者寓理的体裁与教化工具而已。

《易》象从何处来

周易的形成，大体分为两个半层面。一层是卦象的形成；另一层是文辞的形成。还有半层，是相关的技术层面："筮法"的形成。何以曰半层？因为筮法虽是求卦的必备条件，但不是《易》体的内在要素，它可以更改而不损伤《易》的内涵，故曰半层。历史表明，大约唐代以后蓍草演算起卦就变为钱币抛掷起卦。宋代以后又出现了以时辰起卦的占术。所以，先秦时代筮数筮法虽被古人视为神乎其神，但它的形成与改变，不属于周易本身，也不会对周易发生变革性的影响。

下面，先说《易》象体系的形成。

《易》象体系是以阴阳二象为基因，以八卦为基础而展开的六十四卦三百八十四爻的巨大系统。《易》象当中最早出现的是阴阳二象，即阳象"—"与阴象"⚋"。这二象的成因始终悬而未决，大体上约有下列四种说法：

(一) 男女性器说；(二) 天文地理说；(三) 数字说；(四) 占卜说。

第一种说法认为阴阳二象源于男女生殖器形状的模拟。就是说，最初画卦的人(不论是伏羲或是任何人)是模拟男女性器的外形而画了阳(—)和阴(⚋)两个标象。郭沫若、钱玄同等一些学者持这种观点。这种观点也许和孔子在《系辞下》所说的伏羲画卦"近取诸身"的看法，有一脉相通之处，也未可知。这种摹象，据说属于性崇拜的性质。

第二种说法认为最早所画阴阳二象取象于天文地理。有的说这是古代天文学中观测季节日影所记的符号，夏至日影最短，昼最长，记为"—"，冬至日影最长，夜也最长，记为"—"。有的说，天为清一色的大气，乃画"—"，以象其纯，地则有水有陆，便画"⚋"，以象其杂。还有的说，大自然的面貌及其运行状态，总是显出幽明两种形象，天明地暗，昼明夜暗，月满则明，月晦则暗，向日则明，背日则暗，如此情况，处处皆然。明则一目了然，故象以"—"，幽则有所隐晦，故象之以"⚋"，等等，后来"—""⚋"两记号遂成为八卦的阴阳二象。这些学说，都属于对大自然观察的性质，和文字学上所谓“阴”像浮云蔽日之状，“阳”象山的向阳之状，有些近似。

第三种说法认为阴阳二象出自数字。有的说源于上古人结绳记事，《系辞下》所谓“上古结绳”而治，指的就是尚无文字的远古人记录数字的方法，以“—”记奇数，以“袴”记偶数。有的说来自刻契记数，亦即在器物上雕刻记数的符号，其中初始的奇偶二数，遂成为阴阳二象。还有一说是草策记数，即用草茎竹策之类记下助忆的数目。一根表示一，二根表示二，嗣后便变成八卦始基的阴阳二象。

第四种说法是占卜说，认为阴阳二象的出现，源于占卜。古往今来，主张此说的学人，为数不少。代表人物有宋代的朱熹，现代的高亨。冯友兰、蒋伯潜、于省吾、李镜池等人也持同样观点。其中，朱熹的说法，影响最大。其具体言论，已见上述，兹不再赘。

朱熹断言八卦的阴阳二象，来自占卜，原来有占无文。他推想：“当初伏羲画卦之时，只是阳为吉，阴为凶。”（《朱子语类》卷六十六）如宋代的杯珓。杯珓是占卜的工具，以贝壳制成，又名杯教。“杯”象贝壳中空。其状如杯。“教”表示神所教谕。占卜时，将一对杯珓抛掷于地，视其正反，记为奇偶，以定吉凶。实质上和今天流行的掷骰子，没有差异。不过，朱熹只讲了观点的结论，并未讲出论证的详情。高亨也承袭了朱说，并进一步论证和描述了先民占筮的情况。他说：“我认为八卦原来也是供占筮之用（筮法很简单），占筮用竹棍，即《楚辞·离骚》所谓‘索藑茅以筳篿合，命灵氛为余占之。’所以筮字从竹，……竹棍有两种，一种是一节，用来象征阳性，‘—’象一节竹之形；一种是两节，用来象征阴性，‘--’象两节竹之形，这和奇数为阳，偶数为阴的概念分不开的。三个竹棍摆成一个经卦，六个竹棍摆成一个别卦。爻和卦都是象竹棍之形。”（《周易杂论》）这样，高亨具体地描述了阴阳八卦源于占筮的情形，和朱说实质上如出一辙，所差的不过是一个说杯珓，点到为止；一个说竹棍，明白如画而已。

伏羲像，图出自明·天然撰《历代古人像赞》。伏羲，中华民族人文始祖，相传伏羲始画八卦。八卦可以推演出许多事物的变化，预卜事物的发展，是人类文明的瑰宝，是宇宙空间的一个高级“信息库”。八卦包含的“二进位”，现在广泛地应用于生物及电子学中。八卦中的许多神奇奥妙，现在还在研究探讨中

冯友兰的意见更干脆，他认为阴阳八卦之象是模仿占卜的龟兆，把《易》象说成龟兆的演变，根据何在，

不得而知。蒋伯潜则认为八卦源于投掷筊牌的占卜，筊牌占法，与杯珓占法，除工具的材料有别之外，办法完全一样。仍不外是抛掷于地，视其正反，画出奇偶，抛掷三次，即得一卦。如"奇偶偶"为"下下"卦，凶。"偶偶奇"为"上"卦，吉之类（参考蒋伯潜《十三经概论》）。此外，还有于省吾的说法，他说："《易》卦起源于原始宗教中巫术占验方法之一的八索之占。……八索即八条绳子。金川彝族所保持的原始式八索之占，系用牛毛绳八条，掷诸地上以占吉凶。"（《周易尚氏学》序言）他把八卦看成八索之占。但他忽略了一点，即八卦由阴阳二象组成，八索未必成自二索（只有"八索九丘"，未闻有二索也）以八索之占解释阴阳八卦的来源，很不贴切，令人有迷途之感。

从上述各种占卜说中，可以看出一个耐人寻味的共同点，就是：对组成八卦的阴阳二象来源的探索，这些学者所使用的逻辑方法都是类比推理。朱氏说，初占无文，与杯珓相似；高氏说，犹如屈原所谓筵篿（竹棍）之占；蒋氏说，类似今日的胶牌。冯氏说，形似卜占的龟兆；于氏说，好像彝族的八索之占，云云，都是以古今的占术类比而作出的联想与推论。但无论哪一个类比，都是不完全的，而且是非本质的，都没有抓住问题的本质，而仅只以外形的相似，作了单线联系的类比而得出片面的结论。

那么，阴阳八卦的来源，亦即《易》象的来源，其本质问题是什么呢？关于这一问题，上述各种占卜说没有触及，性器、天文、地理、数字等说，也没有触及。而如不触及并解决这一问题，就无法说清阴阳二象的来源。

来源的几种学说

作为《易》象基因的阴阳二象，其来源的本质问题，不是其形象的形式来自何处，而是其形象的意蕴（概念）如何产生。宇内的万事万物，外形肖似而实质迥异的东西，比比皆是。明末大画家石涛仅据形似便将绘画的"—"画视为《易》象的"—"阳，从而立论曰画源于《易》。这就是这方面形式主义浅见的一个史例。上述阴阳二象来源的各种说法都有类似的弊病。

具体地说，性器说所举出的雌雄性器的摹象，表面上看，和八卦的阴阳二象极其相似。但据此便推想原始人（或许是伏羲氏）是依此画下了从洪蒙的太极中剖判天地的阴阳二象，这便是一种以脸谱论人物式的形式主义论点。为什么呢？道理很明显：原始人的性器摹写，性质属于蒙昧的性崇拜。而八卦的阴阳二象的性质却是阴阳之道，是放之四海皆准的宇宙根本大法，亦即今天所说的对立面统一的规律。朱熹的《易》为占筮说是错误的，但在这一点上他说的很对。他说："伏羲之《易》，初无文字，只有一图，而天地万物之理，阴阳始终之变具焉。"（《朱子大全·答袁机仲》）在蒙昧意识笼罩下的性崇拜之象和"冒天下之道"的阴阳二象之间，横亘着难以越过的万水千山。从前者变为后者，不是量变，而是质变，不经过漫长的社会发展和智力发展，不经过思想的高度抽象和极度概括，绝不可能实现从性崇拜观念到宇宙规律范畴的质的飞跃。今天人们可以从世界各地发现不少性崇拜遗象，但人们尚未从中见到性崇拜一跃而成为哲学的踪迹。总之，这里存在着两个问题：一是性器记号所表现的性崇拜意识，跟八卦的阴阳二象所表示的宇宙根本大法的思想之间，在认识上性质不同，

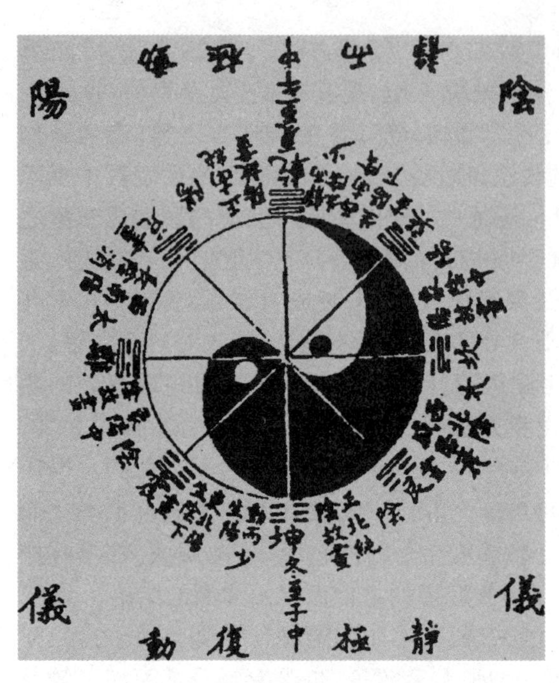

先天画卦图，出自明·来知德《易经来注图解》。此图将太极、两仪、四象、八卦合而为一

等级不同。前者是以本能为基础的蒙昧意识的表露，属于认识的低级层次。后者则是反映宇宙本质的智慧结晶，属于认识的高峰层次。二是性崇拜符号所表现的对象只是万事万物中的一点，而阴阳二象所涵容的则是所有的事物，二者相比，思维能力的高低与性质，迥乎不同。两者之间存在着难以突破的质的差异。

天文地理说的情况和实质，在这一点上基本类似。两说取象的直接性与片面性，都和阴阳取象的概括性与全面性，有本质的差异。理由已见上述，无须再赘。但关于数字说和占卜说的难以自圆其说之外，却仍有补充说明的必要。数字说的中心，在于奇偶二数和阴阳二象外形相似，意念相关。但两者在本质上根本不同。阴阳二象可以包括奇偶二数，但反过来奇偶二数却不能包括阴阳二象。换言之，阴阳二象的外延广及相反相成的万事万物，宇宙间任何现象，无论是物质的或是精神的，无一不包括在阴阳二象的范畴之内；而奇偶只表现事物的量的一点，它当然也附属于阴阳的范畴之内。无论是结绳的单双也罢，书契的“Ⅰ，Ⅱ”也罢，草茎的“一、二”也罢，都离不开量的范畴，都不具有阴阳二象那样概括宇宙人间一切现象的外延。正如性器符号只反映人的雌雄关系的现象，天文地理说只反映大自然某种状态及其运行的某种情况那样，占卜说所反映的对象的片面性、狭隘性和局限性，同八卦的阴阳二象及以整个宇宙为对象而全面反映的无限广阔性，实质上根本不同，不可同日而语。具体地说，阴阳二象不仅反映人的雌雄，昼夜的长短，天地的清杂，自然的幽明和数字的奇偶，还反映君臣、父子、夫妇、贫富、美丑、战和、贤愚、正反等等，宇宙万物无一逸出其反映范畴。老子所谓“……有无相生，难易相成，长短相较，高下相倾，音声相和，前后相随”（《道德经》第二章），指的正是“万物负阴而抱阳，冲气以为和”（同书第四二章）的状态，是对阴阳二象反映功能的无限性所作的正确的描述。由此可见，从反映范围的广狭来看，数字说也和上述其他说法一样，都是把不容对等相比的两类东西拿来从外形对等相比，这是它在逻辑上的错误。

其次，最重要的仍是前面说过的概念的质的飞跃问题。这里需要着重阐明的是，原始人的数字思维的低级性和局限性。经过长期考察，法国学者列维·布留尔得出结论说：“在非常多的原始民族中间（例如澳大利亚、南美等地），用于数的单独名称只有一和二，间或有三。超过这几个数时，土人就说：‘许多，很多，太多’。”（《原始思维》）我国的远古时代，人们的数字观念，当然与此类似。虞翻所谓“物三称群”(《周易集解纂疏》),就含有此意。最具代表性的例子是老子所说的“道生一,一生二,二生三,三生万物”(《道德经》四二章),透露出远古人以三代表多数的数字观念。这种情况不但表现于人类的幼年时代,从儿童的幼小时期也可以约略见到。对智力始萌的幼儿来说,简单的个位数也要经过艰苦的学习才能掌握。所以,有的学者据此推想,在人类思维的发展史上会有一段悠久的年代,数字观念不超过三。三曾含有类似“无限大”的性质。以后代发达的头脑来看,如此幼稚的思维似乎不可思议,但人类中无论哪个民族的数字观念都免不掉经过这样局限性极大的低级阶段。

远古时代人类的数字观念,不仅在量的方面如此狭隘,在质的方面也有很大的局限性。那就是求同舍异的抽象能力非常薄弱,往往不能在形成数字观念时完全舍去具体的形象。有些落后民族的数字观念,往往和事物的具体形象联系在一起,计数时说一个羊,两个鸡,三个猪等,而不会说抽象的一、二、三。幼儿的数字思维也有这个特点,只明白一个梨,两个蛋,三个糖,却不懂得独立的抽象的一、二、三。这是思维历史发展自身必然性的一种表现,无可疵议。

关于这一点《原始思维》作了深入的具体分析,它说:“通常人们都是不作预先的考察,就认为下述的东西是合乎自然的事实:计数是从 1 开始的,各种数是通过对先前的每个数连续加 1 的办法来形成的。实际上,这是逻辑思维在它开始意识到数的功能时所不能接受的一个最简单的方法。

……(只要有 1,就能从无中引出一切)。然而不拥有抽象概念的原逻辑思维(作者把先逻辑思维称作原逻辑思维——笔者)却不是这样的。原逻辑思维不能清楚地把数与所数的物区别开来。这种思维由语言表现出的那个东西不是真正的数,而是‘数——总和’,它没有从这种总和中预先分出单独的 1。要使这种思维能够想象从 1 开始的、按正确序列排列的整数的算术序列,必须使它把数从其所表示的那些东西中分离出来,而这恰恰是它所办不到的。相反的,它所想象的是实体或客体的总和,这些总和是它按其性质及其数而得知的,数则是被感觉到的和感知到的,而不是被抽象地想象的。”

这段话是经过大量实地考察而作出的结论,足资信从。可见,想从原始人的先逻辑思维的头脑中导出一般抽象的数字概念,无异于缘木求鱼。

这里要探讨的问题,不在于这种数字思维的原始的低级性与局限性,而在于从这么低级阶段的原始的数字思维中,怎么可能产生那么高级的弥沦天地人三道的阴阳二象?没有高度的抽象概括的思维能力,怎么可能集中万事万物的共同本质并经过论证[①]而把它归结为阴(- -)阳(—)两个对立统一、相反相成,并成为八卦基因的画象?换言之,从贫乏的幼稚的数字观念中怎么可能产生阴阳二象这一对“冒天下之道”的哲学范畴?也就是说,问题在于原始的数字观念“奇偶”,究竟在思维中通过什么道路,运用什么办法,克服自身的幼稚性和局限性,越过发展的中级阶段和量变过程,摇身一变而成为高级概念“阴阳”?数字说(也包括占卜的奇偶说)是回答不了这

① 适用于一切事物的阴阳概念,不可能来自完全的归纳,而必配以演绎的论证。

个问题的。显然它所主张的低级的奇偶转变为高级的阴阳,只有想象的同一性,而无现实的同一性,故此,八卦的阴阳二象产生于原始记数(或筮数)的说法,是难以成立的。

在诸说中受到支持最多的是占筮说。但他的命运和其他说法一样,难以成立。

第一,也是最根本的,八卦的阴阳二象和占筮的兆象,性质不同。无论类似杯珓的占具或竹棍的卜器,取其兆象的目的是取得神的预示,以先知未来的吉凶祸福。在原始时代,它是由巫或觋所通行的人神之间的桥梁之一。杯珓的正反和竹棍的奇偶,并非客观事物的概括反映,而是预示未来如何的兆象。但八卦的阴阳二象却不是这样。如上所述,它是全面概括万事万物内在矛盾的标象。任何对立面的统一体,都在它的涵盖之内,"吉凶""祸福"这两对概念也不例外。它的性质不是预测,而是反映。占兆的正反或单双会表示吉凶、祸福,而阴阳二象的内涵却不仅是如此简单固定的预测性质,它所表示的乃是万物生生不已、千变万化的普遍规律。

第二,占筮所获得的兆象,无论正反或单双,都是占具摆动而形成的机遇现象。而八卦的阴阳二象,则是概括万物的本质而形成的范畴。前者是偶然的产品,后者则是必然的结晶。

第三,阴阳二象逐渐演为八卦乃至六十四卦。它是《易》这一巨大的哲学体系兼辩证思维系统的基因。而原始的草占龟卜及其他多样杂占,无论在世界何处,都无发展成为一门哲学的先例。因为,哲学讲规律,规律属于必然性范畴,而占卜术则是靠占具的随机变动,属于偶然性范畴。想从偶然的变动中导出必然性的哲学体系,那无异于缘木求鱼。从占卜兆象的大量统计中,能够引出的不过是大数法则之类而已,超不过概率论这种量的理论范畴。因此,李镜池先生认为,阴阳两个符号是用蓍草占卜时的偶然发现,在《周易》中也不见得有何意义。(转引自秦广忱《周易阴阳观的起源及其自然科学基础问题》,载《周易研究》合订本)这种简单的论断,不合乎思维发展的原理。

第四,正由于上述原因,由于机遇的偶然性的制约,占卜术所获得的兆象(正反、奇偶等及其形成的图象),并不具确定性,其命中率,从概率的理论来说,只有百分之五十(吉或否)。对问卜者实际上只有碰运气、精神安慰、助长气势之类的心理效应,绝对不能成为事业和生活的指南。正如荀子所说:"卜筮然后决大事,非以为得求也,以文之也。"(《荀子·天论》)"文",就是《红楼梦》里贾珍为可卿办丧事时想要借个封号"风光风光"那样的意趣。相反的,阴阳二象所表示的阴阳变易之道,却不分时地,永远具有宇宙根本大法的功能,可使掌握它的人"无有师保如临父母"(《系辞下》第八章)。对人的事业、生活与修养,尤其是对处于衰世困境的君子来说,它是最简明切要的指路明灯。

第五,为彻底划清占筮兆象与阴阳二象的界限,仍需重复上文,再强调一下:原始的占卜思维,属于非理性的悟性思维,它以命由神定,人由神使为前提,以不可测的偶然结果为依据,这是一种蒙昧的最低级的思维。而作为辩证思维体系《易》体基因的阴阳二象,则是熔铸图象与逻辑于一炉的高级思维。一为偶然的兆象,一为必然的法则:一在深谷,一在高峰。二者之间横亘着万难逾越的空间。试问,如此低级的卜筮兆象怎么经过质的飞跃而变为《易》象的基因？着实难以想象。

这是占筮说难以成立的关键问题。在这个问题上似乎尚未出现令人满意的答案，不但如此，而且有些学者好像对此有所忽略。古代的朱熹等是这样，当代的高亨等也是这样。

前文说过，朱熹一面认为"八卦之书，本为占筮。方伏羲画卦时，只有奇偶之画，何尝有许多话说?"另一方面又说："伏羲之《易》初无文字，只有一图，以寓象数，而天地万物之理，阴阳之变具焉。"（《朱子大全·答袁机仲》）一面贬斥阴阳为占筮的奇偶二画，没多少话说，反过来又说它寓天地万物之理，具阴阳之变。而当门徒怀疑他的卜筮说，问他伏羲画卦恐未是教人卜筮时，他反过来又说："这都不可知。但他不教人卜筮，画作甚。"（《朱子语录》卷六五）既说"不可知"，又说"画作甚"，含糊其辞，前后扞格。他就是抱着这种态度强调八卦阴阳源于占筮。至于以预测为目的的占筮兆象的奇偶数，如何能具"天地万物之理和阴阳始终之变"，或者如何发展到那个高度，两者之间有何内在联系，他却置之不论。

高亨的论调，一定程度上和朱熹有类似之处。一边说"八卦原来也是供占筮之用"，爻和卦都是占筮的竹棍的形象；一边又说"阴阳两爻的创造，反映了古人认识到宇宙事物的阴阳两性矛盾对立的现象"。以竹棍的奇偶测事，是占筮的初级形态。那时人类的认识还处于人神之间，思维能力还处于未能脱离具体事物的原始阶段，而能够认识到阴阳两性的矛盾，则需要相当发达的抽象思维能力。两者不能在同一社会群体中同时并存。在简单卜筮的初级思维和辩证的高级思维之间，绵延着充满生产实践、社会实践和思维实践的极其悠久的历史年代。如同原始的数字一样，原始的占筮兆象也绝不可能生出《易》卦的阴阳二象这样蕴涵宇宙大法的哲理。《易》卦阴阳二象的高度抽象性、概括性、灵活性和变化莫测的玄妙性，以及其后继续形成的带有永恒意义的多方面多层次的发展过程，表明在它的原始胎体内原来就蕴涵着无限深厚的广阔的哲理基因，说它具有宇宙全息的特性，也不为过。它和占卜小技在性质上内涵上思维等级上和功能上，有天渊之别。因此，朱熹的空洞的卜筮说和高亨的具体的占筮说，以及其他学者的类比占筮说，都不能"言之成理，持之有故"，都不能成立。

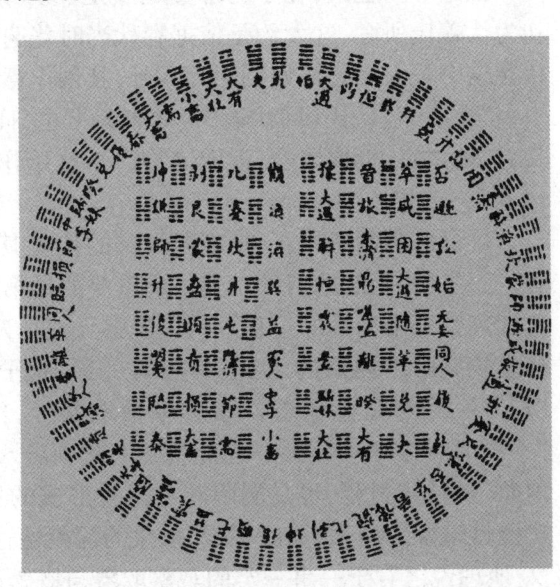

伏羲六十四卦方圆图，出自元·胡一桂《周易启蒙翼传》

占筮说不但在理论上说不通，从历史实际来看，也站不住脚。古今中外世界上"三王不同龟，四夷各异卜"（《史记·太史公传》），包括龟卜在内，形形色色的杂占杂卜，何止千百八种。试问，其中哪一个"蜕变"发展成为高深的哲学？哪一个登上了学术殿堂？哪一个能像周易这样，日益发扬光大？在古代，对占卜之道不但士君子鄙之为末技，为世俗所贱简，就连利用神道设教的君主，也不予以完全重视，司马迁曾说："文史星历，近乎卜祝之间，固主上所戏弄，倡优畜之，流俗之所轻也。"（《报任安书》）这种为人们所轻贱的占卜小术，如何得以生出如此博大精深如周易的学问？因此占卜之转为高深哲学，可以说，不仅于理不合，实际亦未曾有。

来源的合理探索

既然上述诸说都不能合理地说明《易》卦阴阳二象的来源，那么，究竟它的来源在哪里？怎样探索才是较为合理的途径？这一问题，由于没有直接的文化遗存可资查证，所以只好依据古代学者的有关文献，参照上古社会的历史情况，力求作出合乎逻辑的探索。上文的论述，为这一探索提供了依据的原则。那就是：

第一，《易》卦的阴阳二象，不是一事一物的象征，也不是数字与占卜的符号，它是象征宇宙万物的范畴。第二，要想在认识中建立起这么深广的范畴，必须具备高级的思维能力，亦即观察、抽象、归纳、演绎、概括以及具有辩证性的思维能力。

从这两个原则出发来看，真正的阴阳二象的诞生，不会在远古的洪荒时代或神话传说的时代。在结绳记事和占卜问神的原始人的头脑中，绝不会产生如此高级的辩证概念。应该说阴阳二象（从形式到内容）的出现，起码是在先民脱离蒙昧而进入文明的历史时期。传说认为它是伏羲所造，但伏羲何人，生于何时，已无迹可考。伏羲即使真是圣人，头脑也不能超越时代。

在这一问题上，孔子的首要观点是《易》象的八卦（当然以阴阳二象为基因），最初为伏羲氏所画，这大约是依据春秋当时普遍流行的传统说法而作出的论断。那么，伏羲这个圣人是怎样始创阴阳八卦，其创作意图是什么呢？孔子是这样阐述的：

"古者，包伏氏（即伏羲氏）之王天下也，仰则观象于天，俯则观法于地，观鸟兽之文，与地之宜，近取诸身，远取诸物。于是始作八卦，以通神明之德，以类万物之情。"（《系辞下》第二章）

这段话表明三点：一是表明画卦的伏羲其人是尊长，是圣者；二是叙述画卦的过程；三是说明画卦的目的。其中最重要的是第二点。画卦（始自画阴阳二象）的过程，实即理性思维运动的过程。伏羲观察天地鸟万物以及人身，然后画出八卦，从观察具体事物到画出抽象的八卦，其间的过程，孔子没有详说，只说了一个"取"字。这个"取"字，当然是意味着从事物中抽取共性，经过归纳、概括而后表之于两个形象："—"（阳）与"⚋"（阴）。在此基础上演画出八卦，乃至六十四卦。这就是所谓"观物取象"的认识过程，也是阴阳八卦概念形成的思维过程。孔子这段话还表明，观物的广泛性遍及天地人，无所不观，取象的深刻性达到宇宙万物的共同本质。这同前述天文 地理说之宥于一事一类的观察取象与概念形成，有质的差别。

那么，画卦的目的亦即阴阳八卦的功能是什么呢？照孔子的理解，那就是"以通神明之德，以类万物之情"（同上），这里所说的神明，不是指天帝的神灵，也不是日神

伏羲始做八卦图，出自元·胡一桂《周易启蒙翼传》

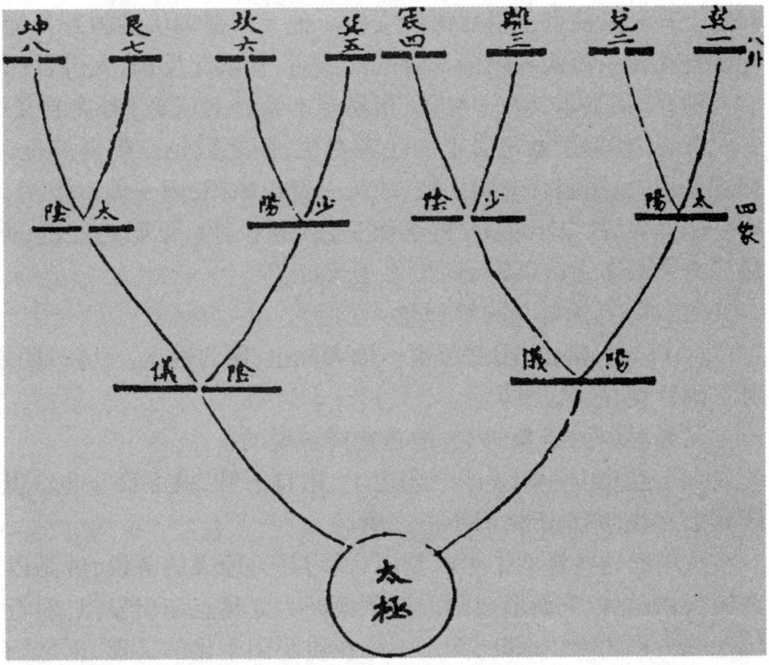

的别名。此处的神明是说“隐藏谓之神，著见谓之明，阴阳交通乃谓之德”(《周易集解纂疏·系辞下》)。意为阴阳八卦之象，具有表达神（阴）明（阳）交流变化之性的功能。此句中的类字，是分门别类之意，意为阴阳八卦之象能够分门别类地表达万事万物的情志。如《乾》夬象天，《坤》姤象地，《坎》趍象水，《离》羡象火，等等。这是《九家易》和李道平的注释。虽是古注，却简洁地说明了阴阳二象的性能信其所组成的八卦的功用。前者象征相反相交、生成万物的阴阳二气，后者分类象征阴阳二气所组成的各类事物的情志。宋代史学家司马光说：“圣人上观于天，下观于地，中观于万物而作《易》也。《易》道始于天地，终于人事。”(《易说》)是对观物取象的补充说明。

这里需要解释一下，八卦的《乾》（天）、《坤》（地）、《震》（雷）、《巽》（风）、《艮》（山）、《兑》（泽）、《坎》（水）、《离》（火），似乎只代表八类事物，怎么能“类万物之情”呢？有的学者认为这句话是小词大用，这恐怕出于以今推古的误解。因为，前文说过，上古的数目观念曾以三为多，甚至为最多，老子所谓“三生万物”即其语义遗风的表现。《易》之八卦，由阴阳二象组成，原来是三画一卦，八卦全是三画。三意味无限多，故而三画的八卦，自然可象征“万物之情”。这是一。其次，阴阳二象的三度组合，最大度是八次。八卦已穷尽了最大量，故而在画卦者思想中，三画的八卦便可象征所有类别的事物。孔子在《系辞》中说的这段话，并无人们误解的语病。上述孔子对阴阳八卦产生和形成来源的首要观点，大约是依据传统说法，如《礼记·祭义》所云：“圣人建天地阴阳之情，立以为易。”从观物取象的角度作了阐述。用今天的话来说，可以说，它是按照主观反映客观的实际过程而提出的学说，属于哲学的性质。

但主张《易》象源于占筮，哲理为孔子所加的朱熹，不论其主张正确与否，在这个问题上却犯了前言不搭后语的文病。他一面强调伏羲画卦只为占筮,没什么道理,道理来自孔传。而谈到阴阳八卦的产生时,却唱起反调,大讲哲理。

他在《周易本义》("本义"指易经本系卦书)《乾》卦夬卦义的释文中说:

"……伏羲所画之卦也。一者奇也,阳之数也。乾者健也,阳之性也。……伏羲仰观俯察,见阴阳有奇偶之数,故画一奇以象阳,画一偶以象阴,见一阴一阳有各生一阴一阳之象,故自下而上,再倍而三,以成八卦。见阳之性健,而其成形之大者为天,故三奇之画名之曰《乾》,而拟之于天也。"

对《坤》卦姤卦义的解释是:

"'袴'者,耦也,阴之数也。坤者顺也,阴之性也。…… 阴之成形,莫大于地。此卦三画皆耦,故名《坤》。"

又如对《艮》卦犨卦义,他是这样解说的:

"艮,止也。一阳止于二阴之上,阳自下升,极上而止也。其象为山,取《坤》地而隆其上之状,亦止于极而不进之意。"

从朱氏这些释例中可以看出,他对易卦原义的解说,纯是以孔子所述的伏羲氏仰观俯察、观物取象而形成阴阳二象范畴为立足点和出发点,对奇之阳性,偶之阴性,天健地顺山止的物性论断,无一不是在讲阴阳生化的义理,正是"有许多话说"!不是他所反复强调的"方伏羲画卦时,止有奇偶之画,何尝有许多话说"(《朱子语类·易类》)。而是如他在另一处所说:"伏羲之《易》初无文字,只有一图,以寓象数,而天地万物之理,阴阳始终之变具焉。"(《朱子大全·答袁机仲》)上引三例足以表明,朱熹是从"易以道阴阳"的观点阐述卦象的成因及其义理,可以说是对孔子传义的发挥。这显然是以自语否定了自己所说的"八卦之书,只是为占筮设,到孔子方始说从义理"的论断,犯了自语相违的逻辑错误。从这里,可以更深入地看到八卦阴阳之象的哲学范畴,不可能从占筮符号的低级思维中产生。

除了从历史实际的角度对阴阳八卦的创作与形成作如上叙述之外,孔子又从逻辑思维的角度对阴阳概念的产生及发展为八卦的过程作了如下的说明:

"……易有太极,是生两仪,两仪生四象,四象生八卦,八卦定吉凶,吉凶生大业。"(《系辞上》十一章)

所谓太极,即太一,也就是一。许慎说:"惟初大一,道立于一,造分天地,化成万物。"(《说文》)古人把天地未分之前宇宙的混沌状态描绘为"一",太极这个概念即指"一"而言。与此相应,"凡物之未分,混为一者。皆为太极"(司马光《易说》)。拿《易》来讲,它是阴阳混一的母胎,造化的本源,今人谓之"雌雄同体"。这就是所谓太极生两仪。仪是匹配之意,阴阳二象成双成对,故曰两仪。孔子说《易》有太极,但《易》中并无太极之象,太极(太一)大约是孔子用来表示阴阳二象来源的概念。① 也有人认为,太极云者,就是伏羲氏仿天而画下的头一笔"—"(阳象),有了"—",再仿地而画下与一相匹对的第二笔"袴"(阴象),从"—"(阳)到"袴"阴,就是孔子所说的太极生两仪。这也可备一说。接着,从两仪中生出了四象,四

① 《礼记·礼运篇》有云:"夫礼必本于太一,分而为天地,转而为阴阳,变而为四时。"

象是阴阳二象的最大组合，具体情况是阳上生一阳䝙，谓之太阳，阳上生一阴喷，谓之少阴，阴上生一阳沫，谓之少阳，阴上生一阴雒谓之太阴。这既体现阴阳二象的组合衍生，也与四季的展开相合：春为少阳，夏为老阳，秋为少阴，冬为老阴，体现出阴阳八卦形成的概念运动过程与宇宙起源和天体运行的物质运动过程符节相合的统一性。四象继续发展，其最大组合就成为八卦。亦即：太阳上加一阳组成三阳，是为《乾》夬，象天；太阴上加一阴，组成姤，是为《坤》，象地；少阴上加一阴傒，是为《震》，象雷；少阳上加一阳傒，是为《巽》，象风；太阴上加一阳犨，是为《艮》，象山；太阳上加一阴羑，是为《兑》，象泽。少阳上加一阴�，是为《坎》，象水；少阴上加一阴羑，是为《离》，象火。《乾》性刚，《坤》性顺，《震》性动，《巽》性入，《艮》性止，《兑》性悦，《坎》性陷。《离》性丽。阴阳二象如此运动发展，尽组合之能事，完成涵盖宇宙万象的八卦，其运动组合是自然的，必然的，是能行性的。用邵雍的话来说，就是一生二、二生四、四生八这样一个自然组合的衍生过程。这个二进制的八卦图，曾给十六世纪德国哲学家莱布尼茨以很大启示，使他有所悟，而进一步开发出计算机的二进位制原理。

但苏东坡对此有不同的解释，他认为：

"太极者，有物之先也。夫有物必有上下，有上下必有四方，有四方必有四方之间，四方之间立，而八卦成矣。此自然之势，无使之然者。"（《苏氏易传》卷七）

这是从有物无物和物生后的形体上对孔子这段话所作的解说。它离开了阴阳的组合发展，恐非孔子原话的本义。孔子的话是从阴阳二象出生直到组成八卦的过程，从概念运动的数理逻辑角度所作的论述，应该看作是对上述观物取象说的一种补充。单用物体形成的方位来解释，那就大大降低了八卦的含义、功能和价值。

孔子在《系辞》里所说的八卦，往往不仅指八个经卦，也指包括别卦在内的《易》体六十四卦。八个经卦仍旧一分为二，组成十六卦，十六卦再一分为二，组成三十六卦，三十六卦再一分为二，即组成六十四卦。六十四卦是八卦的最大组合，所以它能分门别类地显示"万物之情"，即无穷无尽的所有事物的情态。这样，从太极生两仪算起，经过七个步骤，得以形成《易》象的整个体系。这七个步骤，从形式到内容，构成一个有机联系的链条，在数理关系的逻辑上讲，其发展是顺理成章，毫无造作之迹。

不过，这里却出现了疑问：这个《易》象体系发展形成的原动力是什么？换言之，是什么力量推动太极生出两仪，并经由四象和八卦而发展成为六十四卦的《易》象体系呢？

回答这个疑问可以有哲学与非哲学的两个办法。哲学的答案有二，一是前文说过，《易》本源于效天法地，观物取象，所谓"广大配天地，变通配四时，阴阳之义配日月"（《系辞上》六章）。阴阳、四象、八卦乃至六十四，无非是宇宙万物由根底发展为千姿百态的过程在画卦者头脑中的反映。亦即上文所引伏羲从仰观俯察中"取"来而仿制的自然实际，故而无勉强人为之迹。二是从逻辑上看，太极内含阴阳，相反相成，必然由静而动，其连续的一分为二，是内在矛盾的运动所促成，衍展为六十四卦是势所必至，理有固然。所以说，顺理成章，并非造作。这两个答案，前者是讲主观对客观

的概括，后者是讲概念自身的逻辑发展。从内在联系上说，二者可并为一个，那就是阴阳二象经七个步骤而形成八卦乃至六十四卦的过程，乃是客观世界内在矛盾发展过程在画卦思维中实际反映。故此，上述孔子的观物说和太极说在说明以阴阳为基因的《易》象的形成上，是合理的，深刻的。应该说，孔子的学说体现出历史与逻辑的统一。

关于阴阳二象相反相成，相交互变的情况，孔子谓之"刚柔相推而生变化"（《系辞上》四章）。但刚柔相推的动力，即促使阳变阴，阴变阳的动力又是什么呢？孔子也以观物说作了阐释。他说："仰以观天文，俯以察地理，是故知幽明之故。"（《系辞上》四章）陈梦雷对此作了深入恰当的解说。他认为孔子这段话的意思是"……穷理之事也。……《易》者阴阳而已。幽明、死生、鬼神，皆阴阳之变，天地之道也。……昼明夜幽，上明下幽，观此见天文幽明之所以然。南明北幽，高明深幽，察此见地理幽明之所以然，就天文地理而分言之，似天文明而地理幽，而天文地理中又各有幽明，如日月雷风，见于象者为明，其藏而不见处为幽。……以《易》之阴中有阳，阳中有阴，知天文地理中之幽中有明，明中有幽。阳极生阴则渐幽，阴极阳生则渐明，终古天地如此。知其所以然之理，所谓知幽明之故也。"（《周易浅说》）这段话把孔子关于幽明之故源于观物的道理，讲得相当透彻。可见，《易》象之阴阳相对相待，阴中有阳，阳中有阴，阳极生阴，阴极生阳，是天文地理的反映。其运动的动力是来自大自然的内在矛盾，不是来自于人为的造作。

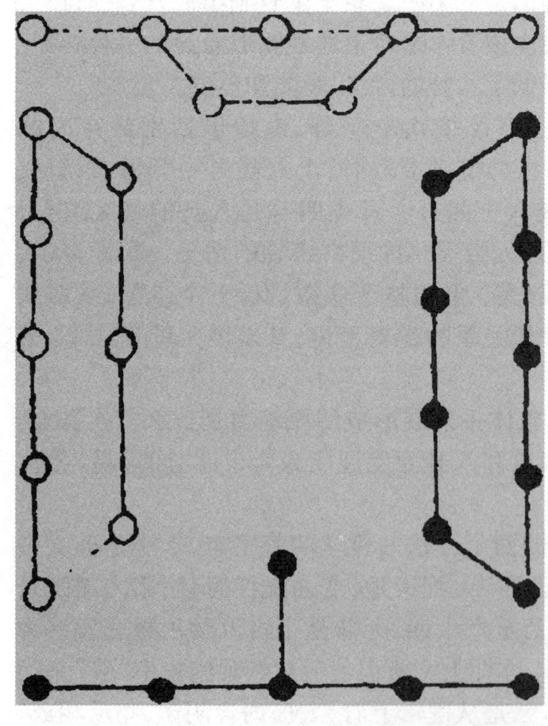

河图四象之图，出自元·张理《大易象数钩深图》

以上，是符合哲理的答案，可视为正解。

当然，此外还有违反哲理的答案，其中主要是源于占卜的臆说，朱熹即作如是说。如前所述，他认为伏羲所画奇偶两画，是为教人卜筮。起初有占无文，与民间占卜的杯珓相似。据他的观点来说，八卦的阴阳二象只是占卜记录的奇偶标记，自然没有什么义理内涵。照他的说法，四象、八卦乃至六十四卦，就只能是由没有义理的占测之兆的标记生出来的。就是说，伏羲当初是依据这两个占测所得的空洞的奇偶标记，推出了四象、八卦乃至六十四卦。朱熹这种说法，是把反映宇宙大法的阴阳二象同乞求神谕的占测标记等同起来，是把深广的哲理范畴同浮浅的记事标记等同起来，是把记录偶然结果的占卜标记，同蕴涵必然规律的概念等同起来,也是把相反相成相交互变的能动的《易》象(变易之象)同记录占测结果的被动的,如同龟卜兆象那样的静定标记等同起来。试问,如此浅薄的源于占卜记录性质的奇偶标记(与自身同一的初级概念),怎样经过量的积累发展,在什么条件下发生质变,通过什么方式和道路,转化为涵盖万物的哲学念“阴阳”?这些静性的奇偶标记,怎样获得能动性而一分为二,通过上述六个步骤,衍为六十四卦的《易》象体系?促使占卜标记“奇偶”运动发展的动力是什么?其外在的动力当然是占卜行为,但占卜行为的数量积累,怎么能够改变占卜标记的性质而使它由普通概念跃升为哲学的高级范畴?同时,其内在动力又是什么?而如无内在动力,事物只能发生机械性移动,不会发生质变。这一系列的问题,古代的朱熹等当然回答不出,现代的高亨等恐怕也难以交卷。

由此观之,《易》卦本占筮而画,阴阳二象源于占筮,以及八卦成于占筮符号的组合等说法,无论从历史上,文献上或逻辑上说,都是不能成立的。

附录:作为参考,与此相关的问题可举出方形的观念。四形和四时的观念与数的观念一样,到形成为止都有一个艰难的历程。原始人起初不识数,后来逐渐发展到辨识一、二、三;对方形识别,也是如此。依据考古学的研究,原始人的时间观念和空间观念是经过一个混同的历程而后逐渐分开的。张劲松先生在《论中国远古的方形文化与八卦的起源》一文中作了如下的论述:“上古人的日四时和年四时的分割模式反映了其时间观念同空间方位是混同的,或者说是合一的。这种混同在文化上是因为四方和四时都是以方形观念为母体的。在科学上是因为太阳在空间中同一位置的再现是周期性的,原始人凭长期观察已经认识到了这一点,故以太阳运行的四空间位置来标志循环的四时时间。”(《东南文化》1996年第二期)张文以大量出土资料为依据,言之成理,持之有故,对认识原始人思维的先逻辑性,提供了重要线索。

另外,张文依据安徽省含山县凌家滩出土的新石器时代的方形玉片认为,八卦图源于原始人的方形文化,同时驳斥了性器说和蓍卜说。其文曰:

“……这便是含山方形玉片的原始八卦图。孔子(认为‘八卦之德方以智’)和王嘉(晋人,著《拾遗记》,说伏羲坐于方坛上画八卦)的确揭示了方形(也即方坛)与八卦的秘密,较今日学者认为八卦始源于两性文化或蓍草卜而完全忽视了方形文化要强。”

张文主要内容是认为八卦本来有图,图源于原始人的方形文化。是否如此,本文认为尚需深入考虑,不愿妄加评论。同时张文的论题与本文所谈的阴阳二象的起源问题,虽有联系但不尽相同。然而值得注意的是,张文也不同意性器说和占筮说,这一点可资参考。

“变”是周易的灵魂

前文说过,以阴阳二象为核心的八卦、六十四卦体系,冠以《易》名,实在是个名副其实的绝妙的创造。因为它一言中的,如画龙点睛一般,勾画出《易》体的灵魂——

变。

《易》的灵魂何以在变？变性自何而来？这一点，需要从《易》体变性的根源说起。

对《易》体稍加分析，便会看出，它以八卦为基础的六十四卦体系，是由阴阳二象交叠演变而成。阴阳二象，乃《易》象体系赖以形成的“基因”。阴与阳是“一物两体”（张载《横渠易说·说卦传》），是对立面的统一体。一物而有两体，一个统一体而含两个对立面，便形成相反相成的状态，便成为运动变化的根源。所谓“一故神（两在故不测），两故化（推行于一）。两不立则一不可见，一不可见则两之用息”（同上）。大意是，《易》一物内含两体（阴阳），阴阳莫测，故而称之为“神”。由于阴阳两体在一物中运行，所以发生变化。没有两体，便现不出一物，一物不现，则两体的作用也便消失。张载这段话讲的是《易》象中阴阳两体互为其根，互交互迭，从而发生变化的关系。亦即阴阳二气既统一又对立的运动，是宇宙物有变化的根源。这个观点符合事物发展的辩证规律。有了这个根源，则生者不能不生，化者不能不化。《易》既属于“一物两体”，以阴阳为基因，就不可避免地阳中有阴，阴中有阳，阳交阴，阴交阳，阳变阴，阴变阳，阳生阴，阴生阳，生生不已，变化无穷。

这一点，在易卦的象数上表现得十分简明。《乾》、《坤》为对立统一体，象征天地，为《易》卦之蕴。《乾》象夬纯奇（阳），《坤》象姤纯偶（阴）。《乾》、《坤》六位，都是三正，三不正，似乎不尽如人意，但倘若《乾》《坤》六位，都阳从奇数，阴从偶数，则卦象皆成为《既济》钼。如此，则《乾》《坤》消失，变化止息，唯余一失去矛盾与动力的呆体，与《易》象的本质完全相悖。故而，《易》之变，实根于《乾》、《坤》对立统一体爻位正与不正之争。无妨说，《易》之变即始于爻位阴阳不正。由此可见，阴阳之互依互反，乃《易》变的内在根源。

《易》的变性源于天地的变性

探讨《易》之变性，除上述内在根源外，不能不追索它的客观根源。关于这一问题，孔子在《系辞》中反复作了明确深入的解说。他说：“天尊地卑，《乾》《坤》定矣。卑高以陈，贵贱位矣。动静有常，刚柔断矣。方以类聚，物以群分，吉凶生矣。在天成象，在地成形，变化见矣。”（首章）

——“《易》与天地准，故能弥纶天地之道。仰以观于天文，俯以察于地理……”（四章）

——“夫《易》，广矣大矣……广大配天地，变通配四时，阴阳之义配日月，《易》简之善配至德。”（六章）

——“崇效天，卑地法。天地设位，而《易》行乎其中矣。”

——“……《易》者，象也。象也者，像也。”

孔子这些话，从总体上看，中心思想是表明《易》的创作以天地为本。观察天地万象的情况和变化，模拟演绎，而后画出卦象以及卦爻象的变化。诚如杨诚斋所说：

"……因彼之天地，定吾二卦为《乾》《坤》。因天地之卑高，列吾六位（爻位）之贵贱。因天地之动静，判吾九六之刚柔。因天地之间万物之聚散，生吾八卦之吉凶。因天地之示形象，见吾六十四卦之变化。"（《诚斋易传》卷十七《系辞》）确如上述，《易》的变性，即源于天地与万物的变性。天地万物以阴阳之道"生生不已"，变化无穷，《易》也以阴阳为根，刚柔相摩，千变万化，莫可究诘。《易》既以天地为本，则天地变易的本性，自然成为《易》的本质属性。大自然有混元之气，《易》则有太极之说；混元之气分而为天地，《易》则由太极生出两仪（阴阳）；大自然形成四季，《易》则由两仪生出四象（太阳、少阴、少阳、太阴）；四季分为八节，八节分为十二月，《易》则有六十四卦，等等（用司马光说，见《易原》卷五《系辞上》）。可见，从根本上说，大自然的运动变化，是《易》的变性的蓝本。《易》象体系内在的变化，并非《易》作者主观臆造的产物，而是客观世界的规律性在《易》作者创造性思维当中合理的反映。

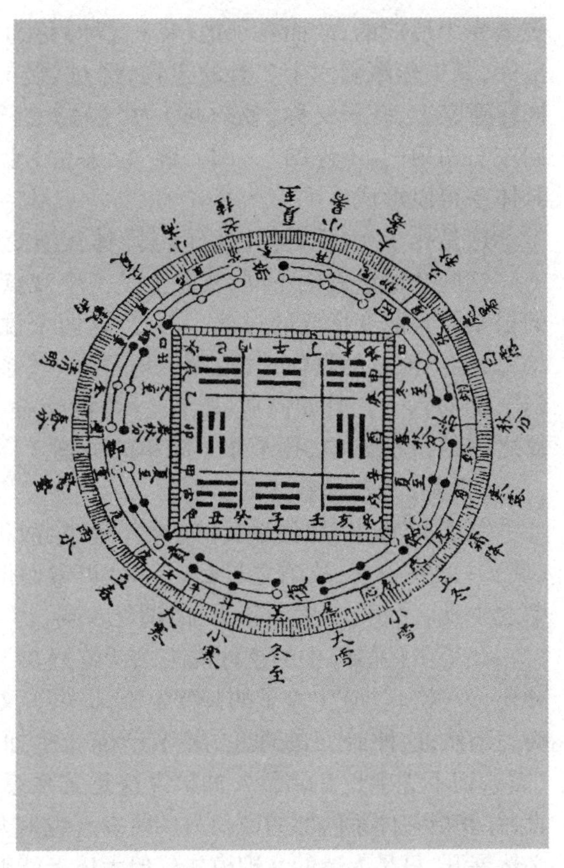

周天历象气节图，出自元·张理《易象图说外篇》。此图描绘了八卦与历法及二十四节气的关系

《易》的体系是在变化中形成的

《易》象体系的基因是阴阳二象。阴阳二象相交叠演变，排列组合，成为四象：太阳、少阴、少阳、太阴；四象再阴阳交叠，排列组合，而演变为八卦：乾、兑、离、震、巽、坎、艮、坤。

《易》象基础的八卦，就是如此阴阳交叠而演变形成。八卦进一步发展，排列组合，便形成六十四卦，其演变过程基本上是这样。孔子所谓"《易》有太极，是生两仪，两仪生四象，四象生八卦"（《系辞》十二章），即指此而言（《系辞》所谓八卦，往往含六十四卦）。

这是孔子在《系辞》里关于《易》象在阴阳交叠的演变中形成的第一个说法。孔子的第二个说法是，《乾》、《坤》是作《易》者效法天地之象，如同天地能生成万物，《乾》《坤》也能生成其他《易》卦。六十四卦的体系，就是以《乾》、《坤》为父母而在交叠演变中形成的，故而孔子把《乾》、《坤》称为"《易》之蕴"。意为《乾》《坤》如同思想宝库，其中蕴藏着六十二卦的宝物，经过《乾》阳《坤》阴的交叠演变而开发出来。在同样意义上，孔子又称《乾》《坤》为"《易》之门"，《乾》刚《坤》柔不断的相摩相荡，如同左右两扇门，不停的"一阖一辟"（《系辞》十一章）。经过这样的演变，整个六十四卦体系得以形成。

这是孔子在《系辞》中关于《易》体在演变中形成的另一个说法。

这两个说法表面不同，实际上是一个观点的两种说法，是从不同角度说明《易》体的根基及其演变形成的过程。不过，这两个说法都只点明《易》体的根基及其演变的结果，至于演变的具体情况，则语焉不详。《系辞》只说《乾》、《坤》为"易之蕴""易之门"，但对六十二卦如何从《乾》、《坤》的交叠变化中逐一形成，却并未细述。仅在十翼之一的《说卦》中，孔子作了简单的解答。

《说卦》是这样叙述的：

"《乾》，天也，故称乎父。《坤》，地也，故称乎母。《震》一索而得男，故谓之长男。《巽》一索而得女，故谓之长女。《坎》再索而得男，故谓之中男。《离》再索而得女，故谓之中女。《艮》三索而得男，故谓之少男。《兑》三索而得女，故谓之少女。"

孔子在《说卦》中的这种说法，给《乾》《坤》为"易之蕴""易之门"之说法作了具体补充，为《乾》《坤》生六子的卦变学说，提供了文献根据。这种说法，属于《易》卦变的范畴。当然，这种卦变的理论，并不严谨。比如，《乾》《坤》相交为何一定要先生长男《震》，而不先生长女《巽》？如果说这是父系思想的合理表现，那是就它的社会根源而言，并非指它体系内部的原动力。所以，《乾》《坤》生六子以《震》为首之说，并非逻辑的必然展开，只是人造的义理模式。但大体上能够较为顺理成章地具体表明《乾》《坤》为《易》体父母的观点。到了宋代，苏轼和程颐继承此说，用来解释《易》体的生成。苏轼说："凡《易》之所谓刚柔往来相易者，皆本诸《乾》、《坤》也。《乾》施一阳于《坤》，以化其一阴，而生三子。凡三子之卦，有言刚来者，明此《坤》也，而《乾》来化之。《坤》施一阴于《乾》，以化其一阳，而生三女。凡三女之卦，有言柔来者，明此本《乾》也，而《坤》来化之。"（《东坡易传》）程颐说："卦之变，皆自《乾》《坤》""《乾》《坤》变而为六子。"（程颐《易传》）如此，《乾》《坤》生六子而演变为六十四卦的卦变学说，尽管在《易》学界未达成共识，却具有一定的权威性。此外，还有虞氏卦变、荀氏卦变、李氏卦变等学说。虞翻之说的要点是，《乾》、《坤》二卦交叠，生出《复》、《临》、《泰》、《大壮》、《夬》、《姤》、《遁》、《否》、《观》、《剥》十卦，连同《乾》《坤》二卦共十二卦，称为十二辟卦。其他五十二卦皆由此生出。荀爽之说则以《乾》《坤》生六子之论为基础，认为六子卦又生出八纯卦以外的五十六卦。李挺之卦变有二图：一曰"变卦反对图"，以为《彖》传所言卦变皆以反对为义。二曰"六十四卦相生图"，以为《乾坤》为六十四卦大父母，《复》《姤》为六十四卦小父母。如此等等，《易》体生成的卦变之说，不一而足。何者为《易》六十四卦体系演变形成的脉络与关系的正解，很难断定。但无论那种卦变学说，从起点到终点，都是以"变"的思想为中心，与孔子的易学观点若合符契。孔子在《系辞上》里给《易》作了界定，他说："生生之谓《易》。"（五章）意思是，一阴一阳，互相交叠，千变万化，无有穷尽。郭雍解释说："自《易》而生《乾》《坤》，自《乾》《坤》生八卦，八卦生六十四卦，而后二篇之策当万物之数。所谓生生之谓《易》也。”(《家传易说》)他以“生生之谓易”的观点来阐述《易》体的演变形成,非常恰当。

上述情况说明,从《易》学的始祖孔子开始,在所有《易》学家思想中,“变”是《易》的本性,《易》体彻头彻尾是在“变”中演化形成的。

序变、数变、卦变、爻变及其他

周易的变性除表现于上述易名和易体形成以外,也表现于卦序系列的安排。上经始于《乾》《坤》,终于《坎》《离》凡三十卦。下经始于《咸》《恒》,终于《既济》《未济》凡三十四卦。总体六十四卦,从始至终,都以“二二相偶,非覆即变”(孔颖达《周易V正义》)的方式排列。“二二相偶”,意为两卦配成一组,六十四其配成三十二组,一组一组地排成一个系列。构成一个有机联系的体系。“非覆即变”,是指三十二组卦序所依据的卦象或阴阳关系运动的方式。“覆”,是说一组两卦的卦象在排列上互相颠倒。如《屯》与《蒙》为一组,《屯》象为鹄,上水下雷。继之以《蒙》,《蒙》象为鹈,上山下水,是由《屯》象颠倒而成。亦即,《屯》象倒过来即成《蒙》象,依此方式排列卦序。“变”是表示一组两卦卦象的阴阳完全相反。如《坎》[illegible]与《离》羑一先一后,卦象的阴阳完全相反。卦序系列中,《泰》軎与《否》踠、《随》貜与《蛊》庚、《渐》珪与《归妹》鲔、《既济》钼与《未济》牂四组。既是“覆”,又是“变”。《颐》垝与《大过》滃、《坎》与《离》、《中孚》栢与《小过》䀋、《乾》与《坤》纯属于“变”。其余二十组均属于“覆”。以上《易》体序变,是以卦象及其阴阳关系的运动为演变的依据,可称为结构上的演进。与此同时,六十四卦配成的三十二组《易》卦,在形成序列的演进过程中,前后彼此之间,也有义理上的联系。《序卦》传就是从义理方面论述了六十四卦系列之间的联系,它是就传统卦序的排列顺序所做的阐述。另外,十翼之一的《杂卦》所讲,是另一个卦序。它大体是从“二二为偶”的各组卦之间正反意义的联系上对卦序作了阐述。如“《乾》刚《坤》柔,《比》乐《师》忧。《临》、《观》之义,或与或求。……《震》,起也;《艮》,止也。《损》、《益》,盛衰之始也。……”云云,画龙点睛式地表明了卦序当中各组卦之间相反相成的义理联系。总之,在

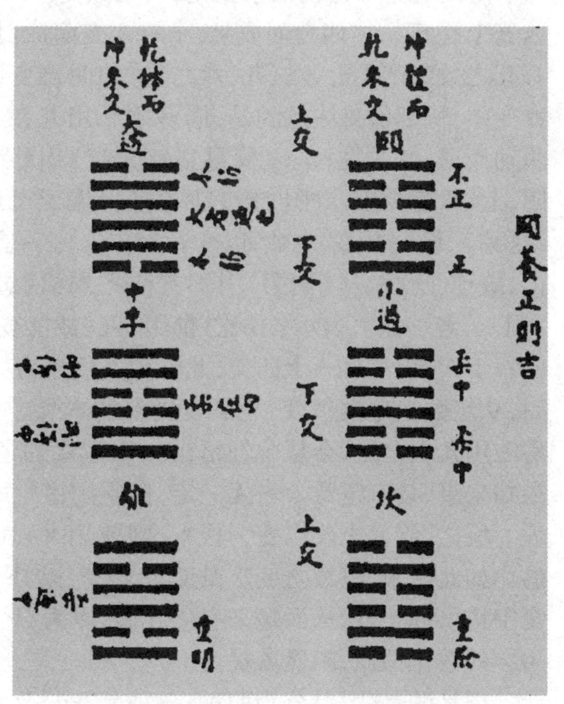

变卦反对图,出自宋·朱震《汉上易传·卦图》,描绘了乾、坤二卦的卦变之象

《易》体形成过程中，卦序是在“变”中所构成；是在结构之“变”与义理之“变”的交融中所构成，而且义理之变是“变”的灵魂。

这样，弥纶天人之道的周易的“变”性，在其序列中便有明显的表现。伴随卦象阴阳之变的展开，天人的义理之变跟踪展开。有的表现时代之变，如《屯》、《蒙》之变。有的表现时运之变，如《泰》、《否》之变。有的表现时势之变，如《剥》、《复》之变。有的表现进退之变，如《遁》、《大壮》之变。有的兼及数义，如《需》、《讼》之变，既为争利之变，又为自我修养之变。从卦序系列的义理来看，仅以上经而论，从《乾》、《坤》到《泰》、《否》共十二卦为一节。其间经混蒙、开发、动乱之变而后达到安定兴旺、繁荣之变，经过《否》的逆转之变后，又进入《同人》、《大有》、《谦》、《豫》、《随》文明高潮之变，而后由《随》的随波逐流而堕入《蛊》的腐败之变。再经过《临》、《观》的宣教访察之变，于是乎转入《噬嗑》，发生大动刑狱，扫除邪恶之变。疾雷骤雨之后，需要修整文饰，以调济世风，遂必有《贲》之变。《贲》极则反，继而邪侵正，入于邪盛正衰的《剥》之变。阴剥阳至极点，而阳不尽，于是乎阳复生，是为《复》之变，到此又十二卦，是为一节。如此治治乱乱，向前发展。卦序之变在逻辑上反映出它和历史之变的统一性，在历史哲学上给人以深刻的启示。

这一系列繁杂的时势、人事与伦理之变，在占卜类书中，只有周易才有。其他的，如《太玄经》、《易林》、《梅花术》、《火珠林》，等等，其主要变化只具有简单的占测意义，别无深奥的多层内涵。

周易的筮法也根植于变化，谓之数变。所谓“天数二十有五，地数三十，凡天地之数五十有五”。“四营而成易，十有八变而成卦”（《系辞上》九章），等等。其间，五十有五之数变产生七、八、九、六之数，如此再变而成爻，爻备而成卦。在筮法这一连串数变中，特别值得注意的是，周易之爻用九、六而不用七、八。“阳动而进，变七之九，阴动而退，变八之六”（《周易集解纂疏》引《乾凿度》语）。依筮法，九、六为老阳、老阴，七、八为少阳、少阴，老变少不变。据说，夏商之占用七、八，取不变之数。到文王演《易》，始用九、六之数，以变者为占。——是否如此，无从稽考。但“周易以变者为占，故称九称六”（《同书》引郑玄注），周易《乾》、《坤》二卦于六爻之外，附有“用九”“用六”各一条。表示：“《乾》惟用‘九’故能变，《坤》惟用‘六’故能化。阳变阴化，以成六十四卦、三百八十四爻，此皆用九用六者为之也”（《同书》疏引刘注）。这足以证明，从筮数上考察，“变”也属于周易的本性。回过头来再想想夏商占用七、八转为周易占用九六之说，会从中领悟出一个重要的道理。即：真正的占卜植根于天命神谕，测知来事，必有定数。占无一定，何须用占？所以用七、八不变之数，完全合乎占卜定理。反之，周易之改以变为根本，则使用九、六变数，以反映人事之变，也是符合事理的。如此说来，以数之变求卦爻象之变，以卦爻象之变观卦爻辞之变，从观卦爻辞之变中悟事理之变，从而窥来事之几微，以为君子谋而为小人戒；周易以占筮为形，变性为本的教化性质，昭然若揭。

周易的卦变，可分为两种：一种是八卦及六十四卦形成之变，即《易》体形成之变；另一种是占筮时的卦象之变，即“本卦”变成“之卦”之变。如《左传·僖公十五年》载，晋献公嫁女于秦，问前途如何，筮遇《归妹》䷵（兑下震上）之《睽》䷥（兑下离上），

《归妹》为本卦,上六(阴)变为上九(阳),成《睽》,是为之卦。本卦变出之卦,也属于卦变,也就是俗语所说的变卦。

其实,无论哪一种卦变,多数情况主要是源于爻变,变卦自不必说,卦变之中除卦序之变外,其他卦变归根结底大多来自卦爻的阴阳之变。无论是《乾》《坤》生六子说,《复》《姤》小父母说,或其他学说,都是如此。孔子《系辞》所谓"爻者,言乎变者也。"(上三章)王弼《明爻通变》所谓"爻以示变",都指出爻的作用在于变。所谓卦变,不过是阴阳爻按一定变数互为消长所起的卦象的变化而已。

周易的卦爻之变,在一定意义上统而言之,有两个特点:一是形式的多样性;二是内容的广衍性。一个卦可以有多种变化,形成多种思想。举例来说,《损》的正面形象是䷨山与泽的结合,山上泽下,主旨是损下益上,谓之《损》。这是《损》卦形式与内容的一个层面。其倒复形象变成《益》䷩,风与雷结合,风上雷下,主旨变成损上益下,谓之《益》。相对于《损》来讲,《益》是《损》的形式与内容的又一层面(看到正面的《损》应想到覆面的《益》)。可视为对立统一的两个层面。普通较高的思维是到此为止,踏步不前。但《易》变到此却并未停止,仍继续深入。除正覆两面外,《损》还有相错(一名旁通,即阴阳相反)之象,成为泽山的结合,是谓《咸》卦䷞。其主旨是阴阳交感而万物化生。对《损》来讲,可从中引出脱损求益之道:必感应人心而行,不可急躁勉强。这是《损》卦形式与内容蕴涵变化的第三个层面。同时,《益》也有错卦,是为《恒》卦䷟,由《震》与《巽》组成,主旨为做事要有恒心,从中也即可引出脱损求益之道在于要有恒心之理。这是《损》卦形式与内容蕴涵变化的第四个层面。如此,一损《卦》而蕴涵变化的四个层面,正可谓内涵深厚,变化多端。但其变化到此,仍未饱和,还蕴藏更多的模式。仍以《损》卦为例,卦象由山泽组成,上山下泽,下为内卦,上为外卦,一个六爻卦含有两个三爻卦,这是《损》卦的外形。如果进一步对这个外形进行再分析,便可以发现,内外两卦中还含有另外两卦。除了初、二、三、爻构成《泽》☱,为内卦,四、五、上三爻构成《艮》☶,为外卦以外,同时二、三、四爻还可以构成一个三爻卦《震》☳,三、四、五爻又可再构成一个三爻卦《坤》☷。合到一起,又组成《复》䷗卦。从中可引出损极必反,好自为之的思想。这种分析与综合的卦爻之变,叫做互卦,又叫互体。互体之中又有互体如包体、环互、伏互、兼互、连互等等花样很多,显示周易卦象与意义的多变性。有些学者认为互体不是周易的本义,只是汉代以后《易》学者的杜撰。这种看法表明,这些学者对周易内涵的深奥,包括象的多变性,体会不足。为什么从其他经书,甚至占卜类书中,不能引申出这么多形式与内容的变化,而只有易经才能如此?可见互体本来就是《易》象结构多重性与多变性的一种表现,毋庸置疑。所以有的《易》家认为互体也是《易》中之一义,是有道理的。如果《易》体的"基因"中无此"密码",则互体之类便无从产生,无法被引申发挥。此外,更重要的是上述以《损》卦之变为例而生出的看问题的思维方法。对一个卦,可以从正面、覆面、错面、互面等四个侧面亦即从变化中去观察、体会、分析与综合,自然会得出更为深入而透彻的认识,也才符合周易思维的本性。应该说,这是较之"一分为二"更为全面的立体的思维方式。看卦应如此,看事变自然也应如此。表面上说,这属于对占筮卦变的观察方法,实质上说,这却属于辩证逻辑的思维方法。这种思维方法不仅为一般浅层

八卦生六十四卦图，出自宋·佚名《周易图》

的占卜小术所无，便是普通的哲学和逻辑学也不具有。对此越深入探索，越感到周易的深奥，越深入研究，越感到其他占卜书的浮浅。

对周易的变易性质，孔子知之甚深。他有段名言："《易》之为书也，不可远，为道也屡迁，变动不居，周流六虚，上下无常，刚柔相易，不可为典要，唯变所适。"（《系辞下》八章）这段话一面揭示周易为道屡迁、变动不居的本性；一面又指出，学《易》用《易》的正确态度应该是："不可为典要，唯变所适。"意思是，学《易》用《易》（包括施政、立业、修身、齐家等），不可把它看成死规矩，必须采取随机应变的态度，灵活运用。这样，就在易经同其他典籍（包括占卜书类）之间，划出一条界限。举例来说，汉人扬雄所著的占筮书《太玄》，就不是唯变所适，而是作出了大量典要：排定三百五十四赞当昼，三百五十四赞当夜，昼吉夜凶，吉凶之中又自分轻重，等等。其无理无变的占断，读起来令人头痛。而周易则不然，有时阳爻居阳位而吉，有时阳爻居阳位而凶，阴爻亦复如此，吉凶不定，适时而变，与世事的千变万化，如出一辙。由此也可以看出，就其本性来说，周易是一部反映天人之间运动变化基本规律的地地道道的哲理书，占筮乃是其寓理的形式和用以出理的方法之一。

最后，还有一个重要问题必须交代明白，那就是："变"虽是《易》的本性，但本性并非单一地独自为政。它包含变与不变两个对立面，是"变"与"不变"的统一。这个"变"是在一阴一阳之为道这个不变的宇宙规律的基础上形成而运行的。前面说过，《易》有变易、不易等多重含义。此处着重谈它的变义，未涉及其他。但变易与不易的对立统一关系，却应铭记在心，不能忽略。

推天道以明人事

有如上述，《易》由原始的阴阳二象，经四象、八卦、三画卦、六画卦，发展到六十四卦；加上文辞和筮法后，躯体已相当庞大。其中必有一个合理的序列，借以贯穿其内在的有机联系；没有这个序列，就不能形成一个思想体系或一个功能机体。《易》的序列，就是六十四卦的卦序。

但是《易》的六十四卦，不是只能形成一种序列。依据卦间内在关系的不同，可以形成多种不同性质的序列。哲学性质的序列和占卜性质的序列，是其中常见的基本的两大类。

周易的卦序十分鲜明地表现出它的哲学性质。

周易六十四卦次序的安排和安排的方式，完全符合孔子所说的"通神明之德，类万物之情"和"顺于道德而理于义，穷理尽性至于命"的创作主旨，充分体现出推天道以明人事的功能。六十四卦分为上下两篇，上篇三十卦，下篇三十四卦。上篇始于《乾》《坤》，终于《坎》《离》，下篇始于《咸》《恒》，终于《既济》《未济》。其卦序的安排有如下两个特点：

第一，遵循一阴一阳之为道的宇宙大法，依据对立统一的原则，将六十四卦并为三十四对，再按照相反相成的条理，以非覆（综）即变（错）的反来覆去的方式，安排卦象的演变，依据相因、相成、相反的关系安排卦义的次序。如《乾》《坤》、《坎》《离》、《泰》《否》、《损》《益》、《既济》《未济》，等等，皆为相对的统一体。《乾》变《坤》，则象之阴阳和卦义之健顺，都转向反面。《屯》变《蒙》，则卦象翻覆，卦义相因而进（物生必蒙）。《蒙》变《需》，则卦象上复，卦义相因而进（物稚不可不养）。《萃》变《升》，则卦象翻覆，卦义相反而进（聚而上者谓之升），如此等等。大体上表现出象的运动与理的运动的统一。当然不可能也不应该表现为象理运动的绝对一致，因为那种绝对一致是人为的，违反阴阳之道变化无穷的性能。第二，依据天地造化和天人合一的原理安排上下经的卦序。以阴阳互变为经络，组成一个井然有序的蕴涵天地人三道的宽阔的范畴体系。其首尾与中部的有机联系，表现出历史的真实性与哲理的深奥性的统一。

对此，唐代《易》学家孔冲远引用《乾凿度》的分析，说：

"案《乾凿度》云：'孔子曰：阳三阴四，位之正也。'故《易》卦六十四分为上下，而象阴阳也。夫阳道纯而奇，故上篇三十，所以象阳也。阴道不纯而偶，故下篇三十四，所以法阴也。《乾》《坤》者，阴阳之本始，万物之祖宗，故为上篇之始而尊之也。《离》为日，《坎》为月，日月之道，阴阳之经，所以始终万物，故以坎离为上篇之终也。《咸》《恒》者，男女之始，夫妇之道也。人道之兴，必由夫妇，所以奉承祖宗，为天地之祖，故为下篇之始而贵之也。《既济》《未济》为最终者，所以明戒慎而全王道也。"（《周易正义》）

关于易序的精义，王夫之有段名言，他说："……列《乾》《坤》于首，以奠其经，要《既济》《未济》于其终，以尽其纬，而浑沦无限、一实万变之理皆具，此周易之所以合天也。"（《周易外传》）

天地之前是什么

易序所蕴天人之道的构架，大体如此。但还有个要点，需要补充说明。一是周易的开端，耐人玩味，不可等闲视之。它不从《乾》卦开始，而从《乾》《坤》二卦开始，以体现阴阳相反相成而生万物（亦即衍生六十二卦）的变化性能，这一点前边已经详说，不必再赘。此外还有个疑问：为何从天地开始，而不从天地以前开始？这一点，古人也有解释。干宝说:“天地之先,圣人弗论也,故其所法象,必自天地而还。”李道平疏曰“今《易》首《乾》《坤》,止取始于天地者,以天地之先,圣人弗论,其沦于玄虚也”(《周易集解纂疏》),的确如此,宇宙间人所能见的最巨大的物体是天地,万物由此而生。至于天地由何而生,无法知晓。对不知者,只好存而不论,“不求知所不知者,智也。”(《春秋穀梁传》)作《易》者安排卦序时,把《乾》(天)《坤》(地)放在开端,而不向前追求,就是这样一种重视现实的明智态度。倘若《易》作者是巫、觋之类的神学家,说不定会在《乾》《坤》之前求其本始,以神为祖,也未可知。二是,天地离不开水火,人间也离不开水火,水火贯通于天地人之间,为生命的源泉。故而周易上经始于天地,终于水火。天地之象“《乾》《坤》”,为夬 姤(三阳三阴)完全相反,水火之象“《坎》《离》”为趍 羡(《坎》为二阴一阳,《离》为二阳一阴),也完全相反。以阴阳关系而言,周易上经是始于阴阳之反,又终于阴阳之反。这个阴阳相反的水火关系,一直持续到周易末尾。周易末尾为《既济》《未济》。《既济》的意思是“已成”,《未济》的意思是“未成”。《既济》的卦象是钼,表示阴阳相反的水与火形成阴阳相成的关系(一阳与四阴、二阴与五阳、三阳与六阴,相应相合),全名曰“《水火既济》”。《未济》的卦象是牂,表示水与火阴阳相反而不相应的关系,全名曰“《火水未济》”。这一情况表明,周易始于阴阳相反的乾坤而终于阴阳相反的而或应或否的水火。可见,水火为天地的灵魂,也是人间的命脉。易经六十四卦经过互卦的集约之后,只剩下《乾》《坤》《坎》《离》《既济》《未济》四卦,表现出宇宙间天、地、水、火的重要性。邵雍以《乾》《坤》《坎》《离》为先天八卦的四正卦,正是这个意思。另一方面,更有启发意义的,是周易六十四卦的次序安排,生动地符合大自然的本质面目,深邃地蕴涵着哲学道理。还有一点,是上述《乾凿度》引文讲得不清之处。引文末尾说:“《既济》《未济》为最终者,所以戒慎而全王道也。”这是从有助于政治修养上所作的解释,不够贴切。因为“《既济》《未济》”的范围极其广阔,包括天地人所有事物,不限于“戒慎”与“王道”。其实质乃是遍指宇内一切所有事物运动、发展、变化的阶段性。《既济》为前事之成,《未济》为后事之始,终继之以始,始继之以终,终始相继,无穷无尽。这才是事物发展阶段性的真实面目,表现此种哲学的创作,才符合历史前进的辩证法。易序之始于“乾坤”,终于“既济未既”,其深刻的哲理性端在于此。这不是一般的哲理,而是已达到宇宙观的高度。对此,孔子的解释耐人寻味,他说:“物不可穷也,故受之以《未济》终焉。”(《序卦》)说得很对;事物是不能找到尽头的,是不能停滞不前的,那么,作易序的怎么办呢?最好的办法,就是以表示终继以始的卦作为周易的“尽头”。

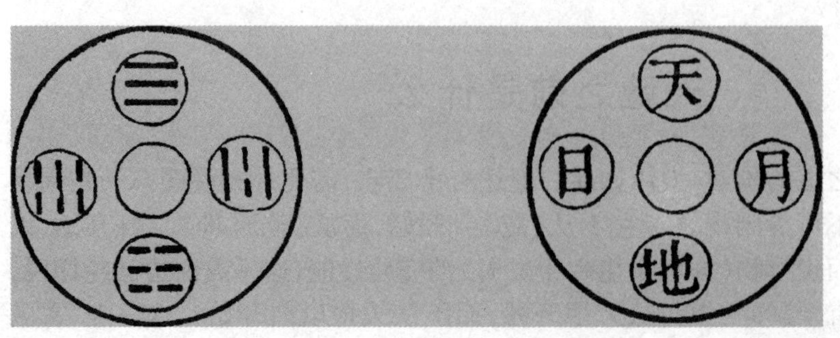

乾坤坎离(左)及天地日月(右)图,出自清·胡渭《易图明辨》

周易卦序的意蕴十分丰富,从中可发掘出各种各样的哲理。如王安石的《易象论解》(《临川集》卷六十五)从中找出修身治国之道,杭辛斋的《卦象进化之序》(《学易笔谈》二集卷四)从中绎出人类社会进化的步骤,等等,以上所述,只是其荦荦大端。但即此亦足见,从卦序说,周易的基本性质也属于哲学著作,绝非士君子所鄙而流俗所轻的占卜数术所可比也。

六十四卦的占卜性序列(不入经传的八宫卦序)

六十四卦的排列次序,从来就不是一个。《周礼·春官》记载,大卜掌三易之法,夏曰"连山",始自《艮》卦,殷曰"归藏",始自《坤》卦,周曰"周易",首卦为《乾》卦。三者开端不同,内涵自然不同。整个序列也唯以相同。可见,六十四卦早就有至少三种不同的排列次序。可是,关于连山,归藏的具体情况,遗迹太少,其卦序的内容如何,对占筮有何作用,无从知晓。只有周易,可以明确看到,其整个卦序(不是卦变)只含哲理意义,并无占卜测事的性能。

表现占卜功能的六十四卦序,最具代表性的,是汉代《易》学占卜派的主要人物京房(君明)的八宫卦序。其内容是把六十四卦分为八宫,以《乾》、《震》、《坎》、《艮》、《坤》、《巽》、《离》、《兑》八纯卦为统师,各统七卦,八宫共六十四卦, 始于《乾》卦,终于《归妹》卦。其表如下。

乾宫八卦

乾夬姤䷡遁䷋否䷓观䷖剥䷢晋䷍大有䷍

震宫八卦(以下卦象略。爻之阴阳变仿《乾》卦)

震、豫、解、恒、升、井、大过、随

坎宫八卦

坎、节、屯、既济、革、丰、明夷、师

艮宫八卦

艮、贲、大畜、损、睽、履、中孚、渐

坤宫八卦

坤、复、临、泰、大壮、夬、需、比

巽宫八卦

巽、小畜、家人、益、无妄、噬嗑、颐、蛊

离宫八卦

离、旅、鼎、未济、蒙、涣、讼、同人

兑宫八卦

兑、困、萃、咸、蹇、谦、小过、归妹

八宫卦序分宫的原则是依据《乾》《坤》相交分别生出震、坎、艮和巽、离、兑六子的学说。各宫首卦表示本宫各卦的性质,如《乾》宫表示天阳的健性,《坤》宫表示地阴的顺性,等等。各宫内其他七卦顺序推演的原则是阴阳递变。如上举乾宫那样,首卦是六爻全阳,二卦则是初爻变阴,成《姤卦》,三卦是二爻变阴,成《遁》卦,四卦是三

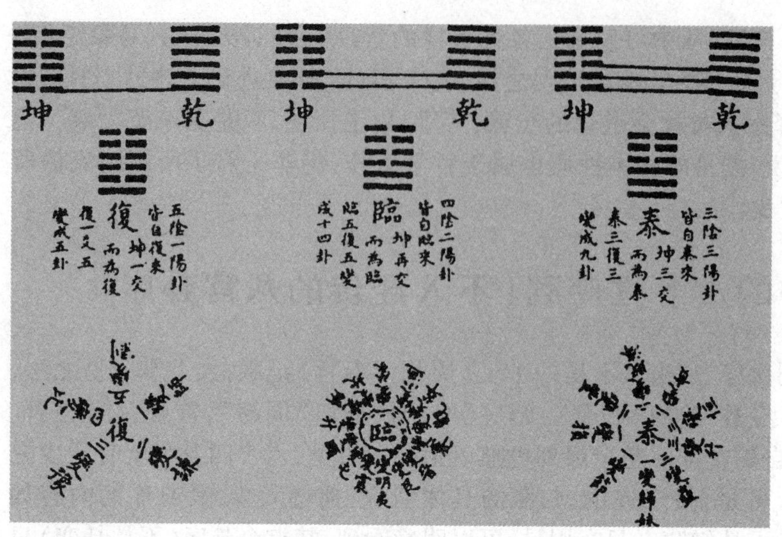

八卦推六十四卦图,出自宋·佚名《周易图》

爻变阴,成《否》卦,五卦是四爻变阴,成《观》卦,六卦是五爻变阴成《剥》卦,七卦则不能依此递变,否则变为全阴《坤》卦,性质就全变了。所以,七卦的爻便翻回来把四爻变为阳爻,造成《晋》卦。第八卦则将第七卦的下三爻都恢复首卦的阳性。《乾》宫卦序演变的情况如此,其他各宫的卦变与《乾》宫相同,可以类推,不必赘述。这是一个完全人为的卜筮性质的卦序。大约始于唐代的火珠林占法(即今尚在流行的文王课六爻占法),就是继承了京房易的八宫卦序。(据杭辛斋《学易笔谈》讲:"八宫之序或谓出于《连山》,《连山》为夏代占筮之书,或许八宫卦序来源于上古占卜之遗著。")

下面,将《易》序与八宫序对比,概述其内涵差异。

甲:周易卦序

(一)序列:

上经《乾》《坤》(天地)……《坎》《离》(水火)——下经《咸》《恒》(夫妇)……《既济》《未济》(终始)。

(二)含义:

1. 宇宙的缩影;天地为万物之本,水火为万物之需;夫妇为人世之本,终始为万物之节。

2. 卦名对待,显示阴阳相反相成的宇宙规律。

3. 是蕴涵哲学伦理学思想的宝库。

乙:八宫卦序

(一)序列:

将周易六十四卦序列按《乾》《坤》生六子之义,分为乾、震、坎、艮、坤、巽、离、兑八宫。每宫统率七卦。

(二)含义:

1. 按卦爻阴阳之变引起卦变的原则安排卦序,一定程度上反映事物运动变化的能行性、条理性和有序性。

2. 把周易双双覆变的卦序,变成单一排列的卦序,使周易丧失反映事物对立统一规律的性质，下降为抽象的人为公式的阴阳变化图。

3. 始于乾（天）而终于归妹（嫁女），是适应阴阳爻变形式需要的产物，既脱离实际，又无义理可言。

4. 为唐代创建的火珠林（文王课）占法提供基础，把蕴涵天人规律的巨作周易六十四卦序列，降低为验否不定的占卜未技的卦列，把周易卦序内涵的多重性，变为占卜卦序列的单一性。

由上述对比可见，八宫卦序之占卜性与周易卦序的哲理性相比，其高低不啻龟月之差。以至"经学家素鄙为术数，而不入于经传"（杭辛斋《易楔·卦气第八》）。正如王夫之指出的那样，京房易是以"人为之巧""强于自然生物"，"天地间无有如此整齐者，唯人为所作，则有然耳"。（《周易外传》）

帛书《易》序的占卜性

此外，长沙马王堆三号汉墓出土的帛书周易，也和传世周易的卦序截然不同。其卦序（卦象略）如下：

1 键（乾）2 妇（否）3 掾（遁）4 礼（履）5 讼 6 同人 7 无孟（无妄）8 狗姤 9 根（艮）10 泰蓄（大畜）11 剥 12 损 13 蒙 14 蘩（贲）15 颐 16 箇（蛊）17 赣（坎）18 襦（需）19 比 20 蹇 21 节 22 既济 23 屯 24 井 25 辰（震）26 泰壮（大壮）27 余（豫）28 少过（小过）29 归妹 30 解 31 丰 32 恒 33 川（坤）34 柰（泰）35 嗛（谦）36 林（临）37 师 38 明夷 39 复 40 登（升）41 夺（兑）42 夬 43 卒（萃）44 钦（咸）45 困 46 勒（革）47 隋（随）48 泰过（大过）49 罗（离）50 大有 51 溍（晋）52 旅 53 乖（睽）54 未济 55 筮蓋（噬嗑）56 鼎 57 筭（巽）58 少溍蓺（小畜）59 观 60 渐 61 中复（中孚）62 涣 63 家人 64 益

帛书周易卦序所依据的原则是，把八卦按阴阳排列成乾、艮、坎、震、坤、兑、离、巽，依次作为上卦，再按乾、坤、艮、兑 、离、震、巽的顺序轮流配合，作为下卦。这样，便凑成六十四卦的序列。显然，这又是另一种机械的数字组合。也和八宫卦序一样，人为地另行排列六十四卦卦序，以致排除了周易原有卦序的天地人三道的义理神蕴。

然则，帛书《易》序是怎么问世的呢？具体详情，无从臆测。但最大的可能恐怕仍和八宫卦序一样，是出于占卜的需要。这从其卦名用字与传世周易有不少出入一点，也可以看出。有人认为这是由于同音假借，恐怕不对。因为卦名是卦旨的标志，周易的象与义，和卦名有密切关系。卦名字义之变，不能不影响卦的内容。如"狗"代"姤"，以"妇"代"否"，以"箇"代"蛊"，以"夺"代"兑"，以"川"代"坤"，等等，完全丧失了周易原卦的微旨奥义，显得粗俗不堪。由此可以想见，帛书周易安排卦序时，只管卦名字音，不管卦名字义，只要标示卦象的字音不差，便满足排列的需要。它是完全抛弃周易内涵而只玩弄象数形式的做法。在汉代来讲，这显然是占卜术片面发展所致。此外，据传宋代象数派易学大家邵雍所编写的通俗卦本《易数一撮金》，其中六十四卦卦序就与帛书周易基本相同。由此可见，帛书周易是秦汉之际占卜术士为了占筮之便而编制出来的。所以，它的非哲学性质，与今日市井寺庙的杂占，并无二致。

从上述两类卦序的对比中，可以明确地看出，仅就卦序一端来讲，周易的基本性质也是属于哲学，而不是属于一般的占卜。

周易出自圣人之手

据孔子讲，周易兴起于殷末周初。所谓兴起，也许包含创作之意，主要是指给六十四卦和三百八十四爻系以文辞（卦名、卦辞、爻辞）和安排卦序。周易作成之前，八卦及六十四卦早已存在，夏之《连山》，殷之《归藏》都是如此。《连山》、《归藏》二书既作为筮书通行了两个朝代，恐怕不会只有筮法、卦象而无相应的筮辞。据汉代思想家桓谭讲，《连山》为八万言，《归藏》为四千三百言（转引自杭辛斋之《愚一录易说序》）顾炎武《日知录》也提到这个问题。他举例说："左传僖……十六年战于鄢陵，公筮之，史曰吉。其卦遇《复》曰：'南国戚射其王，中厥目。'此皆不用周易，而别有引据之辞，即所谓三易之法也。"他据此判断，周易之前的筮书，或《连山》或《归藏》，已不止有卦，而且有辞，但别有文辞，与周易不同。周易的卦爻辞及其卦序，是殷末周初的作《易》者重新创作的，并不是继承故旧，连书名也是另起炉灶，而非袭用。

传统的说法，周易作者是周文王。不管这个说法对不对，周易的作者必是才德出众的圣人，而非一般的大卜史官，则是没有疑问的。理由如下：

第一，虽然伏羲所画之卦，"寓有义理在内"（皮锡瑞《经学通论》），"《易》冒天下之道，羲皇之图尽之"（吴世尚《庄子解序》），但那毕竟只是一些图像，义理深蕴其中，若无大智大慧，便看不清，也挖不出，无从引申阐发，而创成体系完备的书。这一点，把周易同《连山》、《归藏》试作对比，便可看出。虽然三者号称"三易"，但后二者的内容似乎远比前者浅薄，除留下一些占卜的蛛丝马迹外，在周代就已式微。可以推想，原因大约在于它们的作者都是卜史之类沟通人神意志的人物，才疏学浅，不能彻底通晓六十四卦卦象体系的内蕴，未能做到如文王那样把它内蕴的义理阐发出来。而只在它的浅层面上下工夫，发掘和发展占卜功能，终于沦为数术，未能登上大雅之堂。

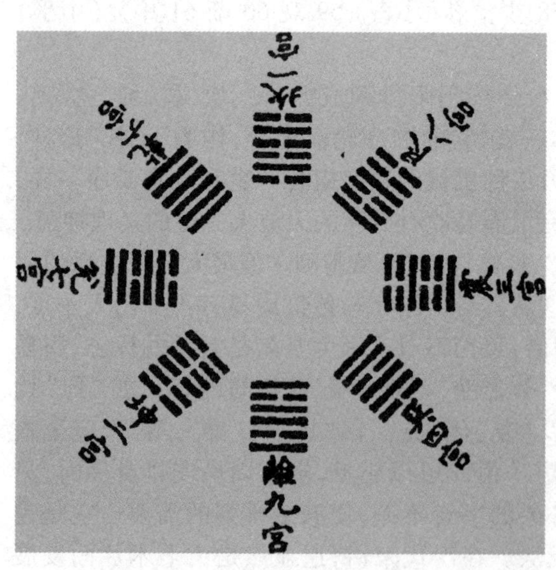

文王八卦图，出自元·张理《大易象数钩深图》。文王八卦又称"后天八卦"，用以说明宇宙以内变化的法则

第二，周易作者（假定为文王）对传统的六十四卦体系，不仅阐发其固有的义理，而且有所加工，有所创新。最明显的是卦序，他把《归藏》开端的《坤》《乾》改为《乾》《坤》，一序之差，产生翻天覆地之变：由"亲亲"的殷道变为"尊尊"的周道，反映出社会关系

的根本变革。怪不得韩宣子在鲁国见到《易象》和鲁《春秋》，不胜赞叹："吾今乃知周公之德与周之所以王也。"（《左传昭公二年》）竟把周革殷命的成功和《易》象（即周易）的功能联系起来。可见，文王创作周易，是在原有卦象的基础上进行改造，使它成为周王朝的国家哲学。

文王作周易的创造性，也表现在缀辞行文的原则性上。周易的文辞，从卦名到卦辞、爻辞，都经过精心的思考与安排。虽然外表上隐譬、寓言、铭语、诗歌、杂然并陈，又夹以占辞断语，有如百货店的杂货一般，但实质上却是文辞与情理象数融为一体，贯以统一的创作原则。总起来讲，这原则就是，推天道以明人事。具体说，就是贯彻阴阳变化之道，扶阳抑阴，扶正祛邪，心怀忧患，警戒世人，以度"衰世"。这种创作原则与思想感情，孔子有深切体会，他所谓"作《易》者其有忧患乎"（《系辞下》七章），"于稽其类，其衰世之意邪？"（《同上》六章）"是故，其辞危"（《同上》十一章），"其旨远，其辞文，其言曲而中，其事肆而隐"（《同上》六章），等等，表明他读周易时深深感到作者满怀忧患心情，以充满危机与曲折的文辞，表达出末世的艰难。孔子的体会正确地表现出周易作者的创作原则和思想感情。对孔子的话，韩康伯解释说："有忧患而后作《易》，世衰则失得弥彰。爻繇之辞，所以辨失得，故知衰世之意邪！?"（《系辞》韩注）解释得很恰当。由此可见，周易的创作（卦序与文辞），是有一定的原则和强烈的思想感情的，是有倾向性的，绝不是杂七杂八的文辞的凑合。

周易不是占辞大杂烩

但是李镜池先生经过多年研究后却认为，周易是周王朝卜史之官的编著，不是圣哲的独力创作。他说："这些掌握占卜的卜史，在占卜之后，把占辞记在策上藏起来，年底做一次总结，计算有多少灵验的，有多少不灵验的。……周易就是从这许多材料里选择出来，又经过分析和组织，编成这样一部占书。"（《周易探源》序）

这种观点，抹杀了周易天人之道的创作原则和忧世患俗的道德情操，把周易这部深蕴哲理，极具个性，以辩证思维观察宇宙人生的古代奇书，贬低为占卜记录的大杂烩，把具有超群智慧的周易作者，说成专事占卜的神职官吏，和上述孔子《系辞》的观点以及二千余年来几千家《易》学者的观点，大相径庭，完全是脱离作品实际的论断。仔细想想，生活于春秋时代的孔子，距离周易成书的年代总比后人较近，关于周易的传闻不能不知之甚详。从《系辞》来看，孔子对周易作者极为尊敬，对周易其书极为赞颂，而对于占筮，他认为只是圣人之道"辞、变、象、占"中最末的一端。孔子的所有言论中，没有一处表示周易是卜史占卜记录的汇编。

周易在汉代被古文经学家列为群经之首，在《书》《诗》《礼》《乐》《春秋》等儒家经典中，周易内蕴最深，最难解，超过老子《道德经》。有的学者认为，不但孔子的儒家思想源于周易，老子的道家思想也源于周易。清代学者吴世尚就持这种观点。他在《庄子解·序》中说："易之妙，妙于象……《老》（《老子》）之妙得于《易》，《庄》（《庄子》）之妙，得于《诗》，而大旨归于《老子》；则皆原本于《易》也。"

已故国学家钟泰先生说得更明白，他在《庄子发微·逍遥游第一》中说："庄子之言,多取象于《易》而取义于《老》。取义于《老》,人或知之,取象于《易》,则知之鲜矣。……又当知,《庄》出于《易》,《老》亦出于《易》。若不明《易》,不能通《庄》,即亦不能通《老》。……故吾尝谓学者,不可不先明《易》,以此也。"

当代思想家南怀瑾先生,也在《易经杂说》中表示出类似的看法,这种看法是有理有据的。举例来说,儒家的尊君子抑小人的思想和中庸、谦、恒等思想,即源于周易的扶阳抑阴、中贞、谦退、恒久等思想。《老子》所谓"万物负阴而抱阳,冲气以为和"的思想,亦源于周易的阴阳之道。《庄子·逍遥游》的"北冥有鱼",取象于周易的《中孚》卦,"化而为鸟"取象于周易的《小过》卦,等等。由此可见,周易这部在中国历史上出现最早的经典,的确够得上中国学术之流的源头。周易的作者,应是比老聃、庄周,甚至比孔子智慧更高的圣人,绝非巫觋之辈的卜史所能及其项背于万一。周易其书乃是以辩证思维熔天地人三道于一炉的哲理巨著,可为齐家治国、进德修业的指南。虽然,它同时也具有占筮的形式、内容和功能,但那仅是它的非本质层面,它绝非贞神问鬼的占卜末技之书所可伦比于万一。倘若依从朱熹、李镜池等的学说,那我们只好说,中国学术江河源头是卦书,开造源头的人是算卦先生,那岂不是理之所悖,史之所无,海大的痴语,天大的笑话吗!

关于周易与占筮的关系,其说不一。孔子只说易有圣人之道四:辞、变、象、占,未说明占在周易中占什么地位。以朱熹为代表的一些学者认为周易本来就是占筮之书。王弼、程颐等则把周易视为哲理书,不谈其占筮问题。《四库全书》总目提要的观点是《易》寓教于占筮,把占筮视为言道的形式,等等。那么,占筮与周易的关系究竟如何?怎样才是符合实际的?为了继续搞清周易的本性,有必要对《易》占作深入的观察与探索。

周易的两重性

周易是由辞、变、象、占所构成的巨大的范畴体系,从形式到内容,它蕴涵诸多层次,从全体上大略划分,可分为人谋层次和鬼谋层次。周易的体系是这两个层次的统一,这就是周易的两重性,两重性是周易的最大特点。

但是这个两重性的特点并不是周易的优点,而是它的弱点。这个弱点的根源在于,在此二重性相反相成的关系中,横亘着不可调和的性质矛盾。具体说,人谋的义理(哲理、伦理)属于必然性的理性结晶,鬼谋的占筮则属于偶然性的灵感反应,性质根本不同。同时,人谋的义理是经验的总结,有确实可靠性的指导性,已为历史所证实。而鬼谋的占筮,则属于"感而遂通"的巫术,只有概率性和机运性,而无准确的可靠性和指导性,也已为历史所证实。这是水火不相容的两种东西。这两种不相容的东西,虽然有其相成的一面,但若想把它们熔于一炉,不论采取何种方式,总是免不了难以融合的矛盾与斗争。不过,历史的发展是辩证的,周易正是借这种以占筮外貌蕴含义理的弱点躲过了秦火而得以流传下来,弱点反而变成了"优点",发人深省。

在周易中义理与占筮有相辅相成的关系,尽管这种关系是勉强的,不自然的。首先,周易既可用于说理,又可用于占筮,这是相辅相成关系的主要表现。其次,占卜断卦要凭借义理。例如:《国语·晋语》记载,春秋时期秦穆公欲出兵援助晋公子重耳返国主政。有人为重耳占筮,卜问前景,得了《泰》卦。占者认为吉利,理由是:“是谓天地配。‘亨,小往大来。’今及之矣。”意思是说,《泰》卦象是《坤》地在上,《乾》天在下。地气下降,天气上升,天地互相配合。卦辞所谓“小往而大来”,是说《坤》阴上去而《乾》阳下来,这是上下相交,万象亨通的形势,问卜者赶上了这个好局面。筮者是这样依据卦象和卦辞所涵的义理,作出了吉利的占断。这种场合,象辞是前提,占语是结论。理与占是相辅相成的,无占则理无所归,无理则占无所据。

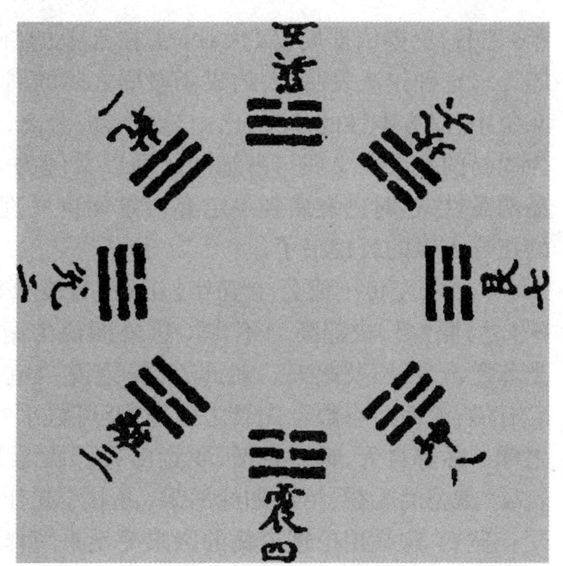

伏羲八卦图,出自元·张理《大易象数钩深图》。伏羲八卦又称“先天八卦”,用以说明宇宙形成以前变化的法则。“先天”即宇宙形成以前

但是,占与理的相成,往往牵强附会,勉为其难。如《左传·昭公七年》记载,卫襄公逝世后,大夫孔成子对立元为君还是立絷为君,难以决定。于是筮问周易,遇到《屯》之《比》卦(《屯》初爻由阳变阴,成《比》)。《比》卦的卦辞为“吉,原筮:元(亨),永贞无咎。……”左传有亨字,今无本)。占者看见爻辞有元亨二字,认为元指卫公子元,亨是享(谈亨为享),便断定公子元应享有卫国,说:“元亨,又何疑焉?!”如此仅据爻辞与人名的偶合和亨享二字的貌似,便硬行作出占断,可谓极尽牵强附会之能事。这种作法并不符合周易以理占断的精神,不但不是占理相辅相成的表现,而且是占理相离相悖的表现。占卜的大多数属于这一类。越是低级的占卜,越是如此。实际上,这一类占筮,表面上象是讲理,骨子里已与道理无关,只是单纯的占术而已。邵康节说得好:“天下之数出于理,远乎理,则入于术。世人以数而入术,故失于理也。”(《观物外篇》)的确,就实质来说,与理相离相悖之占术,不属于周易的范畴,而属于巫术中的小道末技。

如上所述,由于性质不同,周易的理与占之间虽也有相辅相成的时候,但多数场合是相离相悖的。双方的分歧、矛盾、斗争乃至分裂,是根本的、经常的、起决定作用的。除了上述例子外,还有一些相关的历史资料,可以说明这一点。

(一)《左传》《国语》里,周易用于占筮的,共计十四条,用于论证事物的,共计六条。其中除《左传·昭公二十九年》史墨引用《乾》《坤》两卦爻辞证明龙的存在,并无人事意义外,他如《左传·宣公十二年》记载,晋国知庄子引用周易《师》之《临》的爻辞和卦象,据以推论彘子违反军纪,军队散漫,征战难行而必陷于败局。《左传·昭公元年》记载,医和引用周易《蛊》卦名和卦象来解释晋侯精神昏乱的“蛊疾”。《左传·襄公二十八年》郑国的游吉引用周易《复》之《颐》(《复》上六变而为《赜》)爻辞“迷复,凶”,据其理而论断楚康王不修政德、骄横贪狠,必遭凶险。《左传·昭公三十二

年》记载,史墨依据周易《大壮》雷在天上的卦象,论证君臣易位乃自然的规律,如此等等。这种作法表明,大约成于殷周之际的周易流传到春秋时期,在其占与理的矛盾斗争中,双方本性的差异,已由分歧形成分离,义理已在一定情况下把占筮排除,而成为周易的主人。义理与占筮同居而以义理为主,人谋与鬼谋并用而以人谋为重的周易两重性,这时已发展到一定弃占筮而讲义理,用人谋而废鬼谋的地步,成为一重性的指导人事的哲理书了。

(二)《左传·僖公十五年》记载,晋献公嫁女伯姬于秦国时,曾以周易筮得《归妹》之《睽》卦,史苏断为不吉。惠公即位为秦所俘,遂归咎于献公,认为:"先君若从史苏之占,或不及此夫。"对此,韩简论说:"龟,象也。筮,数也。物生而后有象,象而后有滋,滋而后有数。先君之败德,及可数乎?史苏是占,勿从何益?"《诗》曰:"下民之孽。匪降自天,噂沓背憎,职竞由人。"大意是,人的灾祸,并非来自上天,而是自作自受,献公的无德,招致如此恶果,占卜不起什么作用。

显然,这是用伦理道德的因果关系来解释人的命运,把占卜置于无用之地。就周易的两重性矛盾来说,这表明理胜于占,人谋排除了鬼谋。

(三)《左传·襄公九年》记载,鲁成公的母亲穆姜与大夫叔孙侨如私通,欲废成公。举事未成,穆姜被迁于东宫。初迁之际,她曾用周易占问,遇到《艮》之《随》卦。史官依据"《随》,无故也"(见《杂卦》)的卦义,认为"君必速出"(很快迁出,恢复原地),为吉利。但穆姜却信理不信占,有自知之明,知道自己做了坏事,必受恶果,与《随》卦意义不合,吉占不切实际,无济于事。她说:"是于周易曰:'《随》,元、亨、利、贞,无咎'。元,体之长也;亨,嘉之会也;利,义之和也;贞,事之干也。体仁足以长人,嘉德足以合礼,利物足以和义,贞固足以干事。然故不可诬也,是以虽《随》无咎。今我妇人而与于乱,固在下位,而有不仁,不可谓'元',不靖国家,不可谓'亨',作而害身,不可谓'利',弃位而姣,不可谓'贞'。有四德者,《随》而无咎。我皆无之。岂《随》也哉!我则取恶,能无咎乎!必死于此,弗得出矣。"穆姜认为恶行而得吉占,与《随》卦义理相悖,故而言自己必食恶果,绝不会恢复原位。史实证明,她的解释和推理胜过了占断。

这段史实第一表明,占筮之所谓"神以知来"的"来",可靠的只是知来卦的占辞而已,不一定知来事的实情,占验于否,并不可靠。第二,它表明周易以义理为主,其义理(元亨利贞之类)是建立在道德规范之上的,违背道德的恶事,虽占得吉,也因不合义理而无效。"占"的验否,要看是否合"理"。占应服从于理,而不是理受占的支配。第三,它表明占与理之间有不可调 和的对抗性。如同英国人类学家罗伯特·路威所说:"……那些超自然的力量的行动,全不顾及道德原理,在科学方面瞧不起它,因为它蔑视我们的因果观念。"(《文明与野蛮》)在这里,穆姜所依从的道德原理,战胜了超自然力量的占筮。第四,它透露出类似"未占有孚"的思想,亦即恶有恶报,望之可信,无需占卜,占卜多余。第五,穆姜把"元亨利贞"作为四德加以界定,完全是排除《易》占而就《易》理所作的解释。客观上说,这等于把周易视为伦理典籍,而不视为占书。因为如把"元亨利贞"作两句看,意思就变成"大通,利于守正(或利于占问)。"便成为占断的卦辞。而看成包含四个并列概念的一句时,就变成穆姜所说的伦理大道。这一点很要紧,它是周易划为哲学还是占书的分水岭之一。主张周易为占书的都把它断为两句,而孔子却在穆姜之后把它视为一句,解作四德。孔子是否从穆姜的话中得到启发而为此,无从查考,但穆姜的为人、身份和智力,不可能作出如此深刻的体会,恐怕是袭用当时的传统观点或流行解释。不管怎样,由此总可以看出,在孔子心目中周易主要是一部哲学性质的书。

(四)《左传·昭公十二年》记载,鲁国大夫南蒯将谋反,投降齐国。以周易占筮,遇到《坤》之《比》。《坤》五爻动,变为《比》。五爻辞为"黄裳,元吉。"南蒯以为是大吉之占,便告诉子服惠伯,并说依此卦兆看,打算开始行动,征求惠伯的意见。

惠伯答复说:"吾尝学于此矣。忠信之事则则可,不然必败。外疆(强)内温,忠也。和以率真,信也。故曰:'黄裳元吉'。黄,中之色也;裳,下之饰也;元,善之长也。中不忠,不得其色;下不共(恭),不得其饰;事不善,不得其极(终)。外内倡和为忠,率事以信为共,供养三德为善。非此三者,弗当。且夫《易》不可以占险。将何也?且可饰乎?中美能黄,上美为元,下美则裳,参成可筮。犹有阙也。筮虽知,未也。"

惠伯这段话的主要思想是劝阻南蒯谋为不轨。大意是,我学过周易,知道它用来占问忠信的善事是可以的,不然必败。"黄裳"是美的象征,"元"是善之最,只有符合"黄、裳、元"三者的好事,才可求占。这方面有缺欠,筮辞虽吉也不顶事。惠伯这段话对"黄裳,元吉"的解释,虽然不无牵强之嫌,但中心论点却是明确的,就是周易占善不占险。占问恶事必败,断辞吉也无效。这鲜明地表现出周易以义理(中、贞)为根本的原则性和以道德为标准的占筮观。汉人贾谊说:"《易》者,察人之精德之理与弗(不),循而占其吉凶。故曰:《易》者此之占者也。"(《新书·道德说》)这段话揭示出道德原则是周易占卜吉凶的依据。

综合上述四例,可以得出如下结论。

第一,从殷周之际成书,到春秋时期为止,流传了几百年的周易,其内在的义理与占筮的对抗性矛盾,已经突出地显现出来:从义理胜于占筮、控制占筮,进而走上排除占筮的道路。后来的孔子重视《易》理而慎于《易》占,破天荒地有系统地把周易推上哲学伦理学的轨道,当然不完全是独出心裁。除了周易本身义理内涵的作用以外,上述三例那种理胜于占的传统思想,恐怕也有一定影响。

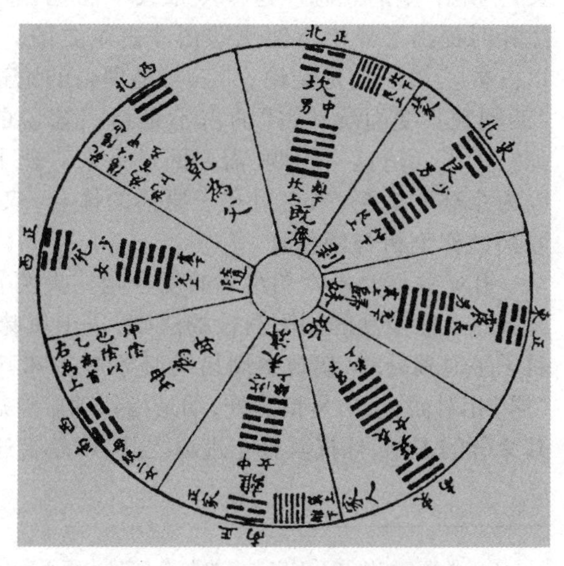

重易六爻图,出自元·张理《大易象数钩深图》

第二,上述三例,如单从占筮作用的角度来看,自然可归结为占筮的不验或为不验辩护。但从周易两重性的高度来看,这三例也可以说是周易本性的表现。扶阳抑阴,为君子谋,不为小人谋,这是周易的本质属性。这种属性既存在于周易的义理内涵之中,也表现于周易的占筮作用之上。所谓儒家的道德占筮观,不过是周易这种义理为主的本性在占筮上的表现而已。所以,儒家的占筮观实质上就是周易本身的占筮观,如斯而已。

再有,细看上述三例的理胜于占,可以悟到,周易的理与占的对抗性矛盾斗争的前途,必然发展为分道扬镳。因此,《易》学在发展的道路上从汉代起逐渐分裂,产生以占筮为主的象数派,和以内涵为主的义理派,各自从相反的角度对周易进行解释、阐述和推进,各自作出性质不同的成果。这种学派产生的根源,就在于周易本身理占两重性的不可调和的矛盾。由此观之,周易由原来不与《诗》、《书》、《礼》、《乐》同列于学校而进展到六经之首,成为封建王朝的国家哲学,虽有外在因素的作用,但本质上仍是其内在两重性的斗争中理胜于占的必然结果。

《易》占的两重性

提起占字,人们立即想到占卜。这是对的,合乎占字的本义。《尔雅·释言》疏谓占字为:"视兆以知吉凶也。"意为审视龟甲灼裂的纹兆,推以测知未来的吉凶。也就是说,盛行于殷商时代的龟卜活动,原来谓之占。周易采用蓍卜后,仍袭用旧称,也谓之占。龟占的过程分为灼甲、观兆、占断三阶段,统称之曰"卜"。筮占的过程也由揲蓍求卦、观象玩辞、占断吉凶三阶段组成,统称之曰"占"。周易《革》卦九五爻辞所谓"大人虎变,未占有孚"中的占,就是指此而言。

但《易大传》中的四个占字,却不完全是这种卜筮的意思。孔子所说:"……君子所居而安者《易》之序也。所乐而玩者,爻之辞也。是故,君子居则观其象而玩其辞,动则观其变而玩其占。是以自天佑之,吉无不利。"(《系辞上》三章)一般大都按"以卜筮者尚其占"的占义加以解释,实际上并不恰当。这个占字,并不是占的本义,不是卜筮的意思。这一点张载早已在《横渠易说·系辞上》中对孔子这段话作注释时提出了异议。他说:"占非占筮之谓。但事在外可以占验也。观乎事变斯可以占矣。"第一句是结论,二三句是理由的论述。为什么他一反旧解,断言孔子所谓"动则观其变而玩其占"的占不是指占筮说的呢?① 二三句的论述,又是什么意思呢? 为了弄清这一问题,需要回过头来对孔子的原话的含义作深入的玩味与探究。因为张载的论断,来自对孔子原话的体会,双方的意念是息息相关的。下面对孔子原话试作剖析与阐释。

孔子原话是由六句组成的复合句。头两句的意思是,君子不时潜心探究的是周易卦序爻序蕴涵的阴阳消长的法则,乐于玩味的是卦爻的文辞。第三句是说。因此君子平时独处时,就观察周易的卦象并玩味其文辞。第四句的"动",是和第三句的"居"相对而言,居是指静处,动是指行动。意思是:行动时便观察卦爻的变化,而玩味其爻辞的占断,捕捉其行止进退之几,以趋吉避凶。结句是说,故此,能够遵循天道行

① 张载一般地并不否定占字的卜筮本义,也不否定其占验效能。这一点,和孔子相似,此处的异议是针对特殊的问题。

事①而得到佑助，获得吉无不利的效果。这五句话，简明扼要地表达了孔子对周易学以致用的基本方法与基本观点。同时从这个侧面也反映出周易辞、变、象、占的重要性及其功能。首先是关于序的概念。所谓序，就是"事理当然之次第。"（朱熹《周易本义》）从上经《乾》、《坤》——《泰》、《否》——《坎》、《离》，到下经《咸》、《恒》——《损》、《益》——《既济》、《未济》这样一系列天人之道的演变序列，从《复》、《临》、《泰》、《大壮》、《夬》到《乾》、《姤》、《遁》、《观》、《剥》、《坤》，这样阴阳消长的卦变之序，就是周易的卦序。"居而安"，是说平时潜心埋头于《易》序的钻研，就能体会到宇宙人间的架构及其演变的规律和人世正邪二气盈虚变易、极而必反的法则，从而"利用安身"（《系辞下》）五章）进德修业。序，也包括爻序在内。平时居处，仔细观察卦内各爻之序，身临其境，也可以得到启发。正如《周易正义》所说，"若居在《乾》之初九，而安在'勿用'。若居在《乾》九三，而安在'乾乾'，是以所居而安者，由观《易》之位次序也。"

总之，设身处地察看卦情爻序，便可悟出"进退存亡而不失其正"（《乾》文言）的行动之计。同时，卦序爻序又是与卦辞爻辞紧密结合的，观序必玩辞，才能获得相应的效果。而辞义深奥隽永，细细玩味，其乐无穷，故曰："所乐而玩者爻之辞也。"若据程颐的说法，辞为《易》的关键。他说："吉凶消长之理，进退存亡之道，备于辞，推辞考卦，可以知变，象与占在其中矣。"（《遗书》二十五）

但是，《易》序《易》辞皆源于象，象为《易》的本体，是《易》的意蕴宝库，故而观序玩辞的同时，还要观象玩辞，才能体会其中的精义。例如，不懂得天央火羑象上下合成的象义，就不能明白《同人》这一卦名的含义。不懂得《坤》姤象的性质及其初六爻象的地位，就不会真正理解"履霜坚冰至"这一爻辞的本义和诫义，等等。所以必须通过观象玩辞，才会领悟易理的真谛。

以上所述是关于潜心学《易》的方法与效果。从中也反映出《易》象、《易》序、《易》辞三者所组成的周易这个巨大的哲学体系，对人们进德、修业、安身、解疑具有重大的指导意义。但这是指平居静处时而言，而在"有所兴为"（司马光《易说·系辞上》）时，又当如何从周易中找到趋吉避凶的途径呢？孔子认为必须"观其象而玩其占。"对这句话，一般的解释向来都是说，若要有所作为而找不到合适的办法或不晓得结果的吉凶时，便可向周易问上一卦，观察其卦爻的变化并玩味其占辞（包括爻辞），便可以如愿以偿。例如虞翻说："谓观爻动也，'以动者尚其变'，'占事知来'故玩其占。朱熹所谓占，谓所值吉凶之决也。"（《周易本义》）正是指卜筮所得卦爻辞的占断而言，有了吉凶悔吝的占断，或有了表示这些倾向的爻辞，便可从中发现行动的指南。这是传统的理解，和上述张载之说，大相径庭。张氏断言："此非卜筮之谓也。"从根本上驳斥了一般的说法。接着，他解释自己的观点说："但事在外，可以占验矣。观乎事变，斯可以占矣。"指观察客观事物（事在外）的变动情况，作为占的前提，这就给占赋予了新的意义。虽然，他没有具体说明这个观察事变而可占并可占验的"占"，究竟是指什么说的，但从"观爻动"之变转为"观乎事变"，其间便产生性质的差异。前者显然是占卜性质，后者呢？张载没明说，但话里言外，它是意味着：依据周易所提供的宇

① 在《系辞上》十二章中孔子说："佑者助也，天之所助者，顺也。"

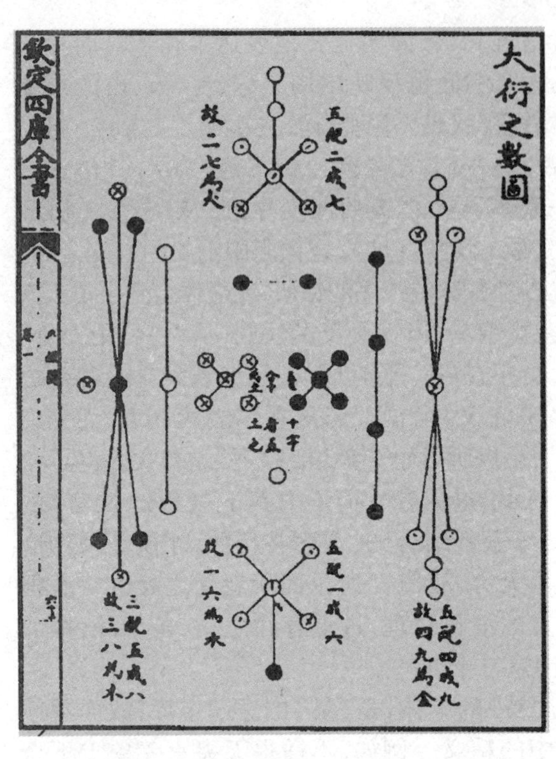

大衍之数图，出自杨甲《六经图》。“大衍之数”本是指用来推衍预测的基本数字，古人在卜筮过程中以五十根蓍草来代替

宙人间的规律，观察事变的具体情况，结合本身的条件，然后从相应的卦情爻辞中找出适宜的行动指导方针。以今语来阐释，大体就是这个意思。如果张载在这里所说的占，含有这样的意思，那它便和占筮之占貌同而神异，不是一回事了。因为它以事理占，而不以筮数占。就是说，它不经揲蓍求卦，而以实情取卦，观乎事变与卦爻之变，从中悟出行止进退之策。所谓“动则观其变”，并不一定是占筮得卦后观其动爻之变，而是直接依据《易》理与实情，就相应的卦情，观其爻变而玩其占辞。周易的占辞，义理深厚，卜筮时可玩，居处时也可玩。如果把孔子的原话，从安序、玩象、观辞到玩占，全面综合，细细思绎，便能体会到这里只有理性思维的“人谋”，并没有“感而遂通”（《系辞上》十章）的“鬼谋”。由此观之，张载所说的“占非占筮之谓”云云，可能符合孔子原话的本意。所谓“玩其占”，恐怕仅指玩味《易》卦的占辞，而非指筮得的占断。清代象数派易学家李道平认为穆姜以《艮》之《随》的《随》卦象辞，联系本身事态占测未来，是所谓“自占”（《周易集解纂疏·易筮遗占》注疏）。实际上这种自占，虽也结合卦辞，但其内容纯粹是依据事理对本身恶行后果的推断。如果说它也算一种“占”的话，也只能说属于《易》的“理占”范畴，而不能说它属于《易》占的“筮占”范畴。就是说，它不是真正的占卜性质，在《易》占的两重性中，它可以算是一种“不占之占”。

关于这种不经揲蓍的观象玩辞之占，宋代易学家程大昌有过精辟的论述，他说：“曰君子观其象而玩其辞，动则观其变而玩其占。象在占前，则得其辞而玩之者，常以仁义为准则也。当于仁义则举，不当则不举，此为深得刚柔节适之妙也。若然者，设使性命大谬，虽不逢吉，亦常无咎也。公治长‘邦有道不废，邦无道不戮’，其祸福之制也，在己而不在人也。则夫玩占于既动之后，以较玩辞于未动之先者。其贤否智愚，相去远矣。此卦筮之微旨也。”（《易原·二十六·春秋时取卦不以占》）

这段话道破了周易象辞的“微旨”和孔子观象玩辞的奥义，非常深刻。

但是，许多《易》学家对孔子的话却承袭旧解，认为是指占法而言。朱熹之外，来之德也是其中之一。但他的注释却不那么简陋，他一方面说“辞因象而系，占因变而决，静而未卜筮时，《易》之所有者，象与辞也。动而方卜筮时，《易》之所有者，变与占也”（《易经集注·系辞上传》）。仍把此处的占解释为占卜之占。但另一方面接下去又说:"《易》之道,一阴一阳,即天道也。如此观玩,则所趋皆吉,所避皆凶,静与天俱,动与天游,冥冥之中,若或助之矣。故曰自天佑之,吉无不利。"这段话的主要观点是说,把握周易一阴一阳之道,即可趋吉避凶。从这个观点推论,则《易》道可以知来,占筮却未必知来,占筮只是《易》的外貌和功用之一,属于术数,其本身并不蕴有《易》的内涵。精于占筮者,如巫史之辈,未必深通《易》理,而通过潜心学《易》,观序玩辞、观象玩占而把握《易》道精髓的人,应该能做到不占筮而"占事知来"(《系辞下》十二章),也就是在"知以藏往"的基础上"神以知来"(《系辞上》十一章),这样分析的结果,来氏的话又反过来否定了占筮为知来的必要条件。来氏话的后半部,可以说是对孔子原话本义的必要阐述。

这样看来,在孔子的《易》学思想中,周易的"占"不一定是卜筮的占,也可以是推理的占。既可以"占"筮以知来,也可以"占"理以知来。这样看来,孔子所说的"占事知来"似乎也和卜筮之占,有所不同。

单从字面上看,"占事知来"也许应解释为占筮以知来,但如果联系上文,细加琢磨,便觉得未必尽然。上文是:"夫《乾》,天下之至健也,德行恒易以知险。夫《坤》,天下之至顺也,德行恒简以知阻。能悦诸心,能研诸侯之虑,定天下之吉凶,成天下之亹亹者(句中"侯之"二字为衍文)。"大意是:《乾》卦表现天理最为刚健的精神,其德行是永恒平易而知道险难。《坤》卦表现天下最为柔顺的精神,其德行是永恒简易而知道阻难。这种易而知险、简而知阻的德行,学习起来能使人心情愉快,能研磨人的思维,若把握其中的道理,便可据以判定天下万事万物的吉凶得失,成就天下奋发向上的功业。简言之,这段话主要是说,如能把握《乾》《坤》所代表的《易》理阴阳相成、刚柔相济的精神,便可判定吉凶,成就大业。这个观点是下文的前提,下文"是故,变化云为,吉事有祥,象事知器,占事知来"是结论。这个结论,是由这个前提推出来的。结论的意思不能超出前提,既然前提所说全属《易》理、人谋,并非占筮、鬼谋,则结论也应如此。凭《易》理已能"判天下之吉凶",那么又何需赘以占筮呢?故此,作为结论,"是故。变化云为,吉事有祥,象事知器,占事知来",应译为:因此,事情的变化、人们的言行,无论吉凶,都有朕兆("祥"是先兆之意)。观察事物的现象,便可知其形成的来由;推测事情,便可知其将来的情况。其中,占事知来的"占",即"非占筮之谓",是依据前提所说的足以判定一切吉凶的《易》理而作出推测之意,和前述观变玩占的"占",其推理测事之意是一致的,只是前者是反映占辞而测事,此处则未明及《易》辞而已。这一点来之德的解说很好,他说:"圣人则神以知来,即其易简之理,而知其未然之来。此谓圣人未占筮而知险知阻也。"(《易经集注》)朱熹虽认为《易》是占书,但也承认深通《易》理的圣人"有事则神知之,随感而应,所谓无卜筮而知吉凶也"(《周易本义·系辞上》十二章注)。孔子的推理知来,正是如此。

在人类进入文明社会以后,在预测行为当中,据理测事总是占主流地位。正常情况下,占卜测事总是处于从属的参考地位,尽管如此,由于主客观矛盾的种种限制,占卜活动却始终没有退出历史舞台。如前所述,孔子对《易》占的态度,如同对鬼神的态度一样,并不明朗,给人以一种若有若无的感受。这里有种种缘故,但历史局限性的具体反映,当然也是缘故之一。在《系辞》中,孔子虽然一方面说:"以卜筮者尚其占"

肯定占筮为《易》道之一,并颂扬其功能为"极数知来",为天下之"至精""至变""至神"(《系辞上》十章),以专章介绍其筮法,但说来说去却不涉及占验的实例。与此同时,另一方面又以更多篇幅、更重言辞赞颂周易辞、变、象所蕴涵的天人之道,把掌握《易》理中"知几"——知"动之微、吉(凶)之先见"的能力,颂之为"神"(《系辞下》五章),从而使"神以知来"的占筮之"神",变成"彰往察来"的理性之神,变成在"智以藏往"基础上"知来"的推理之神。亦即扬诚斋所谓"圣人穷极天下之理而得其深,研究天下之微而得其几,聚于一心之精而谓之神"(《诚斋易传·系辞》。这样,孔子既讲"动则观其变而玩其占,""君子见几而作,不俟终日"(《系辞下》五章),又说"君子将有为也,问焉而以言"(《系辞上》十章),把推理测事和占卜测事都作为知来的手段而并用。这并非一般的逻辑矛盾,而是当时传统思想的反映。《尚书》洪范篇说:"谋及乃心,谋及卿士,谋及庶人,谋及卜筮。"孔子大约承袭了这种思想,形成所谓"人谋鬼谋,百姓与能"(《系辞下》末章)的观点,从而对推理知来和占卜知来,一并予以肯定。可见。孔子口中"占事知来"的占并不是一重性的,而是两重性的,可谓卜筮之"占"与推理之"占"的混合体。

子张像,子张是孔子的弟子,复姓颛孙,名师。据《论语》记载:子贡问孔子:"子张与子夏谁更贤一些?"孔子回答说:"子张过了些,子夏还不够。"子贡接着又问:"子张要超过子夏?"孔子明确回答:"过与不及是一样的。""过犹不及",显然是孔子对《易》理中位说的进一步引申和发挥

话虽如此,在正史上孔子生平并无卜筮之占的实录,只有推理之占的记载。《论语》记载,子张问:"十世可知也?"孔子说:"殷因于夏礼,所损益可知也,周因于殷礼,所损益可知也。其或继周者虽百世可知也。"(《为政》)孔子这种据旧制变革历史以推知后代礼制的推论预测,便是观变而玩占知来的一个实际的注脚。

经过长期观象玩辞、观变玩占而精于《易》理之后,自然能做到不用占卜而神以知来。古往今来,许多例子足以为证。

对这个问题,程大昌也曾在《春秋时取卦不以占》一文中,通过古例作了论述。他说:

"春秋之世,有得《易》意者,不待致筮求卦,而遂以己意说卦,至其事吉否,率皆如言,则直伏理为筮焉耳。子太叔知楚子之将死也,意取《复》《颐》二繇而知之也。医和推《蛊》以言晋疾也,亦非筮而得之也。知庄子之举《师》《临》以言晋军也,史墨子以

《大壮》而言鲁难也,卦非出于筮,而事情曲中。则仁义当否,固可以回转阴阳也。是理也,圣人则既以明言之矣,而人不察也。”(《易原》)

他举出《左传》中的一些不经揲蓍求卦,只据《易》象辞所含义理,结合事态,析绎占算,推断吉凶的用《易》之例,进行分析,从而作出“不占之占”古已有之的结论。

为节省篇幅,其所举古例,不能一一详述,下面,仅就其中两例,略加说明。

(一)《左传·昭公元年》

“晋侯求医于秦。……医和视之曰:‘疾不可为也,是为近女室,疾如蛊。’……‘淫溺惑乱之所生也。于文,皿虫为蛊,谷之飞为亦为蛊。在《周易》女惑男,风落山,谓之蛊庚,皆同物也。”

这段文字是说,医和为晋侯诊病。他认为病人好色过度,精神昏乱,已不可救治。病情如同食器里或谷物里生了虫子,谓之“蛊”。然后他以周易《蛊》卦的卦象进行占测,说周易的卦象表明,这是女人(姤为女之象)迷惑男人(夬为男之象)之象,也是风吹倒山木之象,此之为《蛊》。

这是医和运用周易卦名卦象对病人的后果进行占(推)测的事例。

(二)《左传·宣公六年》

“郑公子曼满与王子伯廖语欲为卿。伯廖告人曰:‘无德而食,其在周易《丰》蟥之《离》羑弗过之矣。”

这是伯廖对曼满妄想为卿的占测。他说无德而居高位,这种情况的后果,周易已有占断。那就是《丰》之《离》卦,《丰》上六爻由阴变阳,成为《离》,上六爻辞为“丰其屋(高房大屋),蔀其家(搭着凉棚),窥其户(窥视其庭),阒其无人(寂静无人),三岁不觌(三年不见人影),凶。”这描写一个无德的贵族人家,遭到横祸而形成的悲惨景象。伯廖认为,用周易这一卦爻辞来推算,无德而有野心的曼满必然会遭到这样的下场。

这也是引用周易爻辞进行占算的事例。

必须补充说明:一般认为,这只是引用古德铭言以证明推论者的观点,不属于占事知来。这一看法并不完全正确。因为,在春秋时代人物的思想中,周易既充满义理训诫,也具有神妙的测事功能。故此,上举两例以卦象爻辞为据,亦可见其占卜性质。故此,引用易象辞测事,除以为论据外,当然包含占算的意味。

下面,再举两个后代的事例,以见一斑。

第一例是诸葛孔明的《乾》之计。

孔明才智出众,胸怀大志,在群雄割据、天下扰攘之际,隐居南阳,韬光养晦,自号卧龙,静待时机。“卧龙”之象,实即《乾》初爻“潜龙”之象的变形。以龙德自居的孔明,当时机未到,尚无机遇之际,正仿佛龙潜于地下,不宜出头而应“勿用”的情况,故而静卧待时。一旦刘备三顾,时机已到,立即一跃而起,成为军师,正相当于《乾》二爻“见龙在田,利见大人”的景象。而积功进升,跻身高位之后,面对内忧外患,周旋于刘氏宗族之间,则“终日乾乾,”“或跃在渊,”以“一生唯谨慎”的态度,立身行事,而免于过咎。和《乾》九三、九四爻的形象,非常相似。孔明的修身立业之计,是否源于《易》理的钻研,正史并无记载。但他隐居待时而以“卧龙”自号,出山后立身行事的态度与

《乾》卦爻辞的“潜、见、乾乾、跃”的步骤与精神若合符契。从这一点来看，说他的人生大计与他对《乾》卦的观变玩占有一定关系，也不算过分。至于后来他以功德殊胜而升任丞相，又急于北伐而失败，情况与《乾》九五、上九之“飞龙”“亢龙”之象，也颇相似，那就不是属于观象知来的性质，而是事实上的不谋而合了。总之值得深思的是，《乾》卦的结构简直就是孔明的人生结构，可见周易确有人生指南的作用。

第二例是《困》卦的解困之计。

据《周易与中国现代化》一文的作者朱高正介绍，他在台湾高雄市参加台湾地区“立法委员”选举时，曾从周易《困》卦卦辞中得到深刻启示。他认为，《困》卦卦辞“困：亨、贞。大人吉，无咎。有言不信”，对处在困境中的人，大有帮助。因为处于困境的人，固然有志难伸，但若能坚守正道，则含藏脱困致通之道。然而唯有大德之人处困之时，才能进德修业不辍，以静待天命。故能吉而无咎。至于小人遭困，常为求脱困于一时，而偏离正道，无所不用其极，反使自己困上加困。这就是‘君子固穷，小人穷斯滥矣’的道理。而大凡处困境之人，其所持见解特难取信于人，因此，君子处穷困之时，应静默自持，信然后言。于是，本着对《困》卦卦爻的体悟，他“乃以‘大人’自许，谨以‘有言不信’为鉴，……深入名社区，与当地民众直接接触，纵然遭受他人的污蔑与攻击，亦不改其志，终于摆脱重重围困，从选战中脱颖而出，顺利高票当选。”（《金景芳九五诞辰纪念文集》，第 297 页）

上述两个实例说明，周易不一定通过占筮测事知来。也充分可以通过哲理测事知来。后者的可信性与测验性，当然大大高于前者。所以孔子所说的“观变玩占”“彰往察来”以及“数往者顺，知来者逆，《易》逆数也。”（计算往事是顺当而容易的，预知未来是逆料，比较难）云云，是对《易》道的深切体悟，绝不是空话。深通《易》理的荀子也说过：“善为《诗》者不说，善为《易》者不占，善为《礼》者不相，其心同也”（《大略篇》）。对此，杨倞注谓：“皆言与理冥会者，至于无言说也。”善为《诗》者与《诗》心同，善为《易》者与《易》心同，善为《礼》者与《礼》心同，心同就是精神相同，亦即“与理冥会”（默契）。能精通《易》道，与《易》理冥会的人，自然能做到观变测事，未“卜”先知。

《易》占的独特性

前文说过，占字的本义是“视兆以知吉凶”，原来指的是灼龟裂甲，察其兆象以测吉凶。后来“占”的外延扩大，筮占的一切均被包括在内。卜字的本义与占字相似，故而举凡观兆测事的活动，都称为占、卜，或占卜。

但是虽说古今中外一切占卜都属于观兆测事的社会行为，周易之用于占卜基本上也属于这个范畴，却与其他各种各样的占卜有巨大差别。《易》占的特性十分突出，突出的程度甚至达到似占非占的境界。

依照占卜的原理和事实来看，严格地说，古今中外所有一切占卜、真正的占卜，都必须以测定（占断）为准则，离开测定的“定”字，就谈不到什么占卜，占卜也便毫无存在的意义。占卜的“定”有三：神定、命定、占定，可谓“三”定。三定之中，以神为主，命由神定，占便如此。换言之，必须神有定力，命运才会一定，而只有命定，占卜才能

龟图。中国古代用龟甲占筮

据以判定吉凶。反之,如无神力的主宰,命运游移不定,占卜又凭什么作出断定呢?无定的占卜,又何以准确地预知未来的吉凶祸福呢?而不能预知来事的"占卜",又怎能算作真正的占卜?在这个问题上,《礼记·曲礼》中有一段,说得十分确当。它说:"卜筮者先王之所以使民信时日(吉日——时运)敬鬼神,畏法令也。所以使民决嫌疑,定犹疑也。故曰:疑而筮之。"这段话的中心观点是一个定字,亦即通过占卜使人民相信时运之"定"数,尊敬鬼神之"定"力,畏惧法令之"定"威,从而心悦诚服地顺从,以解除疑虑和犹豫不决。如若剔除"畏法令"的牧民内容,就其他意思来看,这段话是从占卜的作用上揭示出它的本质,可视为占卜的精辟界说。

由此可见,神定、命定、占定之三定,实为一切占卜的前提和必要条件。典型的史例是龟卜,如"壬申卜,贞王田鸡,往来亡灾。王稽,曰吉。获狐十三"(转引自郭沫若《中国古代社会研究》),其中,壬申日灼龟甲,观其裂纹,进行占卜。断辞曰"亡灾",曰"吉",曰"十三",皆为确定之语,并无游移模糊。在殷代来说,这是卜师通过灵龟与神交接,从而获得的预告。占卜之以"定"为准则,于此可见。

又如汉代占卜大师焦延寿所撰写的《易林》,"以一卦演为六十四卦,各系以繇辞,所卜亦多有验。"(《四库全书简明目录》)《后汉书》记载,东汉五年,京师干旱,汉明帝以《易林》占卜,占辞为"蚁封空穴户,大雨将集。"翌日,果然下起大雨。卜者解释说,雨前蚂蚁封穴,故为大雨之兆,这段记载表明,《易林》的占卜也是以确定的断语回答贞问。而蚁封穴户为大雨的前兆固然是事理的表现,但占卜何以能获得此兆,却非人谋所能及。依《易林》的思想来看,这仍是神所命定。换言之。神将命定下雨的信息,通过占卜的断语,告知问卜人,以解其"疑"。所以,必须以"定"为准则,倘若含糊其辞,断以"或将大雨"之类,那便失去断义而无以解疑,只是模棱两可的推测,而不是预断吉凶的占卜,可见定性实为占卜的生命,

照占卜的原理讲,对未知的断定,应该巨细无易地准确。典型的史例,可举三国时代管辂的事为代表。《三国志》中记载,管辂与魏群太守钟毓讨论周易,曾为他占卜出生年月日,一言中的,毫无差错。钟毓惊愕之余,未敢求管辂卜其死期,以免担忧。(《魏书·方技传》)

这样具体而准确的占断，才符合占卜的本性。占验与否，尤当别论，其占断必须体现神定命定的定性，才算是真正的占卜。

关于这一点，在占卜术最完备最流行的纳甲占法（火珠林占法）中，叙述得最清楚。依《卜筮正宗》的占法介绍，占卜时，首先要祈祷说："天何言成！叩之即应，神之灵矣，感而遂通。今有某姓，有事关心，不知休咎，罔释厥疑。惟神惟灵，若可若否，望垂昭报。"这样祈祷后，才能掷钱占卜。这一规定表明，这种占卜是获得神示的媒介，问卜人前途命运的或可或否或休或咎，会得到神的"昭报"，即明确地告示，以解除疑问。所以，这种占法也必须以"定"为准则。

由上述可见，一般占卜，只要是问事解疑的，其占辞都离不开"三定"，都必须有定性。模棱两可与含糊其辞，不符合占卜之所以为占卜的本性。

在这个问题上，有个传说的故事，可以给人们很大的启示。据说，唐代的预言大师李淳风和袁天罡二人推背以预言未来，号曰"推背图。"未来无穷，预言的推背动作，自亦不停。忽然有个旁观者手里捉住一个麻雀，问他们二人："你们能推出来事，请推推，这个麻雀是死的，还是活的？说是死的，我就放了它，让它飞走；说是活的，我就捏死它，怎么样？"李、袁二位预测大师立即大吃一惊，只好停止推背预测。因为预言只能说将来一定如何，不能说将来也许如何；只能说非此即彼，不能说亦此亦彼。

这个传说未必真实，但它表明一个定理，那就是占卜对未来的预测，都必须有确定性。否则，就丧失其占卜的性质。

但是，恰恰在这一点上，周易的占卜却与一般的占卜，大有不同。如前所述，周易并非殷周之际由巫史之类为沟通人神关系的占卜而写成的书。它大约是文王那样的圣者，处于衰世，怀着深沉的隐忧，为阐明天人之道，教诫世人，"使人知所向避"，而在既有六十四卦基础上以占筮面貌写成的"法律之书"（张载《横渠易说·系辞上》），如其书名所示，《易》为变义，占法用九、六变数，而不用七、八定数（传说夏商占卜用七、八，表示确定不易，文王演《易》改用九、六，表示变易）。《周易会通》总论谓，"说本贾、郑、服、章诸人"。由此也可见，周易之占言变不言定。并且，以理为本，据理占断。故而与卜辞之类的单纯占卜，性质迥异。"三定"的准则，对《易》占并不适用。

众所周知，《易》辞不言占，也不言神。有占字，是说"未占"，有鬼字，是地名或状辞，与神鬼无涉。有"自天佑之"之句，其天字是指自然规律，不是指人格天。同时全部《周易》，从始到终都以一阴一阳之道为核心，讲说进德立业、守正祛邪的人事道理，处处表现出吉凶由人、命由人定的思想，没有一处透露出听天由命的意思。同时，其占辞是依卦爻象与辞象所含义理而推出的，多含警告劝诫之意，仅能为问卜者指出类似"注意事项"那样的行动方向。因此，由神定、命定、占定合成的"定"性，可以说，在周易的占筮中，若有若无，极不明显。这一点，即使断言周易为卜筮书、源于卜筮而且"施用亦在于卜筮"的李镜池先生，也有所察觉。他说："占卜有一套贞卜兆术语（案：即占辞——本文作者），如卜辞的亡戾、亡灾、有祟等，周易的无咎、利贞、元亨、悔亡等。但周易用贞兆词和卜辞不同之点不在于术语差别而在用法。卜辞每事一卜，吉凶分明，吉是吉，凶是凶。周易却有吉凶连言的……"接着，李先生还举出好几个例子证明这一点。约言之，他认为卜辞占断分明，周易则否。他所说的"吉凶连言"，实际上是说或吉或凶，不能确定。用本文的话来说，就是卜辞之占断明确有“定”，而周易则含糊无“定”。下面举个明显的例子，试作探究。

（一）《否》六二爻辞“包承，小人吉，大人否，亨”。大意是六二以阴柔居阴位，过顺而佞，善于笼络上方的群阳，承迎谀媚，以求度过否运。对于小人来说，这是吉道。而身为大人者，处此否境却不应为小人的“包承”所惑，应当安于否境，守正不移，身虽陷于否困，而道则依然亨通。对大人来说，这是处否境的正当之计。

这段爻辞，表示吉否相反的两歧占断。在否塞的世道中，小人以顺承为吉，大人则以守道为亨，因人而异，没有一“定”。朱熹所说：“占者小人如是则吉，大人则当安守其否而后道亨。”这里的大人，显然是指道德高尚的贤者，而非指高官，因为只有贤者才能困于否境守正而亨。小人自然指道德卑下的人。小人之吉，于大人则凶；大人之亨，于小人则凶。周易占辞之吉凶，以人格的高低为准，不是一概而论。但这两可两不可的占辞，却不免使问卜者为难。自己是小人呢，还是大人？小人的顺承之道，固然可免于受困而获平安之吉，但不如大人身否道亨之可贵。周易很多占辞（包括爻辞）就是依这种扶阳抑阴、祛邪扶正的思想作出占断，以回答问卜者（或学习者）的疑问。这是一种因人制宜的灵活不定的答案，是在讲处于否境中如何做人的道理，并非真正的关于吉凶祸福的占断。这属于飘忽不定的辩证思维，和卜辞吉凶分明的形式逻辑式的占断，根本不同。

（二）《屯》九五爻辞：“屯其膏，小贞吉，大贞凶”。这段占辞的大意是，九五处于尊位，居中得正，应恢弘博施，以膏泽惠及臣民；而不应囤积其膏，吝啬其施。这种正固不苟的作法，用于财物出纳之类的小事，吉；用于泽洽臣民的大事，凶。

在这段占辞里，吉与凶相对并列。或吉或凶，因情而异。整个占辞，与其说是回答卜者筮问来事的占断，不如说是对占卜者（或读者）行事方针的指导与劝诫。吉凶与否，由占卜问事者以自己的行为作出选择，占辞不予断定。

（三）《临》六三爻辞：“甘临，无攸利，既忧之，无咎。”

临字的原意是以上视下，引申为治理、监督、领导等意。甘字是以甜言蜜语取悦于人。六三处于下卦的最上方，阴居阳位而不中不正，又是下卦《兑》的主体。兑为口舌、为喜悦，所以六三有居于临人的高位而以甜言蜜语取悦于下之象。如此作风，对监督部下来讲，没有好处。这是占辞的第一层意思。另一层意思则是，如果六三能认识到甘临的错误，而忧虑戒改，便可从“有咎”转变为“无咎”。这一占辞，表现吉凶双方发展转化的辩证思想，纯系经验的总结，毫无神定、命定和占定的意味。同时，此

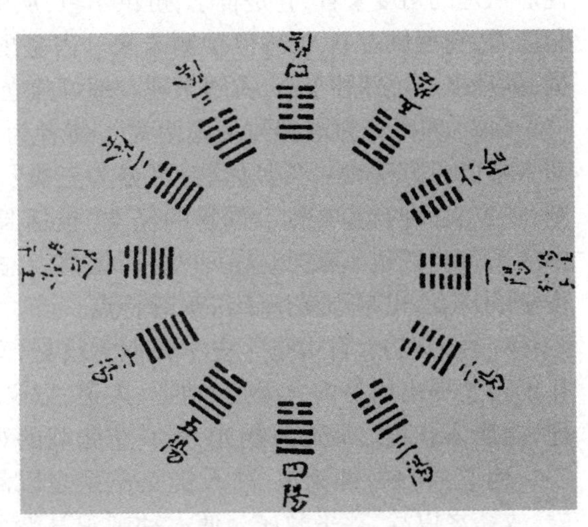

爻数图，出自宋·朱震《汉上易传·卦图》

占辞只对领导层的问卜者有参考意义,对被领导阶层来说,并无决疑、测运的作用。

(四)《家人》九三爻辞:“家人人嗃嗃,悔厉。妇子嘻嘻,终吝。”

此爻辞大意为,九三以阳性而居阳位,刚强太甚。以此态度治家,过于严厉,使全家有“嗃嗃”的愁怨之声。如此,虽难免悔恨、紧张之虞,但从结果来看,却是吉祥的。反过来,如果治家松懈,妻子儿女嘻嘻哈哈,终于会招致羞辱。这个占辞也是由两个假言论式组成。若是前者,虽悔厉而终吉;若是后者,则终至于吝。或选择前者或选择后者,由问卜者依理自决,《易》占不加定论。神、命、占三者,在这里都不为问卜者做主,做主者是理,是讲理的人。

(五)《遁》九四爻辞:“好遁,君子吉,小人否。”

这一爻辞,吉否相反,因人而异。来之德的注释简明得当。他说:“九四以刚居柔,下应初六,故有好而不遁之象。然《乾》体刚健,又有遁而不好之象。占者顾其人何如耳。若刚健之君子,则有以胜其人欲之私,止知其遁,不知其好,得以遂其洁身之美,故吉矣。若小人,则徇欲忘反,止知其好,不知其遁。遁岂所能哉!故在小人则否也。”(《易经集注》)可见,这一卦爻的占辞,吉否不定,要看问卜者“其人何如”。这和其他占卜术,迥乎不同。其他占卜术,都直截了当地回答占问者的疑问,占断其吉凶祸福,绝不以占问者的身份与道德为转移。因为,以身份与道德为转移的占断,是违反占卜之所以为占卜的“三定”原则的,是无占卜必要的。

上举五例,充分表明周易的筮卜,一不由神(天);二不由命;三不由占。其占辞是超乎这三定而循理因人作出的占断。这种占断,虽然披着占卜的外衣,实质上已越出占卜的范畴,成为依照哲理伦理法则推出的判断了。

非理勿占

《易》占的第二个特点是亦理亦占,占依于理。前文反复讲过,周易具有理占的两重性。从理的角度来看,它是哲学,可供学习,从中获得天人之道,以为人生向导。从占的角度看,它可供占卜,据理以预测未来。占是出理的形式,理则是占的内容。占以理为据,据理出占。理胜于占,占制于理。理可独立自足,占则倚理而立,非理无占。

《易》理可分为道理与义理两类。前者为天道,即宇宙自然的规律,后者为人道,即人事的伦理法则。再具体些,可分为三类:一是道,即事物规律;二是德,即道德原则;三是义,即行为准则。周易的经文,包括卦名、卦辞、爻辞,都充满这些内容,爻辞中的占辞当然也不例外,无一句有所偏离。总体看来,循道循德循义,既是周易作为哲学的特点,也是周易用于占筮的特点。

在这一点上,自古迄今史学界似无歧见,义理派不消说,象数派也有类似的看法。孔子首先提出周易内含天道、地道、人道,以义理为周易的本质。王弼继其后,扫象谈理,至唐宋孔程之后而发扬光大,其中张载的观点颇有代表性。

他说:“《易》即天道,独人于爻位系之以辞者,此则归于人事……因爻有吉凶动静,故系之以辞,存乎教诫。使人动则观其变而玩其占……使人知所向避,《易》之义也。”又说“天下之理,斯尽因《易》之三百八十四爻变动以寓之人事,告人以当如何

时、如何事、如何则吉,如何则凶,宜动宜静,叮咛以为告诫。”(《横渠易说·系辞》)

张载这段话的要点是说,周易蕴涵天道人事之理,随爻占以为教诫。这完全符合周易的作意、本质和功能。它表明,循道循德循义,是《易》学和《易》占的特性。这一点不仅义理派作如是观,象数派也有类似的观点。占卜大师房京就说过:“《易》所以断天下之理,定之以人伦,而明王道。”(《易传》)另一象数大师虞翻也说:“……《易》广大悉备,有天地人焉。故称备也。”“阳在道门,阴在义门,其《易》之门邪?!”“神以知来,故名忧患,智以藏往,故知事故,作《易》者其有忧患乎?!”干宝也属于象数派人物,他也说:“……《易》道戒惧为本。所谓以终始,为无咎也。……大夫之从王事,则夕惕若厉……妇人居室则无攸遂也。虽无师保切磋之训,其心敬戒,常如父母之临已者也。”(以上见孙星衍《周易集解·系辞》引文)综合看来,这些偏重象数重视占卜的易学大家,也继承孔子《易大传》的思想,对周易性能作出了一些类似义理派的阐述。总而言之,两派易学家都持有“《易》之为书,推天道以明人事”(《四库全书总目提要》)的观点,只是在针对周易“理”(内容)与“占”(形式)的关系地位和功能上,侧重点不同,以致分道扬镳。

为此,强调周易为占书的学者,也都不否认它的理占二重性,朱熹便是这样。他写《周易本义》,目的在于申明周易的本质是占筮之书,所以着重从占筮的角度讲周易。但由于占依于理,非理无占,故而同时也不得不依理讲占。举例来说,对《乾》象之“元亨利贞”,孔子视为一句,解作“四德”,所谓“元者善之长也,亨者嘉之会也,利者义之合也,贞者事之干也”(《文言》)。只讲其理,未及其占。朱熹认为原来不是这样,原是“元亨,利贞”,两句。本义是,“元,大也;(按:元无大义)亨,通也;利,宜也;贞,正而固也。”并讲其来由和主旨说:“文王以为乾道大通而至正,故于筮得此卦而六爻皆不变者,言其占当得大通,而心利在正固,然后可以保其终也。此圣人所以作易,教人卜筮而可以开物成务之精意。”(《周易本义》)朱熹还认为《乾》《彖》元亨利贞,就是为占筮而设,讲四德之义理,是始于孔子(案,穆姜时已有四德之说,朱熹所云非是,详见前文)。但仔细看一下朱熹的解释,便会发现,他也在讲义理。他所谓“乾道大通而至正”,当属于哲理的天道;“必利在正固,然后可以保其终”,当属于人事的教诫。合起来看,依然没越出以孔子为首的义理派所说的周易“言天道而明人事”的范畴。不同的是,朱熹是从占筮的角度讲义理,孔子、张载等则是从义理的角度讲占筮。其根本区别,端在于此。值得注意的是,由于主张占筮所需之理大大小于“冒天下之道”的义理,在占理关系上如侧重于占,势必缩减义理的发挥,发展下去,必将如焦延寿、京房、郭璞之流,脱乎理而堕于术,为世人所鄙。

关于理与占的关系,主张《易》本占书的李镜池也在《周易探源》中略有涉及。他说:“编著者用贞兆词已经把它的意义推广,贞兆不单是为贞兆用,而是跟上下文所说的事理联系起来。说是说,不光是贞兆词,而是事理的说明和判断。”接着举出《乾》九三爻辞(包括贞兆词即占辞)加以分析,以为例证。李先生这段话含有三个观点:一是占辞的意义已扩大,不限于占断。二是占辞与事理联结。三是占辞一身二任:既表示占筮的结果,同时又是事理的说明与判断。这三个观点合起来,主要意思就是理占结合,亦理亦占。而占既已成为事理的说明与判断,它便得服从于事理,而变质为“出

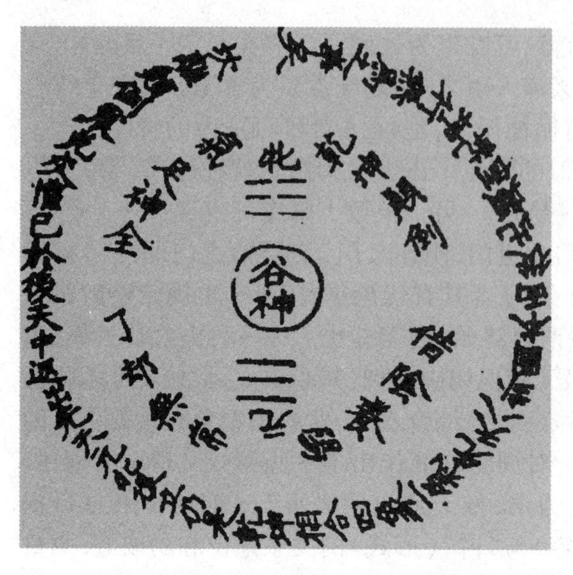

乾坤颠倒图，出自清·刘一明《周易阐真》

理”的手段。违理之占乃至无理之占，也便成为没有内容的“空壳”而失去存在的价值了。说来说去，李先生的观点便不得不归纳为理胜于占，非理无占，而与本文的观点不谋而合了。但这样一来，李先生所再三强调的《易》本占书的观点，却不得不陷于自我推倒的窘境了。

关于占理融合、非理无占的实例，上文已讲了一些。为进一步彻底说明这一问题，下面再以《乾》卦全经为例，加以阐释。

首先，再深入说一下《乾》的卦辞“元亨利贞”。前文介绍了孔子在《文言》里和朱熹在《周易本义》里对它的含义所作的两种解说。前者是从理的角度讲理，后者是从占的角度讲理。表面看，双方讲了许多，实际上义犹未尽。同是孔子的解说，《乾》《彖》传与《文言》却不一样。《乾》《彖》传以“万物资始，乃统天”释“元”义，以“云行雨施，品物流行”释“亨”义，以“大明终始，六位时成”释“利”义，以“乾道变化，各正性命，保合太和，乃利贞”释“贞”义。《彖》传这种解释，与上述《文言》的解释，虽有内在联系，但具体内容显然不同。不过，这两种不同的解释却有个共同点。都把“元亨利贞”分别断开，当《乾》天的“四德”对待。而《文言》的解释往下又出现波动，冒出第三种说法，“《乾》元者，始而亨者也，利贞者性情也”，把“元亨，利贞”视为“二德”。忽而一，忽而二，忽而三，如此解说，是否意味着孔子的思想言论出现了矛盾。或者采集旧说，“述而不作”，以致产生前言后语不一致的现象？对此，本文同意尚秉和先生的看法。对一文多解现象，他解释说：“唯此四字（案，指元亨利贞）意蕴宏深，非一解所能尽。”对所释前后不同现象，他的看法是，“此无他，《乾》健之德，不可名言，似必再三释，方能毕其义蕴也”（《周易尚氏学》）。尚氏的见解，异常精辟，符合概念运动的法则。近现代哲学，于此都有定论。黑格尔指出，具体概念和抽象概念不同，它有多种规定性，一种解说不能毕其义。“元亨利贞”乃表现天德的具体概念，意蕴深奥，必须四面八方加以解释、描述，才能表现其全貌。孔子是大哲人，所想的问题几乎全是关于天人之道的大事，所思考的概念，也大多是内涵深厚的具体概念，只能从多方面以多种语言（直述的、摹摩的或譬喻的，等等）进行表述。例如他对“仁”的概念，就不是一个说法。忽而说“夫仁者，己欲立而立人，己欲欢达而达人”（《论语·雍也》），忽而说“克己复礼为仁”（《论语·颜渊》），忽而说：“居处恭，执事敬，与人忠”为仁（《同·子路》），忽而说：“刚毅木讷，近仁”（同上），但究竟何者为仁，孔子在《论语》里说了好多次，也没有一个明确的定义。使颜渊感叹的所谓“仰之弥高，钻之弥深，瞻之在前，忽焉在后”（《论语·子罕》）的情况，也许正是指此而言。孔子以这种全面的思维方法来讲解《乾》天之德的具体概念时，自然会反复阐发而呈现前后不一致的状态。但这不是分裂的不一致,而是多样性的统一。

孔子从阐发天人之道的大局出发,讲解周易始基的《乾》德,故而发掘发挥出《象》传、《文言》那样成篇大套洋洋丽丽的哲理与伦理。相对的,朱熹则从占卜的功用出发,对《乾》德作了简单的注释,而其所讲的天德人诚之理,完全包含在孔子所讲的大道理之中,除了硬说周易本义为占筮以外,并无新意。由此可见,在周易中不但占自理出,而且占义远小于义理,如果说占义也属于义理,它只能说是义理当中一个小小的组成部分。

下面,再从非理无占的角度对《乾》卦爻辞试作分析。

《乾》卦取象于龙,以龙德比喻君子、大人之德。全卦卦情是指示君子、大人在《乾》健的局面下,如何效法天道,发扬龙德,应付各种境遇与时机,有所作为。

初九爻辞是"潜龙,勿用!"

《易》卦六爻,初二爻为地、三四爻为人、五六多为天。《乾》卦象天,为纯阳之体,刚而且键。初爻属于地下,为阳气方萌,尚需涵育隐伏之象。龙为阳象,此际处于地下渊中,宜于养精蓄锐,静待时机。不宜出潜,有所施展。这是"潜龙勿用"的大意。

必须指出,这个爻辞既是天人合一的义理教诫,也是天人合一的卜理占断,既是哲学,又是占卜。在哲学上是以"潜龙"之象喻理,以"勿用"之辞教诫。在占筮上,也以"潜龙"之象喻理,而以"勿用"为占。占理为一而功用不同。但占的功用依赖于理,有斯理,方有斯占。而理(含教诫)则独立自足,不依于占。

另外,作为哲理,这一爻辞适用于一切人,处于斯境和不处于斯境的人,俱可引为教诫。而作为占辞,则对象可能很窄,若非具龙德的君子而是无德的小人或一般人,占得《乾》卦而初爻动,其占辞又当如何理解?这一点经文没有直说,而揆之于"《易》为君子谋而不为小人谋",则小人于此只好莫知所措了。故而从应用看,《易》占的范围也大大小于《易》理。

九二爻辞是"见(现)龙在田,利见大人。"九二以刚中之德,值阳气上升之际,应勿失时机,出潜离隐,有所作为。二爻为地上,亦即田野。潜龙出现于大地,故曰见龙在田。大人为大德之人,龙出潜而现大德,宜于晋见九五尊位的大人,亦即宜于施展才德,为尊者赏识,以求进益。从占筮讲,爻辞中的"见龙在田"是喻理之象,"利见大人"是依象理作出的占断。从义理讲,则全属君子立业进身之道。——"利见大人"云云,不过是借用占辞的形式而已。和初爻一样,占卜对象也有限制。正如来之德所说,"占者有是德,方应是占矣。"倘非见田之龙,则无见大人之利。

九三爻辞是"君子终日乾乾,夕惕若!厉,无咎。"九三爻属于人位,按上下卦来看,是下体之巅。具有龙德的君子,由隐而现而跻于上下之交的高位。以阳刚之体居于阳刚之高位,过刚不中,易受挫伤。在含有危险的时空中,善处之策是终日小心谨慎,勤奋不懈,直到深夜,仍警惕不已。这样,虽处于险厉之地,也可无咎。这是九三爻的大意。

无咎是周易占辞,经文中凡九十三见,足见其用处之频。"咎",意为灾害,轻于"凶"而重于"悔""吝"。原意是本来有咎,但由于悔改而转为无咎。孔子所谓"无咎者,善补过者也"(《系辞上》三章),即是此意。《乾》九三的占辞"无咎",不是象卜辞表示那样，或其他占卜的"吉""凶"那样，非此即彼，决然表示神定命定的祸福，而是依据前文"终日乾乾，夕惕若"所表现的勤奋戒惧的处世规律推论出来的，意为君子或任何人（包括占者）处此多危有咎之地，若能照此行事，当可化有咎为无咎。

这样，从占卜看，无咎是循"终日乾乾，夕惕若"之理而作出的占辞，只适用于君子中的问卜者。而从义理来看，无咎则是依前文规律所推出的结论，属于立身行事之道，是对任何人都适用的教诫，其广泛意义当然不限于君子或占者。

《乾》九四爻辞是"或跃在渊，无咎。"意思是，或者进而上跃，或退而居渊，进退随时，当可无咎。

九四爻以阳性而居于阴位。阳性志于进，阴位则利于守。以卦体论，九四爻处于下卦之上，上卦之下，迫近于九五尊位，是多事之地，尤需谨慎从事，以为进一步的飞腾，做好准备。或跃或伏，以试其力，或进或退，磨炼待时。如此见可而动，自可无咎。

九四爻辞内，无论以推理或以占卜论，"或跃在渊"都是前提，无咎都是结论。只是后者把推理的结论，作为占卜的断辞而已。情况与前三爻并无二致。

《乾》九五爻辞是"飞龙在天，利见大人。"阳爻居于五位，故曰九五。九五为尊位，以朝廷论，是为君位。龙自四位跃上五位，刚健居中，又高处尊位，飞黄腾达，有飞龙在天之象，是德高望重的大人居于君位，天下人莫不乐于仰望。这是九五辞象的含义。

"飞龙在天"的象义是"利见大人"的理由，"利见大人"是"飞龙在天"的后果。其理占关系和前四爻相同。至于问卜者的局限性问题，由于以龙为象，故而此爻尤为突出。宋太祖曾问大臣王昭素，占得此爻的人若非君主，如何对待。王答以"若臣等占得此卦，陛下是飞龙，臣等是利见大人。"朱熹认为答得最好（《朱子语类》）。可见龙象乃君主专利，其他人占得此爻，并不适用。

《乾》卦上九爻辞是"亢龙，有悔。"

阳气升至上位，已达巅峰。极进过高，恰似盲目冒进不留余地的龙象，故曰"亢龙"。以人事而言，这比喻其德如龙的人物，跃居尊位后，若志得意满，知进而不知退，必将走上极端而遭受物极必反规律的惩罚，陷于有悔的窘境。物极必反是宇宙人间事物运动的铁的规律，违反这一规律必定有悔，也是必然的法则。周易里有不少辞象表现这个道理，"亢龙有悔"是第一个。孔子从多方面对它作了阐释：一曰"盈不可久也"（《象传》），从事理层面做了解说。二曰：贵而无位，高而无民，贤人在下位而无辅，是以动则有悔也（《文言》），从政治层面做了解说。三曰"穷之灾也"（同上），从哲理层面做了解说。四曰"知进而不知退，知存而不知亡，知得而不知丧"（同上），从政治修养层面作了解说。可见，在孔子思想中，"亢龙有悔"这一辩证思维的形象命题，占有如何重要的地位。

就周易本身的思想来看，"亢龙有悔"可具有三种性质和效用：一是哲理命题，以事物定律教人；二是伦理命题，以生活法则教诫；三是占卜命题，据不易之理为占断。总之，自占而言，情况与前五爻并无差异。

用九："见群龙无首，吉"

六十四卦中，唯《乾》《坤》在六爻外分别附有断语"用九""用六"。这是说在筮数中，七、八，是少阳、少阴是不变数；九、六，是老阳、老阴是变数。《易》占讲变，用九、六，不用七、八。六十四卦中《乾》卦六爻皆为老阳，故曰“用九”，这是“用九”第一义。《乾》卦 爻皆为老阳之九，九必变而为老阴之六，将成《坤》卦。这是“用九”第二义。九数为阳之变，用九谓善用阳刚之德，巧使阳刚之变，刚柔相济，调节适中，因时利变，防止过亢之害。善于用九，而不为九所用，这是“用九”的第三义。综合此三义，系以“见群龙无首”之辞象，而断之以“吉”。群龙指《乾》阳变为《坤》阴，是先刚后柔，刚而能柔，顺其自然，不假造作，故而为吉祥之道。《乾》六爻占辞皆不言吉，唯用九言吉，可见周易对善于运用阳刚变化之道，如何重视。同时，用九的爻辞占辞表明，它所蕴涵的基本上是天人之道的哲理，并不是乞求神谕的占卜。

也许正由于这个缘故，孔子也便从哲理的高度联系政治伦理对用九的含义作了如下阐释。

一曰“乾元用九，乃见天则。”（《文言》）意为《乾》卦的“用九”，表现出天的法则，亦即阳刚为本，刚柔适中，适时变化，有节有序，无过亦无不及的天体运行规律。《乾》六龙之潜、见、乾乾、跃、飞、亢，都是贯穿阳刚进取与阴柔节制相结合的“用九”精神。

《文言》这一条，是孔子从天道的层面对用九的本质所作的阐释。

二曰“用九，天德不可为首也。”（《象》传）意为用九表示，《乾》卦所表现的天德，在于刚而能柔，尊而能谦，进而能退，绝不逞强争先，亢进为首。孔子认为，这是周易借天德以明人事的告诫。这表明，“用九”的意义绝不仅限于占卜，而是立身行事进德修业的至理要诀。老子“不敢为天下先，故能成器长”（《道德经》六十七章）的辩证思想，说不定就是来源于用九的“群龙无首吉。”有些学者认为老子思想源于周易，笔者认为，老子以阴柔为贵的思想体系，和周易以阳刚为贵的思想体系，并不一致。只是老子的许多辩证命题，却与周易一脉相通。

三曰“乾元用九，天下治也。”（《文言》）意为执政者如能以乾元用九的思想和措施，刚柔相济，治国安民，必能大获成功。这是孔子从政治角度自用九的内涵中发掘出来的道理，

如上所述，孔子从自然规律、人事法则和政治方略三个层面，对《乾》卦“用九”的义理内涵作了发掘阐述。占法方面和前六爻一样，其占辞“吉”，是据“群龙无首”之理所推出的结论，是义理所生，而非天神所定。

以上是以《乾》卦为例，逐爻讲述了义理为本的理占关系。六十四卦，卦卦如此，每卦都是在以象喻理，表达一定情境下的天人之道和立身行事之则。如果把每卦的内涵集中展开，予以表述，将成为六十四篇哲理论文和伦理指南，周易的本性也将昭然若揭。下面仍以《乾》卦为例，试作铺写。

《乾》道论

《乾》是天阳的表现。它禀赋元、亨、利、贞四德。元为万物的始基，众善之长，亨为众美的会通，利为众义的汇合，贞为干事的正固。天道如此，人道也应如此。君子行此四德，乃合乎《乾》道。合乎《乾》道的君子，体具天的阳性，其德智如龙，其行藏如龙。时机未至应潜伏养晦，不可盲目出动，妄为施展。时机一至，应脱潜离隐，现身

于世，如龙之出于渊而跃上田野，崭露头角。此时此际，应展现德才，广获令誉，上取尊者的赏识，以利于进身立业。

在业有所成、位有所进之后，切勿乐而忘忧。应依《乾》道行事，小有成就而尚奋进之时，身处上下之交的中间地位，前途辽远，荆棘尚多，稍有疏忽，便会陷入险难而前功尽弃。唯有小心谨慎，兢兢业业，自强不息，朝夕警惕，才是对处险境的善策。

当德业进展而跻入上层之际，切勿以迫近大成而有所松懈。应审时度势，返身自省，或进或退，静待时机，不发则已，发必有中。犹如龙之或跃或伏，以待腾飞之机，一飞登天。因此际所处地位虽已超出下层，但属上层底位，而且接近权力中心，乃多疑多惧之地。以《乾》道论，这是以阳居阴，其位不正。所以，更要深思熟虑，切勿妄动。这样，自然可以平安无事。

当天时地利人和，三美具备，飞黄腾达之机已经成熟时，德智出众、功业超群的大人终于登上九五尊位。如同养精蓄锐、实力充沛的龙，飞跃上天，英姿雄健，万人景仰。

《乾》道九五，刚健中正，是体现天德的尊位，是建功立业、大展宏图的理想地位。踞此位者，应本《乾》健精神，以天下为己任，勤政爱民，选贤任能，励精图治，广施博惠。如斯则天下敬仰，百姓拥戴，犹如飞龙在天，普降甘霖，泽洽四方，普天之下，莫不景仰。若不肯如此，或反其道而行之，则前途当然凶险，无可置疑。故而九五，虽是《乾》道飞黄腾达的尊位，但前途如何全在人为。空言吉凶，于事无补。古语云："满招损，谦受益"。登上尊位的人应体天道乾乾、极而必反之则，夙夜匪懈，居安思危，以持盈保泰；切勿骄傲自满，得意忘形，妄自尊大，不知进退，违反中道，以致闯入极端，招来灾害而后悔莫及。犹如飞天之龙，得意忘形，盲目冒进，窜入太虚，招致陨落之灾，悔之晚矣。所以，此时此际的良策是，应如群龙以矫健的姿态飞腾天上，却并无出首争先的丑态。这样，自然可常保吉祥。

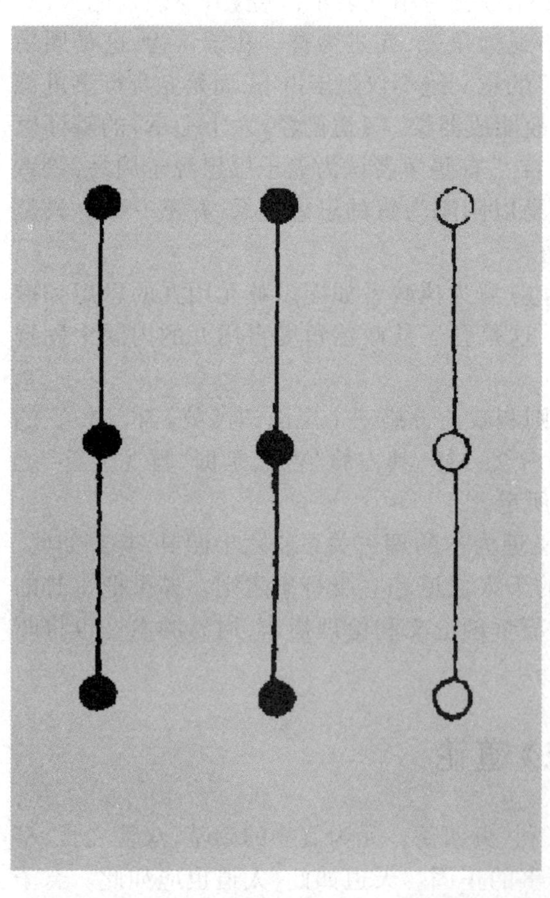

乾元用九坤元用六图，出自元·张理《大易象数钩深图》

总括上文可见，进身立业之善策，必须遵循《乾》天之道，终日乾乾，健行不息，能刚能柔，知进知退，动静行藏，不违时宜。养晦而不忘进取，居尊而能致谦和。时时返身修德，切勿强作众首。如此立身行事，自然吉无不利。

所谓天人合一之《乾》道,如斯而已。

以上,是笔者依据《乾》卦蕴涵的义理而写成的一篇短论。容或阐发有所不足,而基本道理并无乖离之处,纯依《乾》卦之理立论,可以说是一篇地地道道的哲学短文。至于文笔如何,则尤当别论,与本文题旨无关,不必计较。仅此一例,周易的哲理本性,便赫然显现。同时,周易之占,除依附于此理之外,并无独立地位,理大于占,非理无占,当可不言自明。

如果依此办法,将周易六十四卦的内涵完全铺开,写成文章,从义理层面看,将成为六十四篇哲理、伦理的指导性论文;从占卜层面看,将成为六十四篇上占未来学的推理性文章,而周易全经也将成为条理清晰、内容深厚的人事百科全书。当然,这里引申发挥,也许难以避免,但基本思想仍源于周易。正如从石头里生不出孙悟空一样,从真正的占卜书中,绝不能阐发出如此深厚而实用的义理。由此观之。周易非理无占的哲学性,也便昭然若揭。

非德勿占

英国的人类学家罗伯特·路威教授,对原始文化作过专门的调查与研究。他在谈到预言和占卜时说:“这是个含有无数个未知数的方程式,要你解答。……足下的生死祸福就看你能不能找到正确的答案。”(《文明与野蛮》,吕淑湘译)这句话,可以视为占卜之道的普遍释义。这和我国古人所说的占卜“决疑”以趋吉避凶,是一个道理。古今中外一切所有的普通占术之道,皆是如此。

但是除此之外,占卜之道中还有一种非寻常的特殊情况。那就是罗伯特·路威教授补讲的另一句话:“倘若你依着历古先贤定下的路径走,你就可以得到幸福。”(同上)这是说,为人之正道若用之于占卜,便成为遵循传统道德而趋吉避凶的占断准则。所谓周易的非德勿占,即是此意。

可是自龟卜以来的占卜,只依占兆为求卜者测事解疑,并不讲什么义理道德。但周易的占卜,却迥乎不同,既循理而占,又循德而占,熔德理于一炉,数往逆来,作出占断。前文所述穆姜筮遇《艮》之《随》,虽得“元亨利贞无咎”的吉辞,却因已身之败德而不信。她认为周易此占于理不合,不会灵验,这在客观上也表现出周易自身非德勿占的本性。这一点,前文所举南蒯的占例,说得非常清楚。惠伯所谓“忠信之事则可,不然必败。”“《易》不可以占险”等语,表明《易》占与一般占卜不同,不是有问必应,而是有德者应之,无德者不应,占善事可以,占险恶(坏事)则不可。《易》占的门前,有一条节制问卜的道德界限。这个道德界限,源于周易内在的道德性质。周易作为一部推天道以明人事的警世指南,饱含古圣先贤进德修业的教诫,这是贯穿于周易辞、变、象、占四道中一条不易的原则。无论观象玩辞,观变玩占乃至占事知来,都不能背离。背离这一原则,就丧失周易的灵魂,纵然名为《易》占,实质上已脱出周易的范畴而沦为《火珠林》、《梅花数》之类的末技小术了。这一点,古人早有明确的论断。

《礼记·少仪篇》记载:“问卜筮曰:‘义与,志与?’‘义则可问,志则否!’”

这段问答，据郑玄注解，意为：“大卜问来卜筮者也。义，正事也；志，私意也。”这是说，卜官问前来求卜的人：“是占卜正义的事呢，还是占卜私欲的事?”可问正义的事，不可问私欲的事。对这段关乎占卜的名言，明清之际的思想家顾炎武特别欣赏。他在《日知录》卷一中谈《卜筮》时，举出这段话加以阐释说：“子孝臣忠，义也，违害就利，志也。卜筮者，先王所以教人去利怀仁义也。”意为卜筮是古代圣王教诫人们除去私利而心怀仁义的手段，也就是对占卜问事，设立正邪的界限，以导人向善为宗旨，对民众进行道德教化。顾炎武还进一步依据周易《革》九五“未占有孚”的道理，认为有些必然的义理“不待卜而可知”，并进一步阐发说：“其所当为，虽凶不可避也。”（同书）他又引用屈原在《渔父》中所说“用君子之心，行君子之义，龟策诚不能知此事!”予以赞扬。这样，卜筮周围便以仁义为准绳设立了门限：一则本身非德不占；二则合德者又不必占，大大缩小了占卜对象的范围。由此观之，所谓儒家的道德占筮观，并不符合一般占卜为人“决疑”的原旨，不是对占卜测事功用的加强，而是对它的削弱。实质上，可以说它是道德教化在占卜领域的延长。至于这一道德占筮观起源于何时何地何人，则难以稽考，无从判定。殷商龟卜之观裂兆占事，简单“决疑”，当然谈不到道德为界。《连山》、《归藏》》二占书，情况不明，但依据只言片语的佚文来看，似乎以占卜为主，道德的占卜学说，也难从那里产生。大约只有象辞具备、体系完整、义理深厚、非理无占的周易出现，才有可能从中产生道德占筮的观点。上举第二例中惠伯说过“尝学此矣”，这句话表明，从殷末周初周易成书到春秋时代几百年间，周易在正规的传授过程中大约一直是伴随着道德占筮的门风，非德勿占。至于上举第一例穆姜之从理不从占，是否也受到这种占风的影响，则不得而知。但有一点可以肯定:《礼记·少仪》所谓“义则可问，志则否”与惠伯所谓“《易》不占险”之间，其基本精神具有一致性，则是不言而喻的。

这里有一个相关的问题，需要顺便说清楚，有的学者认为占卜家常以道德为掩饰占卜不验的遁辞。对于以卜为官的巫史或卖卜为生的术士来说，这种现象当然不足为奇。可是周易的德占，却与此根本不同。因为它的扶阳抑阴，为君子谋不为小人谋，以中贞为基石的思想，控制它的占卜；而非理无占，循理而占的结果，必然导向于非德勿占。应该说道德占筮观是周易内涵义理在占筮层面上发展的合乎逻辑的必然结果。当然，同时也是周易作者忧患意识和教化思想的自然表现。

“德”是周易辞、变、象、占的核心。孔子对此深有体会。他在《系辞》中对占卜只作筮数的介绍和空洞的赞颂。而在论卦时，对“德”则反复作具体的发明。他说：“《履》，德之基也。《谦》，德之柄也。《复》，德之本也。《恒》德之固也。《损》，德之修也。《益》，德之裕也。《困》，德之辨也。《井》，德之地也。《巽》，德之制也。”（《系辞下》七章）把《易》卦视为德的化身。他认为，当初圣人著作周易时，是“观变于阴阳而立卦，发挥于刚柔而生爻。”而卦和爻的内涵和功能则是“和顺于道德而理于义，穷理尽性以至于命”（《说卦》首章）。就是说，六十四卦三百八十四爻无一处不充满天人合一的道德义理，道德义理是周易思想体系的本质。依孔子这种观点来看，周易占卜之非德勿占，自是理所当然。“无恒”为非德之轻微者，孔子对其后果尚且断言“不占而已矣”，若是奸淫等败德勾当，依孔子的易学思想来说，自然是无须占卜而恶果自明，“未占有孚”（《革》九五）是理所应当的。

在这个问题上，苏轼在南省（尚书省）“说书”（讲经）时，曾对惠伯讲解南蒯所占《坤》之《比》五爻辞所说的“供养三德为善”问题，进行解答。他首先说：

“《易》者，圣人所以尽人情之变，而非所以求神于卜筮也。”

对周易为人事变化之书而非占卜性质，作了界定。然后接着分析说：“

自孔子没，学者惑乎异端之说，……使夫伏羲、文王、孔子之所尽心焉者，流而入于卜筮之事，甚可悯也。”

他慨叹，自发扬《易》理的孔子死后，学周易的人被邪说所迷惑，使伏羲、文王、孔子三圣殚精竭智所创造的天人之道的周易，沦为占术。这表明，他认为周易根本不是占卜书，而是哲理书。循此基本观点，他对南蒯之占进行具体分析：

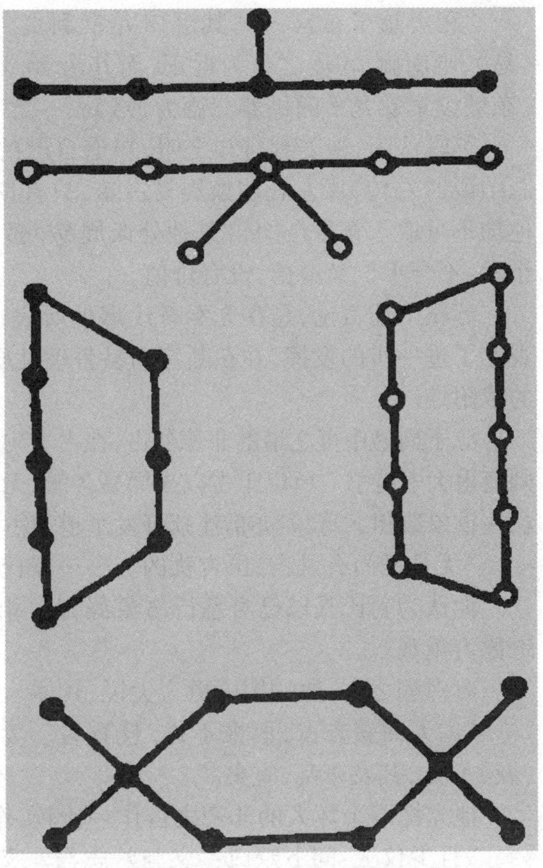

坤画三位图，出自宋·刘牧《易数钩隐图》

“其卦遇《坤》之《比》，而其繇曰：‘黄裳元吉？黄者，中之色也；裳者，下之饰也；元者，善之长也。’夫以中庸之道，守之以谦抑之心，而行之以体仁之德，以为文王之兆，无以过于此矣。虽然，君子视其人，观其德而吉凶生焉。故南蒯之筮也，遇《坤》之《比》而不详莫大焉。”

这段话，以明确的语言道破了周易的德占原则，亦即占断之吉凶在其人，在其德。如若非其人，非其德，如南蒯之流的乱臣，占得“黄裳元吉”这样表达至善的“文王之兆”，反而不祥之至。

他继续阐述说：

“夫以南蒯而得文王之兆，安得不狂惑而丧志哉！故曰：供养三德为善。又曰：参成可筮。而南蒯无以胜之，所以使后世知夫卜筮之不可恃也。”苏轼依惠伯之说，作出解释。大意是说，所谓三德，是指黄、裳、元。“黄”表中庸之道，“裳”（下之饰）表谦抑之心，“元”表体仁之德。这种高贵的品德，只有先圣文王足以当之。南蒯这样败德之人占得文王的德兆，焉能不得意忘形，以致丧心病狂，而一败涂地？故而还是专心致志地修养三德，以求进益，是为良策。只有具备三德的人占得三德之爻，才担当得起。南蒯的为人担当不了，所以无效，从而使后代人由此看出占卜并不可靠。

接着，他又以同样观点对穆姜之占进行分析，说：

"穆姜筮于东宫……其繇曰元亨利贞。而穆姜亦知其无以当之。故左氏之论《易》,唯南蒯、穆姜之事为近正,而其余者,君子所不取也。"(以上引号所括,均引自《东坡续集卷九·问供养三德为善》)

苏轼认为,穆姜有自知之明,知道自己的行为之恶,不足以当爻辞之吉。他并且总结说,《左传》中左丘明谈周易占筮,只有谈到南蒯、穆姜之占时,观点近于正确,其他均不可取。意指《左传》其他处谈周易,都只讲占法占验,不讲其人其德,偏于卜筮小术,不合乎仁义道德,没有价值。

苏轼上述言论,是在先秦时代惠伯所表述的德占基础上对周易的儒家道德占筮观作了进一步的发挥,并在断定周易哲理性质的同时,表明占卜不足为恃和它对道德的依附性。

源于周易中贞之道的非德勿占,在占卜史上是一种特殊的叛逆现象,而在易学史上则值得大书特书。所以千古以来周易各派,无论象数派或义理派,都予以赞成。李道平虽注重象数和卜筮,但亦借注疏抒发了道德占筮的思想。在穆姜占例的按语中,他说:

"无是德而有是占,虽吉犹凶。……姜氏以《象》辞自占,其言允矣。"

他认为姜氏是以己身恶行与象辞吉占相对比而自卜其恶果,这正是符合情理的道德占筮观。

对南蒯之占,他的按语更为尖锐、具体。他说:

"凶人而获吉占,不惟不祥,且有咎。姜氏筮《随》,犹能识此。南蒯之智,不逮(及)妇人,其及于乱,宜矣。"

他先把两个坏人的非德之占作一比较,作出结论,然后据经典之言加以批判,说:

"且少仪云:问卜筮曰:'义与?志与?义则可问,志则否。'凶人为恶,谋及卜筮,鬼神犹将诛其志,其肯道(导)人以不义之行乎!"(《周易集解纂疏》)

尊重占卜之道的李道平,并不否认鬼神对占卜的支配。但他却进一步认为鬼神也要受道德的支配,不仁义的占问,虽然法力无边的鬼神也要反对,绝不告诉人如何做坏事。他把周易非德勿占的原动力,推向鬼神也要遵守的道德准则。其实他这个观点古已有之,并不新鲜。《尚书·大禹谟》所谓"朕志先定,询谋佥同""鬼神其依,龟筮协从"云云,即含有鬼神所支配的占卜也须依人循理而行,不能妄自断定的思想。

周易循理而占,循德而占的特点,汉代思想家贾谊在《新书·道德说》中也已表述得明明白白。他认为儒家六经,都是"德之理"的体现,只是层面不同。《书》(《尚书》)是"著德之理于竹帛",令人观阅。《诗》(《诗经》)是"志德之理而明其旨",令人缘以自成。《春秋》是纪"往事之合德之理与不,合而纪其成败,以为来事师"。《礼》是"体德理而为之节,文成人事。"《乐》是"《书》《诗》《易》《春秋》《礼》五者之道备,则合于德矣,合则欢然大乐矣。"关于周易,他的论断是,"《易》者考察人之精德之理与弗(不),循而占其吉凶,故曰:'《易》者,此之占者也。'简而言之,贾谊的观点是五经皆德,而《易》为德占。德占的办法是仔细考察问卜者的思想言行是否合乎道德之理,然后循此而占断其吉凶。"这番话和本文这里所说的周易非理非德不占和循理循德而占,基本思想大致相同。所差的,就是他似乎把周易看成合乎德之理的占卜书,而本文则认为周易是寓德与理于占筮面貌的哲学书,这一点是不同的。

在这一问题上,孔子的体会仍是最深刻的。在他看来,周易的本质是义理之书,周易的占筮也是义理之占。他所讲的吉凶,和一般占卜所说的吉凶,根本不同。他认为,周易的吉凶是"失得之象"表现于卦爻辞上(《系辞上》二章)。周易的卦爻辞完全是表达天人之道的义理,所以他把吉凶视为卦爻辞所表现的失得之象,就等于说,吉凶是德义的得失,吉为德之得,凶为德之失。孔子这种看法,和一般占卜术所谓吉凶,本质不同。一般占卜术的吉凶,是祸福之意,有福为吉,罹祸为凶,光以有利与否为标准。而孔子所谓周易的得失,则是以合德与否为准绳,亦即是非之意。这一点孔子在《系辞下》一章中讲得更明确。他说:

"吉凶者,贞胜者也。"

这句话有几种解释,来之德讲的最确当:

"贞者,正也。圣人一部易经,皆利于正。盖以道义配祸福也。故为圣人之书。术家(指占卜术士)独言祸福,不配以道义。如此而诡遇获禽,则曰吉,得正而弊焉,则曰凶。京房、郭璞是也。胜者,胜负之胜,言唯正则胜,不论吉凶也。如富与贵可谓吉也,如不以其道得之,不审乎富贵,吉而凶者也。贫与贱可谓凶矣,如不以其道得之,能安乎贫贱,凶而吉者也。"(《易经集注·系辞下》一章)

这段话解释"吉凶者贞胜也"之意,将《易》占吉凶之源于德义,而以贞正为胜的特性,讲得明明白白,与孔子的仁学思想完全一致。同时,也在客观上把《易》占与一般占卜的原则差异,显示出来。关于这一问题,义理学派大师王夫之也作了透彻的论述。他说:"《易》之为书,言得失也,非言祸福也。占义也,非占志也。"这是继承上述孔子以得失释吉凶和《礼记·少仪》占义不占志等观点,从道德修养上看待周易的占筮。他又深入解释说:"《易》不为小人谋诡至之吉凶。于其善,决其吉,于其不善,决其凶。"以善恶为吉凶的标准。亦即:《易》占是依据道德趋向的

王夫之像,出自《清代学者像传》第二集。王夫之为清代思想家,与顾炎武、黄宗羲合称为"清初三大儒"。王夫之认为,《周易》的性质当以占与学、象数与义理的统一为基础,是涉及天道与人事的哲理经世代表作。在解易方法上,王夫之创立了"象爻一致"的新方法,同时强调解《易》的灵活性。王夫之易学中务求真实的自然观、和谐发展的变易论、天道与人性同异论、人生修养与道德伦理观,以及经世致用的易学思想,是对宋以后义理易学的集成

原理，预示善行恶行的发展后果，从而"占事知来"。不像一般占卜那样，只计祸福利害，不问道义。他并且把《易》占与一般占卜加以对比，作出结论说："周易之占与后世技术卜占之书，贞邪义利之分，天地悬隔，于此辨矣。"（以上引文均见《周易内传·系辞上》）王夫之这一论断，基本观点是正确的，但说法还不够严谨。应该说，不仅后世占卜术书如此，前代大概也不例外。殷商之龟卜及梦占星占和其他杂占术，都是计利不计义，问祸福而不问善恶，都是小技末术。

故此，高亨先生所谓"周易的写作目的，在于适应卜筮的要求，预测人事的吉凶""周易是一本筮书，筮是人们要预知人事吉凶，向天神请示的一种巫术"。（《周易杂论》）云云，就是单从外部形式和功能形式上来看周易，以致忽略了它的哲学本性，忽略了它以理与德为准则的占筮特点，把它和"单问吉凶不问是非"，请求神谕，依宿命占断的一般占卜术，混为一谈，不能不说是思之未深的疏漏。

程大昌曾经考察用《易》之源。他认为《易》源于河图、洛书之数，乃着重从数和占筮上讲解周易。即使如此，他也对周易持人文主义的道德观点。在"圣人不专用占"一文中，他说：

"《易》之为书，不为卜筮设，然而无蓍以出卦象，则临事不知卦之所择也。故圣人立教之道，则常置仁义于阴阳刚柔之间，不专取成乎卦象也矣。"（《易原》卷八第二十五章）

这段话的要点有三：

（一）周易一书不是为卜筮而作；

（二）以蓍数演算引出卦象，以为临事玩象观占；

（三）圣人以周易设数，主要是通过阴阳刚柔宣扬仁义。

其中，前两条表明周易的本质是义理书，而以占筮为手段。末条表明周易的占筮带有仁义设教的性质。接着，他又引用《左传》当中依据义理进行占测而皆"曲而中"（详见前文）的事例以为证明。

程氏此文，主旨是依据《易》涵和《易》用来论证义理道德为《易》占的准则。简明扼要，道破了周易与《易》占的道德特性，和孔子《系辞》当中的观点是一致的。但孔子对《易》占的道德性质，没有明确的论述 。程氏之说，应视为孔子《易》学的后续发展。

在这一点上，古代高层次的占卜人士当中也有些人持类似的观点。如汉代占卜大师司马季主就讲过："夫卜者，必法天地、象四时、顺仁义。伏羲作八卦，周文王三百八十四爻而天下治。"（司马迁《史记·日者列传》）把周易的占卜提到体现自然规律、人伦纪律和治国方略的高度，加以重视，而并不把它仅仅作为占测祸福休咎的微枝末技，加以对待。这表明司马氏这样著名的占卜家，对周易及其占筮的精髓，知之甚深。在这方面，还有一个鼎鼎大名的占卜大师管辂，其言论也值得一叙。

据《三国志·魏志》记载，管辂精于《易》占，测事如神。但他与一般术士不同，不是仅仅就事占事，决疑了事；而是在占卜的同时，对求占者进行道德劝诫。

安平太守王基请管辂为他占卜。管辂从卦象测卜，指出王家会出现妇人生儿而死、床上有大蛇衔大笔及乌鸦与燕雀共斗等三个怪现象。他在表述占卜后果时，除告诉王基"三事不为吉祥"外,又劝他说:"愿府君安身养德,从容光大,勿以知神奸(怪异)污累天真。"(引自《管辂传》夹注《辂别传》)把养心修德寓于占卜,以为趋吉避凶之道。值得深思的是,王基"少好读《易》,玩之已久",但不甚了了,自从接近管辂,论《易》问卜之后,他反倒认为深不可测,以致"藏周易,绝思虑,不复学卜筮之事"(同上)。看来,为了精于卜筮而钻研周易,恐怕是南辕北辙,走错了道路。

管辂表现周易道德占筮特性最显著的例子,是他应吏部尚书何晏之请,占问是否可位至"三公"(太尉、司徒、司空)。何晏并说连夜梦见青蝇数十集于鼻上,驱之不散,不知何意。管辂答说:先圣辅佐明王,天下太平,是履行正道的祥瑞,不是占筮能表明的事情。他首先把问题排除于占卜界外,然后晓之以道义:

"今君侯位重山岳,势若雷电,而怀德者鲜,畏德者众。殆非小心翼翼,多福之仁。又,鼻者《艮》,此天中之山,高而不危,所以长守贵。今青蝇臭恶而集之焉。位峻者颠,轻豪者亡,不可不思害盈之数,盛衰之期。是故,山在地中曰《谦》,雷在天上曰《壮》;《谦》则裒多益寡,《壮》则非礼不履。未有损己而不光大,行非而不伤败。愿君侯上追文王六爻之旨,下思尼父(孔子)《彖》象之义,然后三公可决,青蝇可驱也。"(同上)

这样,管辂专就青蝇集鼻的梦兆,以周易《谦》《壮》二卦之象,从道德上加以分析,对何晏作了教诫,并无一语涉及占卜。对此,与何晏共坐的丁飏觉得奇怪,便问:"君见谓善《易》,而语初不及《易》中辞义,何故也?"管辂应声答说:"夫善《易》者,不论《易》也。"这句话,和荀子所谓"善为《易》者不占"之意,一脉相通,含义很深。大意为《易》者天人之义理,谈义理等于谈《易》,无须在义理之外更论《易》义及《易》占。何晏对此似乎有所领悟,于是"含笑而赞之:可谓'要言不烦'。"同时对管辂上述告诫,表示感谢,说:"'知几其神乎'?古人以为难。交疏而吐其诚,今人以为难。君今一面而尽二难之道,可谓'明德惟馨'。"(《同上》)何晏不愧为一代名士,能以"知几"与"明德"融为一体来对待管辂的道德《易》说与道德《易》诫。虽然他未能急流勇退而终召杀身之祸,应了管辂的占测,但他对管辂之言的理解,却可谓合乎《易》占的个中三昧。

上述管辂论《易》和行占的史例,虽属个别的事例,但却小中见大,生动地表现出周易以德义为占的特点和优越性。

以德为占与以理为占相结合,形成周易占筮的基本特性,它与其他占卜截然不同之点,主要在此。其他占卜以神为占,听从神命神定,不以德理为准。《易》占也讲神,但不是其他占卜所讲的主宰命运的人格神,而是孔子所说的"阴阳不测之谓神"(《系辞上》五章),是指揲蓍求卦过程中莫可测定的偶然性而言。亦即经过四营十八变的蓍数运化,是阴(偶)是阳(奇),只能偶然适会,事先谁也无法测定,这种人智所不能预料的几遇,叫做神。与一般所谓鬼神之神,根本不是一回事。但另一方面,从《易》占的整个过程来说,"神"这个步骤又是必需的一个环节。正如上述程大昌所说,蓍数是"以出卦象"的手段。不过,它的功能也仅此而已,对《易》占的性能与意义并不起决定作用。如上所述,起决定作用的,是与理融为一体的德,"神"不过起一种导入与启发、近似"几"的作用而已。故此,在《易》占三个环结"占之以神、占之以理、占之以德”当中,前者虽起导入作用,但归根结底要以后者为基准。凡是违背后两者的,都被《易》占视为无效。穆姜和南蒯的占例,便是明证。——纵然“神占”导入上好的卦爻,结果仍由于违反理占德占而无效。

但是反过来,只有结合事态观象玩辞,以理德为占而弃神不用,是否可行?依据述孔子所谓“不占而已矣”,荀子所谓“善于《易》者不占”,以及管辂占卦言不及《易》,只凭义理等论事的史实来说,无神之占,在周易来说,是可能的,有过的,有效的。它体现出真正的《易》占的深层的精髓,可以说,这是最高层次的占,只有深通事理而又精于《易》道的人物,才能有这样的本领。

未占有孚

前述占的两重性,表面上是谈孔子的易学思想,实际上是谈周易内涵在孔子思想中的反映。孔子在《系辞》里所讲的人谋与鬼谋,除在《尚书》洪范篇里可以找到其来源外,在周易中也可发现其温床。

占是周易的面貌,也是周易的用途之一。孔子说它是周易的四道之一,即是指它的面貌及其用途。除了揲蓍求卦的筮法是外加的,可以不计外,单就其文辞,特别是占辞,如吉、凶、悔、吝、利涉大川之类来看,周易就呈现出占筮的面貌。尽管如此,但仔细观察起来,在这个占筮的面貌背后,却蕴涵着积储于辞、变、象之中的渊奥的天人之道。天人之道是世界的普遍法则,据以测事,有其推理的必然性,乃是人谋。但占筮之术却凭蓍数的适运求卦,属于偶然的性质,是为鬼谋。正如王夫之所说,“神祠之莛卜也,何承天之棋卜也,火珠林之钱卜也,皆听其适然而非有则也,尊鬼之灵以治人……”(《周易外传·系辞上传》第四章)适然即偶然,则即法则。尊鬼之灵即尊重鬼谋的偶然适会,借以测知未来。一切占卜皆是如此,《易》的筮占当然也不例外。这样,周易便是以偶然性的鬼谋面貌,蕴涵必然性的人谋之道,把性质不同的两种东西统合成一种东西。然而在测事致用的功效上,人谋总是高于鬼谋。鬼谋的应用范围及其可靠性,大大低于人谋。也许由于这个缘故,周易通篇不涉及占验,亦无占验之例。孔子从不谈占验及其实例,恐怕也是来自对周易的体会。如前所述,精通《易》理的人,遇事无需占筮,只要“观变玩占”,便可彰往而察来。国学大师章太炎于此深有感悟,他说:“传曰:‘夫《易》,彰往而察来,开物成务’,六十四序虽难知,要之记人事迁化,不越其绳,前事不忘,故损益可知也。”(《易论》)前述诸葛孔明能预见立身行事的损益,就是依据文王藏于《乾》卦中的历史人物的经验教训。周易“辞、变、象”本身,也充分地表明这一“不占之占”的特性。例证很多,俯拾即是。《乾》初九之“潜龙勿用”;上九之“亢龙有悔”;《坤》初六之“履霜坚冰至”;六四之“括囊,无誉无咎”;六五之“黄裳元吉”;《蒙》六之三“勿用取女,见金夫,不有躬,无攸利”;《师》《彖》之“贞,丈人吉,无咎”;初六之“师出以律,否臧凶”;《泰》九三之“无平不陂,无往不复,艰贞无咎”,等等,“都是久经历史考验的人事法则,当其时、当其事,顺之则吉,逆之则凶,借以推测事变,当可收知来的效验,较之“偶然碰撞”的占筮,其高明实不可以道理计。因此,从周易的发展史来看,它之所以为六经之首而日益发扬光大,并非由于占

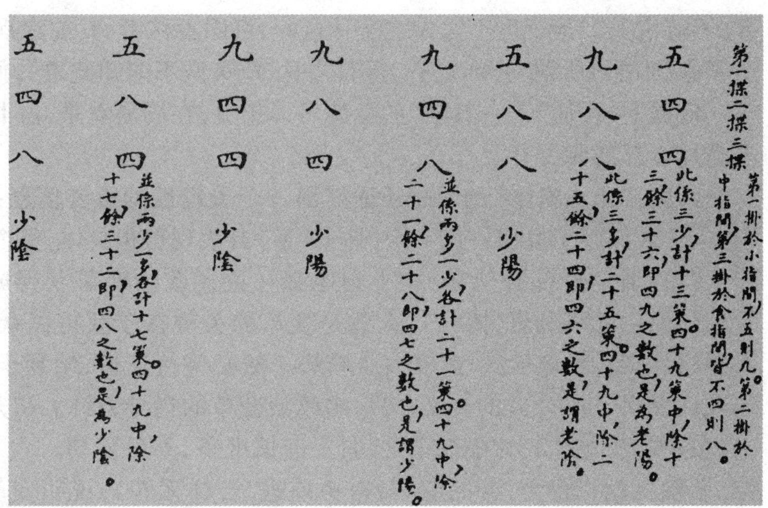

揲蓍之法图，出自元·张理《大易象数钩深图》。揲蓍为古代占卦的一种方法

筮的功用，而是由于占筮面貌背后所蕴涵的彰往察来的哲理功能。整个周易具有两重性，既可用于鬼谋的占测，又可用于人谋的推测。就这一点来看，说周易是中国上古时代的独特的未来学，也未为不可。

最有趣的是，朱熹等视为占书的周易，其中却含有无须占卜的思想，那就是《革》卦九五爻辞"大人虎变，未占有孚。"《革》卦的内涵是变革，正如孔子在《彖》传中所歌颂的那样，"天地革而四时成，汤武革命，顺乎天而应乎人。"九五的辞象，是描写一个伟大的圣人为除弊济世而进行政治变革，以阳刚中正之德，居于尊位。推陈出新，光辉灿烂，其文采之焕然一新，如虎之健而且美。这种顺天应人的新政变革，已经过民众的认可（六二"巳日乃孚"），与众人反复商讨过的（九三"革言三就"），其正确性受到民众的信任，已不成问题，所以不需要占卜。张载所说的"不卜而孚，望而可信"（《横渠易说·下经·革》），正是《革》九五"未占有孚"的含义。"未占有孚"虽是简单的"四个字"，却蕴藏深厚的内涵，从中透露出周易对占筮的态度。在周易的思想中，第一，不占而孚表示占筮的应用是有限度的，不是任何事都是占筮的对象。就是说，不言自明、不问可知或已成定局的事情，不需要占卜。众所周知，宇宙人间的万事万象虽纷纭繁杂，变化无穷，但社会生活中不言自明之事与不问可知之情，却占大多数。诸如昼夜的循环、季节的转移、政治的运行、生产的活动乃至人伦的互动，等等，一般情况下都依一定规律、规范进行，秩序井然，杂而不乱。不出新问题便无需占卜。相比之下，疑而待决的事情，毕竟是少数大事。就国家来讲，诸如天灾、人祸、战争、外交、政变、民生之类；就个人和家庭来讲，诸如进学、修业、生计、婚丧之变；只有这类命运攸关的大事，而且是疑而不决的，才值得占卜，以测吉凶而寻求前进之计。《周礼·筮人》所谓"凡国之大事，先筮而后卜"，即是此意。其中有些虽是大事，但后果明显，不成问题的，荀子所谓"以贤易不肖（以贤臣代替劣臣），不待卜而后知吉"（《荀子·大略篇》），便是这种事情，也无须占卜。有些关于前途命运的大事，早已定局的，也是如此。如李白的《送友人入蜀》诗中所谓"升沉应已定，不必问君平"（严君平为汉代占卜名家），就属于这类事情。还有些大事已箭在弦上，不能不发的，也只能一发了事，不待占卜。至于志士仁人之洁身自好，贞固不移者，其前途祸福，更无须占卜。前述屈原《卜居》所谓“用君之心，行君之意，龟策诚不能知此事”，便是最好的例证。

依据上述，从“未占有孚”的爻辞可以想见，在周易看来，占卜的对象有一定范围，不是凡事都需要占卜。

其次，“未占有孚”的爻辞还透露出一个关键性的重要信息：在周易看来，奋斗胜于占卜，人谋胜于鬼谋。这一点，整个《革》卦表现得很具体，整个周易表现得更清楚。

《革》卦的全部卦爻辞，从头到尾都在论述政治变革获得成功的大道理。卦辞“已日乃孚，元亨利贞，悔亡”，大意是变革的关键在于获得民众的信从，变革顺天应人，除弊立新，民众信从，遂成大通局势。然必坚持正道，始利于变革而无悔恨之虞。这段话表明了《革》卦的卦义，揭示出政治变革的指导方针。初九之“巩用黄牛之革”（以黄牛之皮包扎），比喻变革之初，要谨慎准备，不可妄动。六二之“已日乃革之，征吉，无咎”（时机已至，开始变革，奋勇前进，吉祥无咎），说明变革的时机与决心的重要性。九三之“征凶，贞厉。革言三就，有孚”（前进，凶。坚持下去，危险。要暂停下来。对变革策略反复研讨，然后施行，始可获得民众的信从），这是强调变革过程中要注意检查成效而慎重调整策略。九四之“悔亡，有孚改命，吉（变革即将大成，悔恨消亡。受到民众信赖而革命创制，吉祥），表示变革要依民众信赖而期其大成。九五之“大人虎变，未占有孚”，喻示新政光辉灿烂，德信彰著。上六之“君子豹变，小人革面。征凶，贞吉”，是说变革后君子的面貌也焕然一新，犹如斑豹皮文之蔚然变新。庶民也改变倾向，顺随新政。此时，继续前进，则有凶险。静居守正，可获吉祥，就是说改革成功之后要注意守成，防止冒进。六位爻辞，以比喻加告诫的方式，阐明了变革各个阶段的行动方针和注意要点。总观全卦，完全是讲变革之理与变革之计，完全属于纯理性的人谋，并无半点灵感的鬼谋。同时九五爻辞又以“未占有孚”的论断，表明人谋为成功之母，人谋之成就，无须鬼谋，人谋胜于鬼谋。所谓“谋从众，则合天心”（《引自程颐《易传·损》六五注》），合于天心，当然胜于鬼谋。

周易的卦辞爻辞，从头到尾，没有一处直接涉及占筮行为和占验事例。只有一个明面的占字，还是讲的“未占”。《系辞》和《说卦》所谈的筮数、揲蓍以及取象等，是外加的解释材料，不属于经文本身。虽然《巽》九二之“巽在床下，用史巫纷若，吉无咎”（以阳刚退居阴位，如伏于床下，过于自卑。但如能效史巫以诚心盛言沟通人神，申命行事，自可吉而无咎），其中的“史”大约指卜史（按《周礼》，史掌占卜），但那是曲折的借譬喻理，表达申命行事的巽顺之情，与占卜并无实际关系。此外，还有《损》《益》二卦爻辞涉及卜龟，但也不是讲占卜和占验的。反之，极有可能是对占卜功能的轻视。具体情况是，《损》六五爻辞和《益》六二爻辞基本相同，主体都是“或益之，十朋之龟弗克违”，前者断为“元吉”，后者断为“永贞吉。”“吉”的理由是，《损》之六五，处于尊位，以柔顺的性体，虚中自损而与下位的六二阳爻相应，表现出身居尊位而屈已待人的作风。如此，必将得到众人拥戴，因而受益，这是必然之理。纵然是宝贵的十朋之灵龟（用来占卜），也不能违背。《损》《益》相伴，《损》倒过来即是《益》，《益》六二相当于《损》六五。六二以柔顺之体处于中正的下位，虚心从众，且与尊位九五遥相应合，如此行事必将受益，也是必然之理，纵然灵龟之卜，也不能违背。侯果谓之“人谋允协,龟墨不违”、崔憬谓之“龟之最神贵者以决之,不能违其……义”、程颐谓之”众人之……公论必合正理,虽龟筮不能违也”,等等,一些名家作如是解,大意相同。虽然此外还有别解,但此解甚合《易》义。倘此说为正解,则表现出周易经文本身对占卜的效能并不持迷信的态度,而具有人谋为主,人谋胜于鬼谋的思想。

由此看来,孔子似乎对周易的此种精神有所领悟,他所谓“不占而已矣”,说不定也许如《四书集注》所说:“君子于《易》,苟玩其占,则知无常之取羞矣。其为无常也,盖亦不占而已矣。”(杨氏注)意即无恒者必将蒙羞,不占可知。另外,在《系辞》和《说卦》中,孔子在大讲《易》理的同时,虽对占筮也作了介绍和赞颂,但说来说去只是一些空话,如同《易》文一样,具体的占例占验,毫未触及。其缘故,如从周易所蕴藏的人谋胜于鬼谋的精神中去寻找,自然会得到正确的答案。

纵观六十四卦上下经全部象辞及其演变,无一处一时不在表现义理,包括占(断)辞在内,亦复如是。周易占辞是义理推演的结果,有的是依法则而推出的结论,如《师》初六爻辞中的占辞“凶”是依据“师出以律”的军事法则推出的必然论断。有的则是依据规律而作出的诫语。如《泰》九三之“艰贞无咎,勿恤其孚,于食有福”,是依据“无平不陂,无往不复”的事物运动规律而作出的告诫。《同人》六二之占辞“吝”(羞辱),是表现“同人于宗”的偏狭行为将会造成的恶果,也是警告之辞。如此等等,贯通全经。其占辞中的结论也吧,诫语也吧,都是来自天人之道的经验教训,来自依照规律的推论,没有一个单纯来自占卜。即使是揲蓍求卦而作出的占断,也都以天人之道的义理为推算的前提。周易有“自天佑之”的占辞,但没有“自占告之”的占辞。

《革》卦中的“大人虎变”,是指大人像猛虎一样地推行政治变革。此图为《仁厚俭图》,描绘了汉文帝推行改革,除酷法、施仁政之事

从卦名看,也是如此。纯阳卦之所以名《乾》,纯阴卦之所以名《坤》,水雷象之所以名《屯》,山水象之所以名《蒙》,水天象之所以名《需》,天水象之所以名《讼》,地水象之所以名《师》等,六十四个卦名皆含理性的象义,而不含非理性的占卜之义。

综上所述,可做出如下论断:周易虽有占筮的外貌可用于占筮,但它理性思维的母体绝不是诉之于占卜的鬼神,它的躯体(象)和精神(义)乃是理性的产物。在辞、变、象、占四个圣人之道中,前三者属于人谋,是它的主体；后者属于鬼谋，居于人谋之后，是人谋所控制的成分。鬼谋不是周易赖以建立的主体，倘若以鬼谋为主体，则周易全部象与辞及其所蕴涵的全部义理都将成为多余的废话。

占术粗疏

江湖术士为了炫奇猎钱，故意把周易的占卜说得神乎其神。一般人不深知周易，也茫然以为周易的占卜灵验如神，实际上并非如此。如果抛开义理不论，单就占卜技术来说，无论在测事的信息框架上，在信息关系的分析上，或测验的概率上，周易的古占术和在此基础上发展起来的高级占术（如"火珠林"）相比，便显现出幼稚而粗劣的状态。

首先，关于揲蓍占卦的方法，据《周礼·春官》记载，有九种之多。所谓"巫更"、"巫咸"、"巫式"、"巫目"、"巫易"、"巫比"、"巫祠"、"巫参"、"巫环"等，早已失传，《系辞》所介绍的只是残余的一种。这种筮法过于烦琐、笨拙。舞弄四十九根蓍草，揲蓍求卦，经四营十八变才能成卦。其间，还要作出准确的记录，潜心诚意，又费事又费时间，应用起来，很不方便。如果说，殷之灼龟观兆而卜过于繁杂，周之以蓍代龟，易繁为简，是占卜行为发展的必然趋势，那么，再往前发展下去，伴随其在民间的普及，占术求卦方法的进一步简化，是必不可免的。卜书《火珠林》便是一个典型例证。

《火珠林》一书，见于《宋史·艺文志》与《文献通考·经籍志》，是继汉代焦赣《易林》、晋代郭璞《洞林》之后，大约于唐代出现的又一著名卜书。撰者托名麻衣道人，究竟何许人，不可考。其书以汉代京房《易》学为基础，在八宫卦中纳入干支、五行、六亲等等，以生克冲合等关系为中心，进行占测。其中虽也保留了周易六十四卦的框架（卦序改变），但占法与内容则迥乎不同。

在求卦方法上，《火珠林》抛弃了《易》占的蓍草，改用铜钱。以一钱代四十九根蓍草之四营，掷三钱得一爻之象，减十八为六，节省时间三分之二。不但省时省事，而且心志易于专贯不懈。方法简便，而与揲蓍求卦的数理，并无差异。唐人江南曲有云："众中不敢分明语，暗掷金钱卜远人"（引自《说〈易〉会通·总论》"焦京〈易〉学"章），可见掷钱求卦较摆弄蓍草，大为简便。所以，钱卜出现之后，蓍占便逐渐消退。士大夫阶层之好古者偶或恋于揲蓍，也为数不多。如朱熹的讲求筮法，不过是学究式的书斋现象而已。所以，虽然守旧的人物反对钱卜，"以为后之卖卜者，务求简便，失揲蓍之本意"（同上），但这是一种保守的偏见。因为，正如杭辛斋先生所说："……揲蓍……殊非易易，及易之以钱……庶心志不纷，精神易贯，而阴阳变化仍有合于大衍之数，而得《乾》元统天之义。是以，后世习用不废。"（《学易笔谈》卷二《火珠林》）就是说，以钱币之向背代替蓍草之奇偶，其阴阳变化仍合乎"大衍之数五十，其用四十有九"（《系辞上》九章）的数理，方法简易灵便，而功能依然如故。杭先生这一观点是正确的，周易之揲蓍求卦，在占术上确是烦琐而笨拙的，改用钱币，应当说是一种进步。杭先生依据他的观察，又说："间有好古者，遵用蓍策，而效反不著。"就是说，新法通行之后，有人再用旧法求卦，效果反而并不明显。杭先生认为，这是由于"素未习用，心

蓍卦之德图，出自元·张理《大易象数钩深图》。蓍，即蓍草，周代后取代龟甲用来占卜的工具

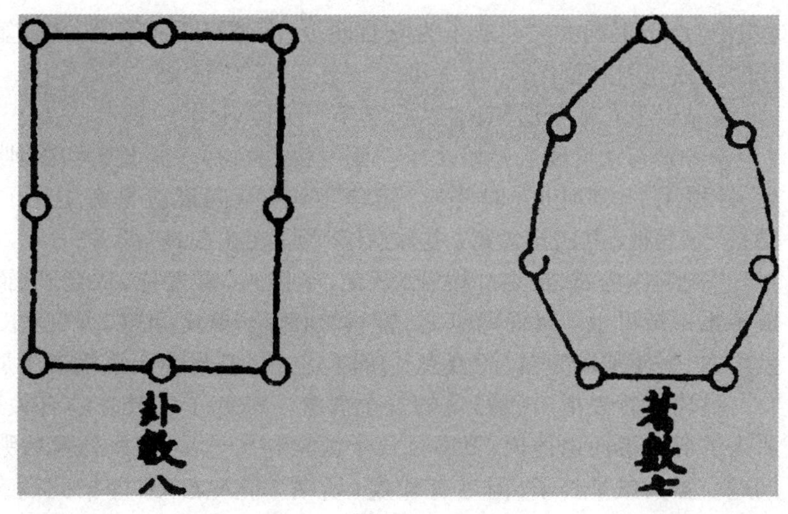

手既不相应，精神自难专一也。故卜筮实精神之学，未可专以形式求之焉”（同上）。他把蓍占不及钱卜的原因，归之于手法不熟，心志难一。是否如此，尚待研究。但周易占法的烦琐不便、笨拙滞后，却于此昭然可见。

观事绎卦

在占卜的命卜、求卦、定卦、绎卦和断卦的五个环节中，绎卦是起决定作用的中心环节。在这个环节上，周易的占卜也表现出一种粗陋的早期状态。关于周易揲蓍求卦的方法，孔子在《系辞》中作了较为详细的介绍。但定卦之后如何绎卦，即如何占算，却付之阙如。《说卦》虽有所涉及，但也是零零星星，语焉不详。后人对周易绎卦的具体方法，只能从《左传》《国语》的筮例中，窥其大略。这两部文献只讲述了十六个筮例，涉及的绎卦法残缺不全，所以周易原来如何在求卦定卦后联系命卦之事对卦象及其文辞进行分析推绎，以为断卦之需一点，后人只是略知一二，并不知其全貌。朱熹等学者所拟制的周易筮法，不过是依据《左传》、《国语》筮例的片段资料，加上自己的推理所作的东西而已，距离原状，差异恐怕很大。

如前所述，依文献的记载来看，周易的筮法有超出占卜而以德理占断者，如穆姜、南蒯之筮占。还有联系事况而引用卦理作出推断者，如《左传》宣公十二年晋国知庄子引《师》初六“师出以律否藏凶”，推断彘子违反军纪必败之类。这类东西虽与周易相关，但不属于真正占卜的性质，不在《易》占的范畴之内。在探讨周易绎卦方法时，可以置之勿论。此外，还有一种几乎全据观察情势作出占断，而只以占卦为参考的，实质上也不算本格的占卜，在这里也可以另作别论。例如《易雅》作者赵汝楳所说的占筮：

“夫儒者命占之要，本于圣人，其法有五：曰身，曰位，曰时，曰事，曰占。故善占者，既得卦矣，必察其人之素履，与居位当否，遭时之险夷，又考所筮之邪正，以定占之吉凶。”大意是说，周易之占卜，不是仅仅按卦断事，而是得卦之后，要考察问卜者的身份、品行（素履）、地位、时势、问题等客观情况，然后参考卦情，占断吉凶。作者又举出

《左传》所记卫国大夫孔成子为立君而筮、南蒯将叛而筮、晋文公筮有晋国等三例以为证明。兹先引其首例,以见一斑。

"姑以卫孔成子所筮论之"(《左传·昭公七年》)。

"孟絷与元皆嬖人婤姶之子。则身也(身份)。孟长,元次,则位也(地位)。襄公死,社稷无主,则时也(时势)。筮享卫国(筮问谁应享有卫国),则事也(占卜的问题)。筮元得《屯》,筮孟得《屯》之比。则占也(占卦)。"

"夫继体为君,将主社稷,临祭祀,奉民人,事鬼神,从会朝,而孟不良能(而)行,成子虽不筮可也。疑而两筮之,皆得'元亨。'侻史朝以'元'为长,昧非人之义,而吉孟之占,是使跛辟为君,而蓍失其所以灵矣"(括号内语系笔者所加)。

这段话首先指出《易》筮的五个要素。前四个为卦外的有关事宜,只有末一个是所占的卦。继而论述说,卫襄公长子孟絷和次子元,在襄公死后哪一个即位为君成了问题。孟絷虽是长子,但足有残疾(所谓"非人之义"即指此而言),难以主持国政。这本是明显的道理,无须占筮。但孔成子疑而不决,遂两度占问,以求决疑 。结果首卦得《屯》,卦辞为"元亨",另一卦得《屯》之《比》,卦辞亦为"元亨"。孔成子释"元"为长,释"亨"为"享"(牵强附会),以为依卦辞应为"长子享国"之义,便征求史朝的意见。史朝则认为卦辞"元亨"是说次子元享有卫国。并解释说,孟絷是个跛子,不可谓"长"。跛子不能主宰国政,应立元为君。史朝意见是正确的,倘若史朝把卦辞的"元"解为"长",不管残疾难以主政之理,以孟絷之占为吉占,那便是使跛子为君违反情理,周易的占筮也便丧失"灵验"的根据了。

总而言之,这段话的要点可归结为二:一是依据具体情况而论,应该如何不言自明无需问卜。二是必须符合情理,否则无效。归根结底等于说事态事理决定前途的吉凶,占筮须服从之,始有效验。

为了深入阐明此理,作者又进一步引用《左传·闵公元年》毕万筮问在晋国为官前途如何的史例,与孔成子筮问立卫国君的史例对比,做了如下论述:

"孔成子筮立孟,得《屯》之《比》,毕万筮仕,亦得《屯》之《比》……非卦同而占异也。立君与仕事之重轻已殊,孟絷毕万之身与位、时又殊,虽使百千万人同得此卦,其占乌乎可同!"

大意是,孔成子为立君而筮,毕万为做官而筮,二人都得《屯》之《比》卦。但国君嗣位较之个人为官,轻重悬殊。问卦者的身份地位、时机又完全不同,所以,即使百千万人同得此卦,其吉凶的占断焉能雷同?!

这一段对比的申述,把《易》占服从事理之五点情由,表达得非常清楚。

但是,从根本性质来说,占卜是以特定的法术独立地对事情的前景作出预测的行为。它的本义是"视兆以知吉凶",不是视事以推吉凶。如果它以事情的情况如何为转移,完全以义理为准而断吉凶,那就等于以非占为占,造成占卜的自我否定。因此,文献虽有《易》占的此种实例,表现出它的超凡的特点,但严格地说,却不能算作真正的筮法而纳入《易》占的方法论范畴。在探讨《易》占的绎卦方法时,这类以非占为占的筮法应予排除。

占法大略

下面,对《易》筮本身的占法试作探察。

凡是占卜,其占算方法都要以其信息结构为基础。《易》筮的信息结构是由六十四卦三百八十四爻的数、辞(含卦名)所形成的网络。对求得的卦象、爻象、爻数及其文辞的象征意义和内涵意义,按一定规则,联系所占问题进行分析,以为占断吉凶创造条件,是占算的主要方法。《左传》、《国语》所传十六个筮例的占法,就是这样的。分类言之,概况如下:

(一)只绎文辞,不及象数

前举《左传·昭公七年》卫大夫孔成子筮问立君,得《屯》之《比》卦之例,便是主要截取《屯》卦卦辞"元亨利贞,勿用,有攸往,利建侯"当中的"元亨"二字,结合事态进行绎算,并未涉及卦象爻象爻数等方面。前举南蒯筮例,也是这样。筮得《坤》之《比》,五爻动,由阴变阳,依筮法,要占绎《坤》卦动爻爻辞,以断吉凶。《坤》六五爻辞为"黄裳,元吉",南蒯以为大吉,便是据辞而断。惠伯则细绎爻辞含义,对比事态,断为不吉。从占法的角度来说,这两例都是只占爻辞,不占象数(其依德理占断,是另一问题。此处单就占法而言)。

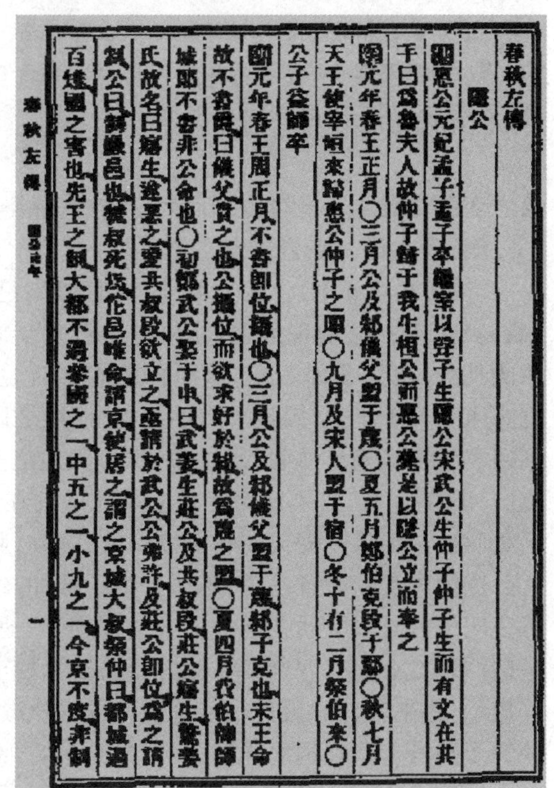
春秋左傳
隱公
傳惠公元妃孟子孟子卒繼室以聲子生隱公宋武公生仲子仲子生而有文在其
手曰為魯夫人故仲子歸于我生桓公而惠公薨是以隱公立而奉之
經元年春王正月○三月公及邾儀父盟于蔑○夏五月鄭伯克段于鄢○秋七月
天王使宰咺來歸惠公仲子之賵○九月及宋人盟于宿○冬十有二月祭伯來○
公子益師卒
傳元年春王周正月不書即位攝也○三月公及邾儀父盟于蔑邾子克也未王命
故不書爵曰儀父貴之也公攝位而欲求好於邾故為蔑之盟○夏四月費伯帥師
城郎不書非公命也○初鄭武公娶于申曰武姜生莊公及共叔段莊公寤生驚姜
氏故名曰寤生遂惡之愛共叔段欲立之亟請於武公公弗許及莊公即位為之請
制公曰制巖邑也虢叔死焉佗邑唯命請京使居之謂之京城大叔祭仲曰都城過
百雉國之害也先王之制大都不過參國之一中五之一小九之一今京不度非制
春秋左傳 隱公元年 一

《春秋左传》书影,《左传》中有大量古人利用《周易》占卜的记载

这种占法是最简单的,也可谓最原始的。仿佛后代寺庙流行的神签,从签桶中摇出竹签之后,只要看竹签上现成的签语,就凭以预断吉凶祸福,不必作任何占算与推绎。周易固有的系统筮法,已经失传,详情不得而知。但据上述筮例来看,可以推想,揲蓍起卦之后,只绎文辞含义便据而占断,大约是春秋时代以前《易》占常用的最基本的绎卦方法。无妨说,它的简略性表现出它在占卜术发展史上早期的未成熟性质。

(二)只绎卦象,不及文辞

例一,《国语·周语》

晋成公客居于周。晋国赵穿弑晋灵公,迎成公返国即位。周国单襄公在病中对儿子顷公说:

"成公之归也,吾闻晋人之筮也,遇《乾》之《否》。曰:'配而不终,君三出焉。……"

意思是,关于成公返国即位一

陈完像。陈完，也叫田完。厉公之子，桓公之孙，是齐国田氏的始祖。传说，陈完幼时，陈厉公请太史为陈完算卦。爻卦说陈完以后在异国当官，其子孙在异国称侯。此卦果然灵验，陈完在齐国为工正，其十一世子孙在姜国称侯

节，听说晋人为之占筮，得了《乾》之《否》卦（《乾》卦下三爻皆动，阳变为阴，成《否》卦）。《乾》为本卦，《否》为之卦，合称《乾》之《否》（凡言"某卦之某卦"，义皆仿此）。其占断是，配天为君，不能有终，成公即位后，将有三次离晋奔周。

这个占断完全来自对卦象（包括爻数）的分析。本卦是《乾》，据《说卦》关于筮法的介绍，《乾》是天和君的象征。《乾》卦纯阳，其上卦为天，下卦为君，合起来看，表现出国君配天之象。今《乾》卦下三爻动，变阳为阴，成《坤》地，全卦遂变为《乾》之《否》（《乾》夬→《否》姤）。而（说卦》讲，《坤》卦为地，为臣；《乾》变《坤》，表现出君变臣之象。同时，三爻皆变，于数为三。这一卦象爻数之变，意味着成公返国为君，与天相配，不能维持到底。将要三度离晋奔周，舍君为臣。这是只据本卦与之卦的卦象之变和爻数之变推绎占算而测定吉凶，并不涉及卦名卦辞和爻辞。

例二《左传·庄公二十二年》

"陈厉公生敬仲。其少也，周史有以周易见陈侯者。陈侯使筮之，遇《观》之《否》䠒。曰：'是谓观国之光，利用宾于王'。此其代陈有国乎?！不在此，其在异国，非此其身，在其子孙。光，远而自他有耀者也。《坤》，土也。《巽》，风也。《乾》，天也。风为天于土上，山也。有山之材，而照之以天光，于是乎居土上，故曰'观国之光，利用宾于王。'庭实旅百，奉之以玉帛，天地之美具焉，故曰'利用宾于王。'犹有观焉，故曰'其在后乎'！风行而著于土，故曰'其在异国乎'！若在异国，必姜姓也。姜，大岳之后也。山岳则配天。物莫能两大，陈衰，此其昌乎！"

这段史实的大意是说，陈厉公生子敬仲，幼小时，周王朝史官以精于周易而晋见。厉公叫他占卦以卜幼儿前途。揲蓍求卦后，遇到了《观》卦，六四爻动，变为《否》卦，是谓《观》之《否》。史官绎卦说：《观》卦六四爻辞为"观国之光，利用宾于王。"这句爻辞显示，将来敬仲的后代代替陈国在异国执政，但不在本国，也不在敬仲一代，而在敬仲的子孙身上。观国之光的光辉，是从远方照耀而来。为什么这样占断？因为《观》卦由《巽》《坤》组成，而《坤》象为土，《巽》象为风，六四爻由阴变阳，则《巽》变为《乾》，成《否》卦。《乾》象为天，《巽》变为《乾》，是风变成天。下面是《坤》土，是土上的风变为土上的天，土上之高天，有山岳之象。同时，《否》卦䠒二、三、四爻为《艮》犨

也呈现山象。整个卦象既有山岳的资材,又有天光的照耀,如此而居于大地之上。有此种景象,所以说,“观国之光,利用宾于王”。《乾》象君,《坤》象臣,《乾》下有《否》卦,有大臣朝见国君为国君宾客之象。诸侯朝见天子,奉献礼物,有金玉(《乾》为金玉)布帛(《坤》为布帛)等贵重物品,堆满于门庭,是天地和谐、君臣相得的美好形象。再从本卦《观》来看,观有瞻望未来之义,它表示这种“观”国之光,利用宾于王的美好景象,恐怕是后代子孙才能享有。为什么要在异国得志呢?因为卦象显示,风(《巽》)流动起来之后始着于土地(《坤》)上,是指远方而言。若是远方异国,一定是姜姓的后裔。因为姜姓是大岳的后代,而《观》卦的三、四、五爻和《否》卦的二、三、四爻都是《艮》的山岳之象。山岳高大,与天相配,气势昌盛,宏运无匹。但事物的发展有其定律:不能两全其美(两大)。所以,敬仲之后既能得国于异地,则陈国相对必将衰弱下去。

以上是周史对《观》之《否》卦的绎释与占断。总起来看,有如下几个要点:

1. 联系陈国及他国情势,结合本卦与之卦进行绎算;

2. 依据本卦《观》卦卦名及动爻爻辞进行绎算;

3. 以本卦动爻爻辞为中心,对卦变的象义和之卦的象义进行绎算,而以之卦的象义为重点;

4. 从之卦《否》卦的结构中找出类似汉人所谓“互体”之象(《艮》),以扩展绎算的范围;

5. 以上述四点为基础,加以推绎引申,作出占断。

穿凿而汗漫

这一占例的绎算方法,在古代文献的遗存中,比较起来,是相当具体而完整的一个。除了对卦名爻辞卦象的分析较为深入之外,类似互体的绎算法(《左传》杜预注云:“自二至四有《艮》象,《艮》为山)。”在古文献中极为罕见。后代学者,据此占例证明春秋筮法中已有互体之用,不为无因。有人认为,此占例中的互体《艮》,取自之卦《否》,以之卦之象为准,似是舍本卦而取象于之卦,有悖于《易》占绎象皆兼顾本之二卦之常法,不足为准。但仔细观察,此筮例中不仅之卦《否》的内部结构中涵有《艮》之山象,其本卦《观》亦复如此。当时纵然尚无汉人所谓互体之称,却已有互体之实,这是不容否认的事实。如果说此占例的绎算法为互体的伊始,也许未为不可。

《左传》、《国语》所载周易十六个筮例,其占法大体如上二例所示,不外乎联系所卜事情对卦名卦辞爻辞、爻数卦象包括互体,进行分析推绎,借以作出吉凶的占断,如此而已。情况很明显,周易占法受到本身形式与内容的限制,只能在六十四卦的框架内,运用象、辞、数等所提供的象征性的空泛信息,结合事态,进行绎算,而缺少具体的时空要素、严格的条件和细密的规则。所以占算过程表现出散漫性和随意性乃至想象性;而为了占断吉凶,又不可避免地产生牵强附会、生搬硬套、七零八碎、勉强拼凑等弊病。细看古文献所记筮例,无一不是如此。前举各例,可为明证。前述《左传·昭公二年》南蒯筮遇《坤》之《比》,六五爻辞本为“黄裳,元吉”,黄裳为喻示善美的辞象,元吉为表明辞象性质的占辞,亦即大吉之意。但惠伯在占算时,却把元吉二字分开，单讲元字，说"元，善之长也"，这种打碎原文，任意解释的占法，（所谓"别解"）和周易《坤》五爻辞的原意，完全不合。《左传·昭公七年》孔成子筮问卫国立君，遇《屯》之《比》一例中，孔成子和史朝二人在占算时，为了应合立君的筮问需要，都从《屯》卦辞"元亨利贞，勿用有攸往，利建侯"三句中随己意截取"元亨"二字，任意加以绎算。更有甚者，为了联系贞问事态，作出占断，还进一步随心所欲地把"元亨"的亨字，窜改为享字，以便把卦辞"元亨"（大通）解释成"元（人名）享有卫国"或"长子（元）享有卫国。"如此，以断章截句、窜改文字之法，进行占算，既背离周易卦辞的本义，也失去了占术应有的一定之规，使占法与占断因人而异，无法控制，以致丧失占卜本身"定性"这一本质属性，成为类似一种缺少规则的不完备的占测游戏活动。至于《左传·庄公二十二年》周史为陈厉公小儿前途所作的占筮，情况也大体近似。围绕《观》六四爻象之变及其爻辞乃至《否》象所作的分析和推绎，表现出一定的情理和逻辑性，也合乎周易卦象的占算理论，但仅据《观》名的观瞻意义，就推绎出得国在后代，仅据风之流动于他地而推绎出得志在异国，实属随意"上纲"，恣意衍申，不讲情理，不着边际。尤其最后，竟而硬把《否》所含《艮》象和山岳后裔的姜姓凑到一起，据以推定异国必为姜姓之后，更令人痛感这完全是牵强附会，生拉硬扯。本来占卜虽属于通神的巫术范畴，但较高的占法也有一定的逻辑性，否则不成其为数术。但此种筮例的占算，却脱离了占卜数术的逻辑性，凭想象随意云云，以满足问筮的需求。从这些占筮的史料中，无论怎么探索，也找不出所谓先圣文王所撰这部占书在占绎法上有什么高明之处，也不会从如此粗陋散漫的占术中感到它会有什么较高的应验性。这一点，即使力主周易本是文王为教民占筮而作的占书的朱熹，也有同感。他不无感慨地说："……此书（指周易——笔者）本为卜筮而作，其言皆依象数以断吉凶。今其法已不传。诸儒之言象数者例皆穿凿附会。言义理者，又太汗漫。"（《朱子大全》卷六十《答刘君房》）他认为周易本来是文王在伏羲所画八卦基础上所撰的占筮之书，原有高明的筮法，依象数以断吉凶。但其法早已失传，后人只好凭臆想而自创占法，推绎象数，以为占断，但都表现为牵强附会，不合情理。他这种感觉是正确的。但是他把上述古文献所记周易筮例占法（包括汉儒象数派筮例占法）恣意穿凿之弊，归罪于旧法失传，却未免失之苟简。如上所述，周易的信息框架，由象、数、名、辞等成分构成，占算时只能在此框架范围内联系事态，对这些成分进行分析、占算，别无他途。即使文王再生，恐怕也只能如此。况且，《左传》、《国语》所记史官率皆专业的占卜大师，对旧法不能一无所知，对《易》筮的占算技术，无疑是精通的。他们对象数名辞的绎释之所以如上述各例那么牵强附会，恐怕就不能归罪于方法本身，而要从产生方法的信息框架的局限中去寻找所谓"例皆穿凿附会"的客观原因了。故此，从根本上说，言象数皆穿凿附会之责，不仅在言象数者，也在象数本身。另外，朱熹所说"言义理者又太汗漫"（宽泛），是对的，因为义理属于规律之列，其应用的宽泛性是正常现象，不可避免。但仔细看看，这个"汗漫"实不止于义理（表现为文辞），象数方面何尝不如此?！由于象数、文辞宽阔、空泛，故而其占法也便难免汗漫，可以任凭占师随意附会，广泛引申：由卦辞的元字，附会到人名的元字，又由元字之"长"义附会为长子（左昭公七年孔成子筮例）；由《观》字的远望之义而恣意引申，占断为后代之事，抓住互体山岳之象而发挥想象,硬与大岳后裔姜姓扯到一起(左昭公二十七年周史筮例),等等,古文献所记筮例,无一不是如此。由此可以想象,除非运用这种引申附会的占算方法,否则便无法将象数名辞同贞问的事情具体联结。简单空泛的象数名辞和复杂万端的事物之间的矛盾,应该说是古占法穿凿附会之弊的根本原因所在。这样看来,所谓"太汗漫",就不仅适用于义理,也适用于占法。也可以说,由于周易的信息内容汗漫,占法也只好汗漫,而汗漫的占法遂不能不表现为牵强附会,生拉硬套。如此看来,所谓早已失传的周易各种筮法,在好古的诸儒心目中,似乎神秘而高不可及,实际上恐怕也脱不出此种占法的早期历史的粗陋性。这一点,在专门探索过周易古占法的朱熹的言论中,也透露出一点消息。

朱熹在《易象说》中谈到周易来源时,认为原来取象的缘由,在大卜之官那里,一定有具体的说法,现在已不可考,姑付之阙如。如今,只能"直据辞中之象,以求象中之意,使足以为训诫而决吉凶"(《朱子大全》卷六七)。就是说,古代取象的筮法已经失传之后,占卦时就只能绎取辞象的含义,使它充分发挥出道德训诫的作用,从而占断吉凶。朱熹所倡导的这种绎象以为德占的占法,并非他的创新,而是古已有之。本文上述《左传》《国语》所记的许多筮例,基本上都是采取这种占法。而正是由于这种占法过于汗漫,以致在"使足以为训戒"的推绎过程中,不可避免地陷于穿凿附会。上述惠伯从"黄裳元吉"的辞象中撷取元字,另作阐释,硬造"训诫",就是一个典型的例证。

拟古占法

朱熹认定周易原为卜筮之书。所以除撰写《周易本义》,从卜筮角度对周易经文作解之外,并据古文献对古占法作了系统的探索。探索的成果并不合乎理想,但对人们认识春秋以前周易的古占法,却很有帮助。

据统计,《左传》《国语》所记筮例,全卦不含爻变的计有《屯》《泰》《蛊》三例。全卦只含一个变爻的计有《坤》之《比》、《屯》之《比》(二次)、《泰》之《需》、《大有》之《睽》、《大有》之《乾》、《观》之《否》、《明夷》之《谦》、《困》之《大过》、《归妹》之《睽》等十一例。全卦含三个变爻的计有《国语》的《乾》之《否》和《屯》之《豫》二例,全卦含五个变爻的只有《左传》《艮》之《随》一例。涉及变爻的情况为:初爻变(《屯》之《比》、《明夷》之《谦》),第三爻变(《大有》之《睽》、《困》之《大过》),第四爻变(《观》之《否》),第五爻变(《大有》之《乾》、《泰》之《需》、《坤》之《比》),上六爻变(《归妹》之《睽》),初二、三爻共变(《乾》之《否》),三、四、五爻共变(《屯》之《豫》),初、三、四、五、上爻共变(《艮》之《随》)等。其中第二爻之变、二爻共变、六爻皆变的占例,不见经传。情况如何,不得而知。当然不是几百年间没有这种占例,只是不见之于文献而已。

为了弥补这一历史缺憾,后人曾经在探索古文所记占法的基础上,拟制出成套的《易》占条例。朱熹《易学启蒙》中的"变占"法,就是其中之一。具体内容大致如下。

①六爻皆不变,则以本卦卦辞为占。绎象时,以内卦之象为主,代表己方。以外

卦之象为客,代表对方。

②一爻变,则以本卦变爻的爻辞为占。

③二爻变,则以本卦二变爻的爻辞为占,以在上的爻为主。

④三爻变,则看本卦及之卦的卦辞,而以本卦为主,之卦为客。三爻变的卦能有二十种不同的可能性:前十种初爻不变,为主;后十种初爻变,为客。

⑤四爻变,则以之卦二不变爻为占,以在下的爻为主。

⑥五爻变,则以之卦的不变爻为占。

⑦六爻变,《乾》以《用九》辞为占,《坤》以《用六》辞为占,其他卦,以之卦的卦辞为占。

朱熹仿古拟制的这套周易占法,有的符合古筮例,如:六爻不变占本卦卦辞一条,前述孔成子贞问立君筮例遇《屯》卦,即以卦辞"元亨"等为占。一爻变,则以本卦变爻之辞为占一条,部分地也与古占法相符。如前述周史贞问陈完前途的筮例《观》之《否》,即以本卦《观》的第四爻"观国之光;利用宾于王"之辞为占,等等。但另一方面,也有一些条款的占法,于古无据。如二爻变、六爻变的占例,不见于先秦古籍,朱氏所拟占法,想必出自循理推测,是耶非耶,无从查考。但其所拟占法,与古筮例占法根本精神相背之弊,不在于拟制不当,或凭空拟制;而在于主要讲辞占,几乎不讲象占。按古例,《左传》《国语》所记十六筮例中,《乾》之《否》与《大有》之《乾》二例,纯以本卦及之卦之象为占,不涉及文辞。《屯》之《比》(毕万筮仕于晋)《屯》之《豫》、《泰》、《大有》之《睽》、《大有》之《乾》、《蛊》(卜徒父筮伐晋。其辞不见于周易,但其占法可为参考)、《观》之《否》、《明夷》之《谦》、《困》之《大过》、《归妹》之《睽》等十例,则象占与辞占并举。而纯用辞占,不用象占的,则有《坤》之《比》、《屯》之《比》(孔成子筮例)、《泰》之《需》、《艮》之《随》以及非周易的《复》等五例。其中多数筮例,运用象占。重要的占卦之文《说卦》,讲的也都是关于象占的事情。可见,以象为主体的周易,其占法之应用象占是顺理成章的趋势。若从"书不尽言,言不尽意。……圣人立象以尽意"(《系辞上》十二章)和"言者,明象者也"(王弼《明象》)这一观点来看,则象为辞本,辞由象生,在占法(乃至推理)当中,象的思考或推绎应占有主要地位,是不言自明的道理。比如,不谙《乾》象纯阳刚健之义,则无从理解"元亨利贞"卦辞的本义。不谙初阳在下,静养待时的象义,便不能认清《乾》卦初爻辞"潜龙勿用"的深层含义。不了解《坤》象的纯阴顺健的含义,便不会明白为什么卦辞"元亨利贞"中加上"牝马"之词,不懂得阴阳消长的《易》象演变,也就只能对初六爻辞"履霜坚冰至"断章截句地从字面上作出类似一般规律的空泛理解,而不能从中感到怵然的警惕。如此等等,这是众所周知的《易》学基本原理,无须赘述。名家如朱氏者,当然知之甚深。但令人费解的是,他却抛开卦爻象本身的取象作用和象征作用,而"直据辞中之象,以求象中之意……以决吉凶。"(引文见上)专从文辞下工夫绎取象义,这和程颐专注《易》辞,认为"推辞考卦,可以知变,象与占在其中矣"《易传·序》的偏见,多少有些类似。朱氏仿古拟制的七条占法,基本上都是以辞为占,对象占则并无具体的明显要求。这种偏颇之弊的产生,也许和他据辞求象的主张具有不可分割的联系。在这一点上,不仅朱熹如此,同是宋人所著《周易古占》所述的占法,大体与朱著类似，也是以辞占为主，无须赘举。

爻象之占

同时，也许正由于以辞为主，从辞中追索象意的缘故，朱熹所拟的仿古占法，就没有涉及爻象的绎算问题。这应该说也是一个缺憾，然则，古文献所记占法中，在卦象和卦辞爻辞之外，有没有涉及爻象的呢？当然是有的。最明显的就是《说卦》对卦体结构所作的分析，所谓“立天之道曰阴与阳，立地之道曰柔与刚，立人之道曰仁与义。兼三才而两之，故《易》六画而成卦。分阴分阳，迭用柔刚，故《易》六位而成章。”这段话一方面可视为关于卦体结构的象数分析；另一方面，这一分析显然也与占法密切相关。从《说卦》讲八卦的方位和取象的细目等处来看，显然这一分析方法必然会应用于占卦的绎算。也许，这种把六爻分为天地人三位的方法，不是源于后人（如孔子）对《易》体的开发，而是古占法的遗存，果然如此，则孔子在《象》辞中对卦象（大象）爻象（小象）所作的评论，就自称“述而不作”的孔子来说，恐怕也未必完全出自独创，也许在一定程度上从古占法的残流中有所汲取，也未可知。这一点，在《系辞下》中表现得尤为显著，其中有专章对爻象的功与位等作了具体的论述。如说“二与四同功而异位，其善不同。二多誉，四多惧，近也。柔之为道，不利于远者，其要无咎，其用柔中也。三与五同功而异位，三多凶，五多功，贵贱之等也，其柔危，其刚胜邪！”（《系辞下》九章）这段话，总合论述卦中二与四、三与五这四个中间之爻的地位和功能。大意是说，二爻和四爻同是偶数，阴性，同具柔顺的功能，但分居上下卦，地位不同，其所象征的是非得失也便不同。二爻处下居中，多获美誉，四爻处上居下，多受惊惧。因为阴柔之性不利于向远，二近处下卦，四远居上卦，以致如此。阴性的要点是慎求无咎，其功用是柔顺而中和。三爻和五爻都是奇数、阳性，功能相同，但所处地位不同。三爻多凶险，五爻多有功，是由于三爻在下卦之上，属于臣位，五爻在上卦之中，属于君位，贵贱的等级不同之故。三、

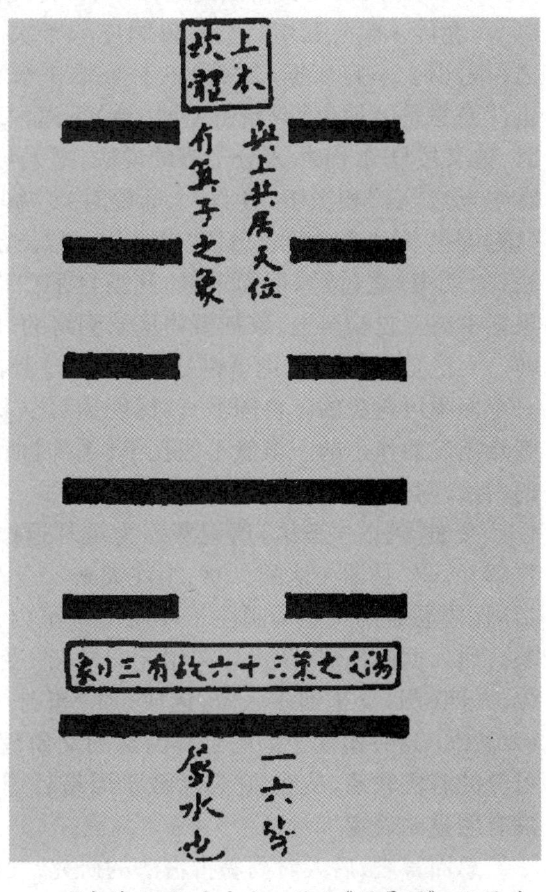

明夷箕子图，出自宋·佚名《周易图》，此图对明夷卦的卦理进行了描绘

五都是阳位，柔爻居之，便有危难，刚爻居之，便可胜任，大体是这样的。

上述孔子对《易》卦二、三、四、五爻的分析，大体揭示出六十四卦这方面的通则。爻的阴阳、地位、功用及其相互关系（乘、承、比、应等）属于爻象的范畴。孔子的这些话，就是针对爻象而言。这里应该指出的是，这些话并不是仅从哲学上对爻象所作的客观分析，而是与占法紧密相连的象数分析。就是说，从道理上看，周易的象占不能只针对卦象，而不管爻象。孔子所述的这些中爻爻象的性质、功能、地位和关系之类，在占法中不可避免地自然会有所涉及。其不见于文献，是另一问题，在实际的占筮中，一定会有所流传。也许孔子这些话，是以上代所流传的爻象占法为基础而做出的分析。倘若离开占法而空谈爻象的功、位问题，则孔子所谓"占事知来"便成为空话。孔子处于春秋时代，同后代人相比，无论如何距古较近，汲取古占法遗存比较容易，他的话对后人探究古占法来说，应该成为宝贵的矿藏。

与此同时，我们无妨再返回来对古文献重行探索，看看其筮例中有无爻象的占法。《左传》、《国语》的十六个筮例（包括非《周易》筮例）的占法中，在卦象卦辞爻辞的占绎之外，并没有表现出关于爻象（功、位、比、承、应等）的具体分析。不过，细心地考察一下，亦可发现其占法的运作中，含有类似的成分。例如：

《左传·昭公五年》记载，鲁国庄叔于次子穆子初生时筮问其命运，遇到《明夷》之《谦》卦。卜官依据《明夷》的卦象愊来解释其初爻之变的爻辞。他说："明夷，日也。"意思是，《明夷》卦象由上坤（地）下离（日）构成，是日在地下，将要出来之象。同时，他又按日分十时、人分十等的说法，把人与日时配合，认为"王"相当于"日中"（日在中天），"公"相当于"食日"（早餐时），"卿"相当于"旦日"（日出时）。《明夷》之《谦》是初爻动变，相当于日初出之象，虽显光芒却未明朗，正是黎明的景象。所以他说："《明夷》之《谦》，明而未融，其当旦乎！"以周易的卦体来说，初爻象征事始，上爻象征事终。自初至上，象征事物从始到终的过程。这种观点，在爻象中属于"位"的范畴。无论是引《易》卦论事也好，或以《易》卦占事也好，按理说，这种绎释方法是事有必至而不可避免的。鲁国卜官对《明夷》之《谦》的初爻的绎释，实质上就是从"位"的观点出发而作出的。虽然不像孔子《系辞》所说的那么明确、具体，但骨子里属于爻象的占法，则是毫无疑问的。

又如《国语·晋语》所记董因为重耳返国筮得的《泰》卦，虽无爻变，且仅以卦辞作解，所谓"是谓天地配，'亨，小往大来'，今及之矣"云云，但其中的"小"指阴，"大"指阳（周易通例），意为阴往于外而阳来至内，卦爻的阳阴演变形成天地相交的《泰》象。后人据此推演，认为《泰》由《归妹》演变而成。《归妹》䷵六三爻（阴）前往九四位，九四（阳）爻来到六三位，遂成《泰》䷊卦。就是说，爻象地位阴阳的演变，形成了《泰》卦。这种蕴涵于周易卦辞内部的爻象理论，当然和周易古占法之间存在着密不可分的有机联系，虽然，它是深藏于周易哲理和占筮底部的少数遗存的古筮例中，并没有明显的表现。

总而言之，后人对周易古占法的研究，大体上不超出上述圈子。有的《易》学家认为，占法的一些条规，在《左传》《国语》或有征，或无征。有征者，以其征知之；无征者，以有征者推知之，当无大谬。这个观点是对的，以今索古，恐怕只能如此。朱熹所拟制的古占法条例,大体上符合这一做法,故而对周易古占法的研究,有一定贡献。但他对古文献的探索,有的地方还不够深入、全面。如上述《左传》、《国语》筮例所透露的关于爻象占法的消息,以及《系辞》、《说卦》关于爻象"功""位"等的论述,就没有发掘和汲取。尤其把卦爻之变的占辞几乎局限在爻辞的范围内,对象的占法有所忽略,更是明显的缺欠。

总结上文,可以做出如下结论:

周易古占法(不含求卦筮法,德占除外)包含象占、辞占两大项,其卦变爻变的象占辞占具有简单的准则。但占法的运用十分灵活,"不可为典要,唯变所适"(《系辞下》八章)。可唯辞占,可唯象占,可辞象并占。占断亦可依情、依理或依事,并无定则,难免因人而异。故而周易古占法实为一种灵活有余,规则不足,简陋而粗疏的早期占法。

依据这个结论推想,便会明白,在周易"辞、变、象、占"四大项之中,何以占法未能伴随经文传诸后世,发扬光大,反而失其传承,以至衰落下去的原因所在。

与《火珠林》占法的对比

这一点,如果以后代发展的占术与周易试作比较,便会看得更为清楚。下面,仅以《火珠林》为例,试作探讨。

《火珠林》占术是汉代象数《易》温床上滋生的周易古占法的一个变种。它仍以六十四卦的框架为体,在六爻中插入纳甲法,配以干支五行、六兽、六亲等成分,增添占算的时空信息,使占算的人事信息具体化,基本上废除象占辞占,代之以五行生克冲合为主的占算方法。它虽披着周易象体的外衣,骨子里却与周易占法完全不同。

这里,仅以《观》之《否》卦为例,略作对比。以见双方占术的不同和优劣。

甲:周易筮例

《左传·庄公二十二年》陈厉公占儿命运筮例:《观》之《否》卦占法:

(一)占卦变:本卦《观》㓜四六爻动,阴变阳,成之卦《否》䟣。

(二)占本卦六四变爻爻辞"观国之光,利用宾于王。"

(三)占本卦之卦卦象,以为六四变爻辞的证明。

(四)占本卦卦名《观》,以推断未来。

总之,大体上是联系所卜事情,对卦象、卦名、爻辞进行分析,从而作出占断。详见上文,不再赘。

乙:《火球林》占例

辰月庚午日,占会试,得《观》之《否》卦。

卯　已　未化午　　卯　已　未
·　·　×　　　　:　:　:
财　官　父世　　　财　官　父应

断曰:未土持世,化出日辰午火世官星生才,鼎甲在掌。果中探花。

（引自清人洪绪著《卜筮正宗》第九章《十八问答占验》）

占法：（一）以三枚铜钱抛掷六次，背为阳，字为阴，三阳画○，三阴画×，表示动爻。其余则以"一"标阳，以"袴"标阴，与周易阴阳象同，如此得卦。

（二）"世"为己身，"应"为客体。

（三）以月日地支所属五行之生克冲合为主，据所问之事，从父母、兄弟、妻才、官鬼、子孙中选定"用神"，然后联系"世""应"进行占算。

（三）问功名以父母爻为用神。本例父母爻未土持世（功名在身），未土动，变为午火，火生土，与未土相合；而日辰又当午火，生合未土，用神父母爻，有生无克。同时，午火属原神，为官鬼（官星）而生合用神。

（四）据此，占断为功名在手，大吉大利。

依据上述情况，将两种筮例的占法对比一下，即可清楚地看出，《火球林》的源头虽是周易，也继承了六四卦的卦象，但伴随气象历法等的学术发展。和占术自身的发展，它已经以纳甲、爻辰、五行等新的成分，对周易的占法做了脱胎换骨的改造。周易占法的象占辞占之类已完全消逝，难觅踪影。针对具体人事信息所作的五行生克冲合的占算，成为占法的核心。而如前文所述，以钱卜代揲蓍，也大大减少了起卦的麻烦。

对比的结果，可以得出这样几点结论：

（一）配合卦内六爻的占卜信息（干支、六亲、世应、五行等）远较周易的象与辞具体、细微、清楚，便于占算。

（二）占算的法规远较周易严密。如用神的确定，干支五行的生克冲合、占断的依据等，都有章可循，有法可依。周易的象占辞占那种法无定则的粗疏性和随意性等弊病，已一扫无余。

（三）这一对比，虽然仅仅依据两个占例，但"一叶落而知天下秋"，由此反映出来的情况足以表现出，就占卜术来说，周易的占法，虽具有鼻祖的地位，但同后代继而发展起来的占术（如《火球林》之类）比较看来，却显现出一种早期的幼稚状态。除了德占、理占有其珍贵的义理特色外，其占卜法术之平庸低劣，是无可讳言的。正如周易的义理内涵伴随历史的进展而日益发扬光大是理所必然的趋势一样，作为周易寓理外壳的占筮形式，伴随历史的进展而日益衰落，从它依附的义理上脱落下来，退出占卜的舞台，而为其他成熟的占术所代替，也是事有必至的合理后果。

占验的概率

最后，顺便说一下，在所谓"占验"的问题上，周易的占卜与火球林比较，似乎也略逊一筹。杭辛斋先生于此颇有感触。上文说过，在论述火球林以钱易蓍的优越性时，他曾指出："间有好古者，遵用蓍策，而效反不著。"他说的是揲蓍求卦，效果反而不如钱卜。所谓效果，当然是指占验而言。杭先生的感觉，自然是来自占卜的实践，绝不是产生于凭空臆想。笔者也曾以试验角度专门作过探索，也产生了这种感觉，即：火球林的占验概率似乎远远超过了周易。这也许源于含糊的占法逊于精细的占术之故吧,究竟何故,有待于今后专题探讨。

然而从另一方面来说,从上述两种占例的对比中,人们又可以发现另一差异,那就是:同是《观》之《否》卦,不仅占法各异,内涵也根本不同。周易的《观》之《否》卦除了占术方面不及火球林之外,在象与辞的内容及其依乎情理而不依乎定命的推绎方法上,却以其渊奥的义理和灵活的辩证思维而较之火球林大为优越。在这方面,不妨说,周易等于天上的月亮,而火球林等于地上的乌龟,两者之间存在着龟月之差。火球林的内涵肤浅可怜,无非是遵神谕起卦,依规则占断,从占卜到占卜,谈不到什么辞、变、象、占,更谈不到什么天人之道,如斯而已。

综述语及儒家占筮观

比重轻微

周易涵有四大圣人之道，占是其中之一。就这一点来说，占的成分在周易中也许可以视为占有四分之一的比重。同辞、变、象的总体对比，占的分量显然很轻。如果再作具体细分，如上文所述，把《易》占分为“筮占”与“理占”两种，那么，纯粹的卜筮之占，在周易中所占有的比重就更轻微了。众所周知，比重的大小、分量的多少，必然左右性质的确定。故而筮占的比重大小，对周易是否为筮书来说，具有决定性的作用。当然，这是就周易的本质而言，不是指它的表述面貌和功用形式。

固然,孔子所谓《易》有辞、变、象、占四个圣人之道,是从学《易》的角度讲的,意指周易具有四种宝贵内涵,可供学者汲取。在这个意义上,从占有的分量比重上观察,包括揲蓍求卦的方法在内,其纯属占卜性质的东西,也并不多,说它约占四分之一的比重,也未为不可。这一点,如若和其他占卜书对比,就显得十分清楚。仍以火珠林为例,全书六十四章从头到尾是讲占法,什么“六亲根源”、“世应相克”、“占身命”、“占运限”、“占婚姻”,等等,甚至涉及“占谒贵”“占博戏(赌博)”之类,没有一章越出占卜范畴。类似周易象变所反映出的天人之道的义理,一处也没有。即使单就占术的层面来看,除了钱占求卦法和周易的揲蓍求卦法并无实质的差异外,其他内容实有天壤之别。根本的分歧在于周易之占依理依德,火珠林之占(包括其他占书)则依神依规。故而周易之占含有筮占与理占的两重性,即使筮占的占断,也不得背理背德。而火珠林之占只是单纯的占卜,只讲占断吉凶祸福而不计其他。由此简单的对比可以得出结论说,纯粹的占卜成分在火珠林之类的占书中所占的分量几乎是百分之百。而相比之下,周易之占当中,纯占卜成分则相当微薄,说它占有四分之一的比重,恐怕还需包括所谓“不占之占”的理占在内!虽然周易本身采取了《连山》、《归藏》等筮书同样地以蓍草求卦、以卦爻占筮,并以吉凶悔吝等占辞表示占断,具有占筮的功能,但其占法占辞和功能,必须以天道(阴阳)、人道(义理)的运行为基础,基本上是它涵纳并推显天人之道的形式。但它并非某些人所说的外在形式,而是周易内容的表现形

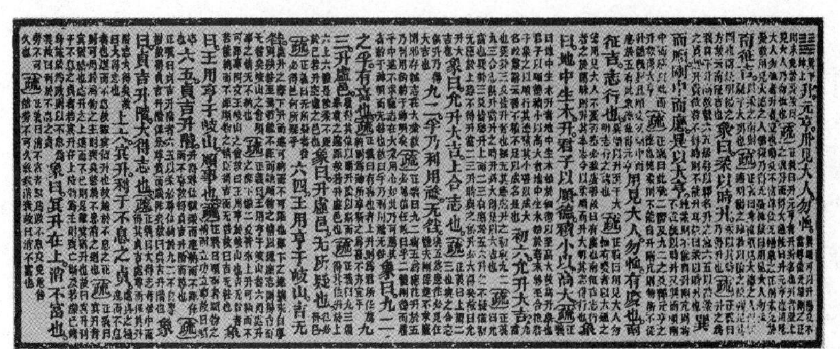

《十三经疏注》中所载的《周易正义》书影

式。外在形式可以改变而无伤其内容，内容的表现形式则不可改变，变了即伤及内容。揲蓍法应属于周易的外在形式，换成钱卜法并不伤及内容，从哲学的角度看，没有揲蓍，并不影响周易的独立性，甚至用梦占法也可。如三国时晋将邓艾梦坐山石处有流水，即得《水山蹇》卦。占是周易辞、变、象等内容的组织形式，也是它的双重功能——教化与占卜的内容之一。周易的筮法和占法，表现出它的卜测功能。所以说，“占”既是周易的寓意形式，也是它卜筮功能的内容。而总体来看，它可以说是周易的形式。就它和“辞、变、象”的关系来分析，应该说，前者是它赖以存在和运行的基础。没有“辞、变、象”就没有“占”，而失去占（筮占），“辞、变、象”却依然可以独立存在，作为哲理，更利于发扬光大。

如上所述，周易的筮法和占法，在占卜术中是属于早期的初级方法，粗疏性与随意性之外，再加上德占理占的制约，其占验概率的先天不足，非常明显。故此，在周易“辞、变、象、占”四大项中，占的价值与效能，显然低于前三项。孔子把它放在最后面，也许不为无因。当然，这主要是指占之中的筮占而言。

人文主义

综合上述加以思考，便会自然而然地体会到，为什么孔子在《系辞》及其他赞《易》文章中，除简明介绍筮法和对占筮略作空洞的颂扬外，并未涉及任何占验的事例，却把大部分笔墨用于阐述义理的原因所在。同时，也可以深入懂得为什么孔子只依《恒》卦义理进行“理占”，强调“不占而已矣”，而不作“筮占”的原因所在。倘若当真如某些卜史所认定的那样，或者如《左传》引用筮例所浮夸的那样，周易的占筮具有测事如神的灵验，孔子也许不会对它持这种“敬鬼神而远之”的态度。据帛书周易《系辞·要》的记载，关于学《易》问题，子贡曾问孔子说：“夫子亦信其筮乎？”孔子的回答是：“我观其德义耳！吾与史巫同途而殊归。”无论帛书周易所记是真是伪，这段对话却很有客观价值：它表明，周易的占筮早在春秋时代在人们的思想中已失去了足以令人相信的灵验功能。在孔门弟子和孔子的思想中。恐怕也是如此。孔子潜心学《易》主要是观察其中的德义，不是学习其中的筮占，与史巫（专职的卜官）的学《易》目的不同。史巫为占筮而学，孔子为德义而学，同走学《易》的道路而走向不同的归宿。“同途而殊归”这句话，具有双重内涵。一层显示，周易大路中含有歧途，一为义理之途，一为占筮之途。亦即周易本身具有深厚的两重性，其功用也如此，既可用于义理教化，又可用于占卜吉凶。另一层表明，孔子为什么在讲解周易时处处以德义为重而无迷信占卜的迹象。

不仅孔子,古代的有识之士对周易的占卜也多持类似的态度。

继承孔子的学说,把儒家的人文主义占筮观表达得最清楚的,莫过于战国时代的儒学大师荀子。在这方面,他表述了三个观点,很耐人玩味。一是类似前文所述周易《革》卦九五爻辞"未占有孚"的思想,所谓"以贤易不肖,不待卜而后知吉;以治伐乱,不待战而后知克"(《荀子·大略》)云云,给占筮的应用划出了界限。二是所谓"善为《易》者不占"(同上),类似孔子所说的"不占而已矣"的思想,亦即精于《易》理者无需筮卜即可占测未来,而尤其是第三个观点,意义最深。他说:

"雩而雨,何也?曰:无何也,犹不雩而雨也。日月食而救之,天旱而雩,卜筮然后决大事,非以为得求也,以文之也。君子以为文,而百姓以为神。以为文则吉,以为神则凶也。"(《荀子·天论》)

在这段话里,荀子把执政者的卜筮活动同求雨的仪式和拯救日月食的举动等同样看待,认为那并不是为了获得效益,不过是顺乎人情的一种文治饰仪而已。因此,求雨而下雨,和不求雨而下雨,结果是一回事。君子把这些活动看作文治饰仪,百姓则把它看成乞求神助。前一种看法吉利,后一种看法凶险。这样,荀子把卜筮说成一种空虚的文治饰仪,就是对卜筮效验的否定。这一点,他较之孔子的含糊态度,明朗得多。但他也和孔子及古代其他多数易学家那样,虽不承认卜筮的灵验,却也不反对卜筮,无论汉儒、晋儒、宋明儒乃至清儒,大多如此,其中甚至出现断言周易为卜书,教导占卜,并相信占卜灵验的学者朱熹那样的人物。这在科学不发达的古代乃至近代,作为一种社会风气,有其历史和文化的局限性,无须刻责。明清之际的思想家顾炎武就是其中一个代表人物,他在《日知录集释·三易》中谈到卜筮问题时,曾引用《尚书》的古训以及孔子的见解来说明卜筮与人谋的结合。他说:

"《洪范》曰:谋及乃心,谋及卿士,谋及庶人,谋及卜筮。孔子之赞《易》也,亦曰人谋鬼谋。……故尽人之明而不能决,然后谋之鬼焉。故古人之于人事也,信而有功,于鬼也,严而不渎。"

这段话不仅代表顾炎武的卜筮观,也代表几乎所有儒家学者的卜筮观。虽然不迷信卜筮的效验,不以神意与宿命的观点看待卜筮,认为人谋重于鬼谋;但同时也不反对卜筮,不否定鬼谋的功用;只是主张人鬼并用,而以人为主而已。这和孔子《系辞》中所表达的卜筮观,本质上如出

荀况像。荀况是战国时期思想家,儒家学派的代表人物

一辙。但《系辞》的占筮观表达的并不明朗，顾炎武则继承之，而把它说得清清楚楚。不妨说，他这一观点是孔门占筮观的延续。

人鬼并用

另外，顾炎武又依古训，反对教导民众以占卜预测未来。他的说法是：

“《易》以前民用也，非以人前知也。求前知，非圣人之道也。是以《少仪》之训曰：‘勿测未至’。”

他认为，周易的功能是“前民用”，即引导民众有所作为之前用其中所含道理观变知几，制定趋吉避凶的正确计划。周易的功能并非“前知”，不是教导民众通过占筮预知来事。求取前知，不是圣人之道。

顾氏这一见解，用今天的目光来看，当然是合理的，正确的。但就他本身所持的儒家占筮观来看，却不能不说是内含悖论：既同意人鬼并用以谋事，又说不要用鬼以前知，显然是自语相违。不过，进一步再联系孔子以为祖的儒家门风的天人观想一想，就会明白个中三昧。儒家并非据已知推未知的唯物学派，对已知与未知往往持两可态度。前文所述孔子所谓“祭如在，祭神如神在”“敬鬼神而远之”云云，就是这种两可态度的表现。故此，孔子才一面同意人鬼并用的古训，认为周易有“神以知来”的占验功能，又反对怪、力、乱、神和“素隐行怪”（《中庸》）。荀子一方面强调“善于《易》者不占”，认为“慎终如始，终始如一，夫是之为‘大吉’”（《荀子·议兵篇》），从修养上对占辞做出解释；而另一方面又对占筮的“文之”功能予以肯定，也是模棱两可的态度。张载态度也不例外。一边强调“观变玩占”之占，非“占筮之谓”，而是观乎事变，“谋必知来”的占。一边又认为，“人于龟策无情之物，不知其将如何，惟是自然莫或使之然者，阴阳不测之类也。己方虚心以鄉之，卦成于爻以占之，其辞如何，取以为占。圣人则又于阴阳不测处以为占，或于梦寐，或于人事卜之。然圣人于卜筮亦鲜，盖其为疑少故也。”（《横渠易说·系辞上》第十章“以卜筮者尚其占”注）

这段话主要是说，大自然的阴阳不测之处，通过筮具表现出来，成为卦辞，圣人据以为占，以决疑问。而圣人之所以很少占卦，大约是因为疑问很少的缘故。这表示，张载不仅相信占筮有决疑的功能，而且把圣人（如孔子）“不占而已矣”的缘由说成缺少疑问。这样，对占筮的肯定便和他另一处所谓周易是“一法律之书，使人知所向避，《易》之义也”以及“占非卜筮之谓”等对占筮的态度之间，产生了不和。尤其是硬把圣人少占卦的缘由说成少疑问，也与事实大谬。文王囚于羑里，孔子厄于陈蔡，说明圣人并非料事如神，疑问很少；也说明即使精于《易》占，也不可能事事获得“前知”的效验。卜筮专家，也不例外。前汉之京房、三国之于吉、晋之郭璞、明之刘基等，皆一流占卜大师，但却善于占他，而昧于占己，殒身丧命，却未能前知。可见，占卜虽不无预测作用，但并非决疑手段。谓之有决疑功能，显然是一种夸大，而且连夸大者自身也并不相信。前文所引《礼记·少仪》所谓“勿测未至”和“义则可问，志则否”，都说明古人早已从经验中认识到，卜筮并不能有问必答、有疑必决，它未必有前知的灵验，无条件地信它，会陷入凶险。在这方面，宋代的义理派易学大师程颐，也和祖师爷孔子一样，看重从德理讲周易而不讲占筮。但他也一方面认定“即事尽天理便是《易》也”（《遗书》卷二）；另一方面又断言“古之卜筮，将以决疑也。”（同上，卷二十五）。仍认为占筮有决疑之效，而予以肯定，如此等等，形成了孔子以来儒家两可占筮观的传统特色。

来自《易》蕴

值得特别注意的是，儒家这种人鬼并用而以人为主的人文主义占筮观，并非孔子为首的儒家学者所创造，而是周易自身的思想在儒家学者观点上的集中反映。就是说，儒家的义理占筮观和人鬼并用的占筮观，不是从外部加到周易身上的一种看法，而是上述《易》占内在的人鬼两重性和德理为根的本性，在儒家易学思想中如实反映而构成的这样一种人文主义占筮观。因此，朱熹等后儒把伏羲、文王所撰的周易视为只是个卜筮书，“到孔子方始说从义理”云云，不但颠倒主次，把义理为主说成占筮为主，而且把孔子的易学思想同周易的固有思想割裂开来，纯属谬论。清儒皮锡瑞说得好：“伏羲画卦，虽有占而无文，而亦寓有义理在内。……其（孔子）所发明者，实即羲、文（伏羲、文王）之义理，而非别有义理，亦非羲、文并无义理，至孔子始言义理也。”（《经学通论》）诚如皮氏所言，孔子所发挥的易学思想，实即周易的内在思想，并非别有独创。

可见，从《易》占的传统来看，以义理为主的理占思想和筮占思想（占的两重性），并非始于孔子的人文主义《易》占观。如前所述，孔子之前的春秋时代，仅据《左传》记载，即在筮占之外出现不少依据义理所作的理占事例，实质上这是周易内在法则对事态的具体应用。同时，穆姜、南蒯之“非德勿占”，所谓“忠信之事则可”，“《易》不可占险”云云，实际上是周易义理本质在占筮上的必然表现。简言之，如周易经文总说“贞（正）吉”，从不说“不贞吉”；总说“利贞”，从不说“利不贞”；总表示顺理则得而吉，逆理则失而凶；失之而悔，悔则自凶而趋于吉；得之而骄，骄则易于吝，吝则渐趋于凶。如此等等，周易通篇皆以中贞悔吝的道德义理劝人向善，以为趋吉避凶之道，主旨在于道德教化，这是周易内涵的本质。如此本质表现于社会教化，则为洁、静、精、微的风习，表现于占筮，则为以义理为本，循理而占，非德勿占，以吉凶导人而为善，利于“前用”，而不利于“前知”（占术粗疏，占验率低），与其他占卜之“以休咎导人而为不善”（《金史·方伎传》），“计其命之穷通，校其身之达否而已矣”（程颐《遗书》）者，根本不同，这是理所必然的。由此观之，周易的筮占，唯有依赖其辞、变、象所蕴涵的义理，始有存在的价值。在周易的四个圣人之道中，它的实际地位是最低的。

归纳上文，可作出如下总结：

（一）周易辞、变、象、占四大项中，前三者属于人谋，后者则一分为二，其中的理占（不揲蓍之占）属于人谋，筮占（揲蓍之占）属于鬼谋。

（二）人谋鬼谋之间存在相辅相成的关系。鬼谋要以人谋为占算占断的基础，人谋可借鬼谋的方式运行，或以鬼谋为参考，或以为某种意义的辅助（如神道设教）。另一方面，人谋鬼谋之间，也存在相反的关系。人谋（理性的必然）的发扬必削弱鬼谋

(非理性的偶然)的应用;表现为精于《易》道者,"谋必知来(张载关于《系辞》辞、变、象、占"注释),亦即智者的理占,胜于庸人的筮占。同时,鬼谋的肆虐,亦必冲淡人谋。象数派之重视筮占,逐渐遁入小术曲学,甚至流于怪异机详,丧失人谋,即其显例。而另一方面义理派之重视人谋,使《易》理发扬光大,跻身哲学之林而雄视万方。相比之下,鬼谋却以其粗疏无力而逐渐消退,终为其他占卜所取代。周易之人谋为本,人谋胜于鬼谋的本质,于兹可见。

(三)周易鬼谋的占法简单而粗疏,灵活有余而严密不足,往往因人而异,凭联想占算,难求明确。直接原因有二:一是不受神命的管制,而受德理的制约,以致流于两可的教诫,难成为决疑的占断。二是象辞等信息结构简陋空泛,模糊多歧。而根本原因则在于,周易筮占在占卜史上的早期幼稚性,决定它不可能像后代某些占术那样,占算的信息较多,规则较细密,且以神意命定为前提,必有明确的占断。

总而言之,如上所述,孔子为首的儒家人文主义占筮观,是周易本身内在占筮思想的正确反映。在孔子所说的周易"辞、变、象、占"四个圣人之道中,形式上占似乎占主体地位,实际上它从属于前三者,处于次要地位。虽然周易以它的存在表现占筮的功能,但并非独立自足、井然有序的占筮功能,而是以德理戒律为转移的粗疏含糊的占筮功能。德理为内容,占筮为形式,为德理内容服务,是周易筮占的本性。既然筮占是寓理出理的形式,不占主要地位,故而它不能代表周易的本质。周易的本质只能由占主要地位的辞、变、象等哲理内容所决定,周易之为哲理书的根由,即在于此。

李氏悖论

依据上述理由,本文对《易》本占书的说法以及夸大筮占作用的观点均不能苟同。清儒李光地是易学大师,造诣很深。但他却委婉地反对孔子重视德理的易学思想,维护朱熹《易》本为占书的观点。他先说:

"夫孔子尝言《易》矣,曰:'和顺于道德而理于义,穷理尽性以至于命。'则谓《易》言理,是也。然本画卦系辞之初,则主于卜筮以明民,非如他书直阐其理,直述其事者也。"

意思是,孔子以义理性命解《易》,以《易》为说理之书,是对的。但画卦系辞成书之初,作书的主要目的在于以卜筮启发民智,与其他说理叙事的书不同。李光地就以这样一点所谓"以卜筮明民"的古语为依据,简单地判定周易为筮书。并且认为,孔子从中讲理虽然正确,但不影响周易本来的卜筮性质。接着,在这个论点的支配下,他完全赞同朱熹的观点,认为朱熹对周易"深探其本,作《本义》一编,专归卜筮。"并对朱说遭受批评鸣不平,说迄今人们不同意朱说,恐怕它缩小周易的用途和道理,而使周易流于方技术数,这种批评是错误的。他辩解说:"殊不知《易》之用,以卜筮而益周。《易》之道,以卜筮而益妙。而凡经之象数辞义,皆以卜筮观之而后可通,初非小技末术之比也。"(以上引文,均来自《易经指南·通政篇》)

李光地的上述观点表明,他对周易当中理与占的作用、地位及其相互关系,认识模糊,以致对周易的本质判断错误。

首先，他对周易著作的目的认识不清。正如前引皮锡瑞所云，伏羲画卦和文王系辞，本有义理，并非孔子所加。周易内容充满隐忧与训诫，为教化而作，毫无疑问。所谓“卜筮以明民”，不过是借用卜筮的形式与手段以达到教化民众的目的而已。卜筮以明民的实质乃是借卜筮而以理明民。理为本，筮为法。说“主于卜筮”云云，显然是主次颠倒，本末易置。

其次，如前所述，周易的用途不仅是卜筮。不经卜筮，单以经文，便可独立发挥解疑、指南、理占等哲理和逻辑的功用。所谓“主于卜筮”云云，乃是一偏之见。

再次，说“《易》之用以卜筮而益周”，等于说周易原有自己的用途，有了卜筮后周易用途便越发完全。这个卜筮之外的用途是什么，李光地没明说。这个命题的含义，应该是周易本来的用途是德理教化，有了卜筮的手段以后，这一用途愈加发扬光大，周易的用途也因增加卜筮而益加完备。这和李光地前面所说的周易原来“主于卜筮”的观点，显然出现分歧。“主于卜筮”是说周易本来的内容和用途主要在于卜筮，“因卜筮而益周”是说周易的内容和功能因使用卜筮而更加全面。两说意思不同，难以并存。李光地究竟指哪个而言，表达不清。

还有“《易》之道以卜筮而益妙”云云，从文义来看，当然是说周易的道理本来很玄妙，加上卜筮之后，显得更玄妙。依此观之，李光地的观点是承认《易》道为《易》的本义，卜筮乃是显道之最佳手段，如此而已。这样一来，他这个观点就和自己认定周易原为占书的观点（也是朱熹的观点），背道而驰了。

周公旦像，图出自明·天然撰《历代古人像赞》。周公旦，周文王的第四个儿子。传说周文王只写了《周易》的前半部。周公旦对六十四卦很爱好，一心研究父亲留下的半部《易经》，终于在隐居期间，将半部《易经》续写完整

最令人不能首肯的是他所谓“凡经之象数辞义，皆以卜筮观之而后可通。”如前所述，辞、象、变所表现的《易》理，是《易》占赖以存在与绎算的基础。无筮占，《易》理自在更易于发扬；无《易》理，则筮占无法生存成为末技的空壳。不是象数辞义以卜筮观之而后可通，而是卜筮凭象数辞义解之而后成用。《左传》《国语》所载《易》筮十四例，皆凭象、辞之义与变以为占，舍象辞则无以为占便是确证。

综上所述，可以说，李光地赞同朱熹之说，以周易为占书的理由，是从反面证明了周易是寓理于占的哲学书。

结　论

周易究竟是一部什么性质的书？周易本性到底是什么？这一问题，本文以孔子所说的辞、变、象、占四大项为中心，作了如上论述。作为结论，其要义是，辞、变、象、占的综合表现是周易内容、形式与功用的统一。“辞、变”蕴涵并表达哲理、伦理、论理（逻辑思维），统称义理，简称理，“占”是借筮卜或推论而据理测事的方法，也是理的表现形式与运行形式。大体说，伏羲画卦及其后演为六十四卦，以卦象寓理，又以筮法据理决疑。文王、周公系辞表达象义，借占以决疑，主于以德理教化。占须循德理，非德理无占。德理可无占，占不可无德理。道理如此，史实亦复如此。周易之成为儒家六经（《易》、《诗》、《书》、《春秋》、《礼》、《乐》）之首，并非出自孔子以德理对周易占性硬行改造，而是蕴于占形的《易》理本性为孔子所发掘、发扬，亦即《易》理在孔子认识中得到了深刻反映与升华。孔子见过殷商筮书《归藏》，但只说它是“《坤》《乾》”，并未深究。见周易后，则深入探究，爱不释手，并以《文言》、《系辞》等诸多文章，予以翼赞。原因大约在于《归藏》为一般占书，无理可发，而周易则寓理于占，有理可阐。故此，朱熹所谓“《易》只是个卜筮之书”“到孔子方始说从义理”云云，是将卜筮面貌的哲理书与纯属筮书的《归藏》之类，混为一谈，不能令人信服。

《易》有理占二用。理属人谋，其利可必，占属鬼谋，其效未必。前主后从，前贵后轻，往古如此，后世为烈。《易》派多支，而独无占筮，《易》道广阔，唯占法堕落。占筮原非周易之主体主用，非其本义，观此则心明眼亮，疑团尽释矣。

千言万语一句话：

事物的主要内容决定其本性。周易的主要内容是理不是占，故其本性是哲理书而非占卜书。

第十六篇　周易思维论概

《易》之失，鬼乎　卦乎

前文说过，孔子在评说周易的教化效能时说："洁静精微，《易》教也。"（《礼记·经解》）把周易"辞、变、象、占"四大圣人之道的社会教化所形成的风气，概括为思想纯正（洁）、心境平和（静）、虑事精细（精）和洞察机微（详见前文）。单就这一方面来看，孔子的评论显然是针对周易总体所反映的阴阳之道的规律性与逻辑性的正面教化功能而言。但依周易的阴阳之道来看，任何事物都有正反两面。所以，孔子在盛赞周易的正面教化效能的同时，又警戒说："《易》之失，贼。"揭露出周易教化对社会的负面影响。贼者，害也。意为周易在社会教化中的缺点是，学得不对头，便会使思想受到侵害，变得不阴不阳，阴诈诡谲。后来，晋代哲学书《淮南子》也效仿孔子，一方面说："清明条达，《易》之义也。"另一方面又说："《易》之失，鬼。"对周易褒长而揭短。它虽不言《易》教而言《易》义，但大意近似孔子的评论。当然，"清明条达"的褒扬，不及"洁静精微"深刻，但用鬼字揭短，却成为贼字的好注脚。所谓"鬼"指何而言，《淮南子》在另一处自作注解说："《易》之失也，卦。"（以上《淮南子·泰族训》）就是说，周易的缺点在占卦。占卦属于鬼谋，是周易的一种功能，学《易》不深而迷于占卦，则易于陷入鬼诈，自欺欺人。《淮南子》对周易短处的评语，能使后人对孔子所谓"贼"的含意，有进一步的理解。

辩证思维的滥用

但是，本文却认为单以《淮南子》的鬼字来解释孔子的贼字，并不充分，也不深刻。把《易》之失评之为贼，除指占卜的鬼谋之害以外，一定有更深的含义。这一点，古文献上尚未见到答案。本文的看法是，它与周易思维方式的特殊性有一定的关系，其中辩证思维的灵活性大约是主要原因。在中国，乃至全世界，周易可谓空前绝后、举世无双的奇书。奇的表现不但在于图像蕴理、辞象喻理，以象数思维，而以占卜为貌；还表现在，它以辩证的思维方法把内容与形式组成一个有机的整体，亦即表现在它是一个以活泼泼的图像与辞象表现天人之理的辩证思维的范畴体系。同古希腊人的零零星星的辩证思维的命题相比较，周易的辩证思维展开于六十四卦三百八十四爻的象数义理结构当中，更为丰富、深刻而有系统。《老子》的辩证思维虽较周易在表叙上显得更富于哲理的概括性和深刻性，但它的撰写晚于周易，其基本思想虽非源于周易，但其辩证思维受到周易的影响，却没有疑问，两者之间有脉络可寻。最显著的表现是

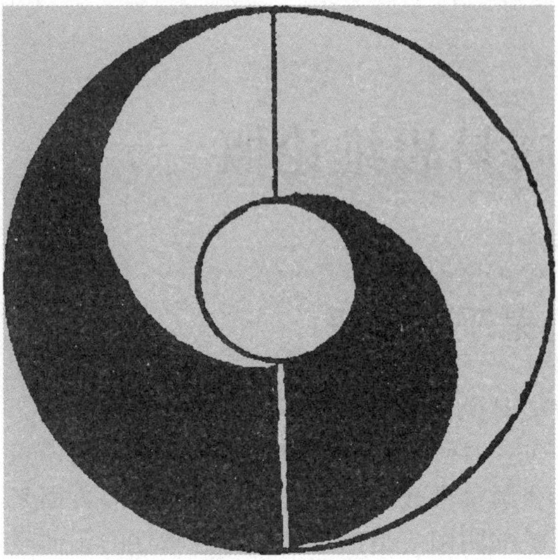

太极图，出自明·来知德《易经来注图解》

《老子》所讲的“万物负阴而抱阳，冲气以为和”（四二章），显然来自周易的阴阳观。《老子》当中一以贯之的万物相反相成的思想，如“有无相生，难易相成，长短相较，高下相倾”（二章），“祸兮，福之所倚，福兮，祸之所伏”（五八章），等等，和周易八卦乾夬与坤姤、坎趍与离类、兑赠与艮犨、巽傒与震锜的相反相成，在思维方法的辩证性上是如出一辙。《老子》反复强调的“自伐者无功”（二二章、二四章）和《周易》唯一全吉的《谦》卦之间，“物或损之而益，或益之而损”（四二章）和周易《损》《益》二卦之间，“物壮则老，是谓不道”（三十章）和周易《乾》卦上九“亢龙有悔”之间，以及双方其他一些命题之间，有着共同的思想性和辩证性，如此等等。从传承关系来说，周易无疑是中国历史上最早问世而继由老子发扬的辩证思维的滥觞。

辩证思维和普通思维不同。普通思维是所谓形式思维。黑格尔称之为悟性思维。其特质为确定性，亦即抽象的同一性，其公式为 A 是 A。而辩证思维的特质则为灵活性，亦即对立的同一性，其公式为 A 是 A 与非 A。形式思维是表达抽象概念的初级思维，而辩证思维则是表达具体概念的高级思维。高级思维必须以初级思维为基础，双方合作，便呈现出思维的确定性与灵活性的统一，周易的基本思维便是这样。它既以象数文辞表达确定的天人法则，又以“变动不居”的灵活性否定其为“典要”。“不可为典要”而“唯变所适”的灵活性，正是周易辩证思维的显著特性。这一点，如若把周易同《墨子》对照一下，便可看得更清楚。精通形式逻辑的墨子，其文章的思维特点正是确定有余而灵活不足。以《墨子》的思维方式，绝不能把周易渊奥精微的内涵表达完美，必须在形式思维的基础上，以辩证思维为主，运用多种思维方法，才能做到。

狡猾的辩证法

但是，如同任何事物一样，辩证思维的灵活性有其“得”，也有其“失”。正确运用，便于深入把握和表现复杂事物的深层本质。而运用不当，则易于流入狡诈的辩术。所谓不当，就是不顾事实而要弄概念的灵活性，借以骗人，折中主义和诡辩就是其具体表现。列宁说过：“概念的全面的、普遍的灵活性，达到了对立面统一的灵活性。……这种灵活性如果加以主观的应用 = 折中主义与诡辩。”（《列宁全集》第 33 卷，第 112 页）折中主义是把相反的东西加以调和，模棱两可，混淆是非。诡辩主要是违反逻辑规则，强词夺理，貌似正论而颠到是非。两者都脱离实际和原则，以私意滥用概念——弃其确定性而玩弄其灵活性，使灵活性失去基础，坠入骗术。而不明真相的人却会觉得这类论调头头是道，玄妙精微。就周易来讲，所谓《易》教之失（副作用），一定程度上大约是说会使一些心术不正的人，利用周易辩证思维"变动不居"的灵活性，通过论理或占卜，以折中主义或诡辩术进行欺骗。或者，会使学《易》不深不透、未能把握《易》道本质的人，以神妙莫测的心理从形式上滥用周易思维的辩证法，造成恶果。正因为辩证法会产生这样的副作用，所以列宁在《哲学笔记》里曾经提过"狡猾的辩证法"这样的说法。在现实生活中人们讥笑那些玩弄辩证法以惑人耳目的勾当，谓之"变戏法"，也类似这个意思。

王昭素的阿谀诡辩

下面的事例，可使人对此有所体会：

（一）按《易》例，五爻是君位，至为尊贵，《乾》卦五爻辞象为"飞龙在天，利见大人。"问题是，占者如为君王，占得此爻，当然可释为龙运亨通，得志腾飞，利于俯见天下贤人（大人），或释为利于天下人仰望德尊，或释为利于表现大人之美德。有几种意蕴，可供灵活发挥。但占者若非君王，并非大德之人，只是引车卖浆者流的平民，甚至是行将就木的老者，则所谓"飞龙"、"大人"云云，应作何解？换言之，占者的身份若限于龙和大人之象，则《易》教将局限于"天廷"而背民用之旨。反之，只有龙与大人的象义并无身份限制而仅具德义要求，《易》教始可畅行于天下。如承认周易主旨是以卜筮之形行教化之实，则必以后一说为正解。孔子讲周易的功能时，反复强调其利于天下，为民所用，一面承认其"既有典常"，又强调其"不可为典要"（《系辞下》八章），只有这样，才符合周易的主旨，也符合周易辩证思维的灵活性。来之德在《乾》卦初爻的注释中，于此有所发挥。他说：

"《易》不似别经，不可为典要。如占得潜龙之象，在天子则当传位，在公卿则当退休，在士子则当静修，在贤人则当隐逸，在商贾则当待价，在战阵则当左次，在女子则当愆期，万事万物，莫不皆然。若不知象，一爻止一事，则三百八十四爻止作得三百八十四事矣，何以弥伦天地？"（《易经集注》）

来氏这段话把孔子所谓周易"既有典常"又"不可为典要"的辩证思维的对立统一性，通过辞象的抽象性、多义性和灵活性，作了具体的阐述与发挥，说得非常明白、确切，对人们深入理解《易》象的辩证真谛，很有启发意义，可视为继承孔说而对《易》道的正确发明。也可以说，这是孔、来二氏先后发掘周易的辩证性而先后作出的辩证学说。

依据这一辩证学说来看，《乾》九五的龙象和大人之象，应该是既可指君王、圣贤，也可指平民。或者说，其直接象义是专指前者，而普遍象义则是兼指双方。但自古迄今，众多《易》家却都认为它是专指君王、圣贤，占者若非如此，虽占得此爻此象，也无应验。甚至强调龙象普遍意义的来氏，于此也产生了自语相违。他在解释《乾》九五爻时说："九五刚健中正，以圣人之德，居天子之位，而下应九二，故其象如此。占者若无九五之德，必不应利见之占矣"（同上）。这样，他又自违前言，把龙象和大人象局限于君王,甚至把无君王德位的占者排出于占验门外。这种矛盾该如何理解呢?恐怕不能说来氏思维混乱,不合逻辑,也许九五龙象的政治禁区迫使他只好作如是言,也未可知。

但倘若不是不得已而为之,而是以为如此才合乎龙像大人象的本义,才符合《易》占的要求,也才符合“既有典常”又“不可为典要”的灵活的思维方法,那便陷于违反逻辑的诡辩了。因为,既然说龙与大人(涵于象中)的概念可泛指各种各样的人,同时又说仅指某种特殊的人,这便构成自语相违。不是在确定性(典常)的基础上运用概念的灵活性(不可典要),而是暗中抛弃概念的确定性,随意玩弄其灵活性,表现为“A是非A”,模棱两可,令人难以捉摸,无所适从。表面上,好像阐发出周易辩证思维“不可为典要”“唯变所适”的优越性,实质上不过是“唯辩所适”的诡言而已。现实生活中经常出现的“此一时也,彼一时也”的论调,倘无“典常”(原则)可依,也便属于这一类滥用辩证法而略带“贼味”的诈术。

(二)《朱子语类》记载,宋太祖和大臣王昭素谈过《乾》卦九五爻“飞龙”“大人”之象与占者的关系。对皇帝的垂询,王昭素答说:“若臣等占得此卦,陛下是飞龙,臣等是利见大人。”朱熹赞扬王说,认为:“此说得最好,《易》之所以用不穷也。”意思是,王说的高明在于它揭示出周易应用的无穷无尽。但王说与朱评都是违反逻辑规则和周易思维法则的诡论。

抛开政治关系,单从思维角度来看,王说是抛开正常思维的确定性,滥用周易辩证思维的灵活性,脱离占法的常规,把占者与爻象分割开,以皇帝占得此卦,代替“臣等占得此卦”——偷换命题,将周易思维的辩证性,暗变成随意性,这是貌似恭谨而实为诡诈的阿谀之辞。朱说则赞扬诡辩,把旨在教化而利民用的周易,说成无原则无典常而以私意随便解释和应用的漫无边际的“空架子”,表面上似乎在颂扬周易,实际上是在贬低周易。假若依照王朱之说。按身份解释占辞,则《乾》卦九五“飞龙”、“大人”等辞象,势必为皇帝所专有,从而失去其普遍的应用价值,缩小成为单一的枯槁而毫无生气的辞象。这既违反周易为民决疑的主旨,使广大的《易》道囚于狭小的牢笼,无“以通天下之志”、“决天下之疑”,也把“不可为典要”的周易生动活泼的辩证思维,降低为一般占书那样表现神定命定的形式思维。

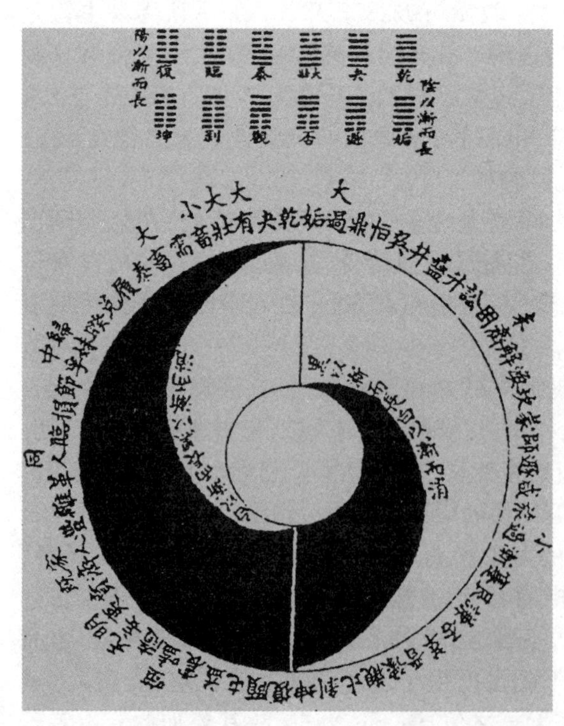
伏羲卦图,出自明·来知德《易经来注图解》

本来依占法的原理,占辞应答复

占问，占者应为占辞所指对象，不应有身份限制。来之德所说潜龙之龙既可指天子、公卿、士子，也可指商人、女子，乃至“万事万物”，这一点是说得对的。《易》道广大，以天下为己任，自应如此。倘依王说，周易辞象所指依占者身份而定，九五飞龙专指帝王，则初九潜龙、上九亢龙，应指何而言？如皆指帝王，则九三之“君子”又何所指？“六龙时位”，又应如何理解？如《乾》九五爻象为帝王专象，一切臣民占得此爻都如王说，只能仰望皇帝，则周易又如何“以通天下之志，以定天下之业，以断天下之疑”？假若赵匡胤在陈桥兵变之前占得此卦此爻，“飞龙”、“大人”又当指谁？依王说，只能指周世宗这个即将退位的小儿，而不能指占卦的赵匡胤。这种对《乾》九五辞象的定型占断，与广阔灵活的周易的辩证思维，完全相悖。

还有一点，需要补充说明：以龙象为帝王的特称，并非周易的本义。因为先秦时代的龙，尚未上升到帝座的尊位。王昭素之以龙为帝，是秦汉后的事情，与周初所兴的周易《乾》卦九五之龙象，并无直接关系。由此可见，王说并不是认真讲解周易，不过是一种故意玩弄概念的灵活性，不惜违反逻辑，以取悦于上的自欺欺人的诡词而已。朱熹的赞誉，也有同样意味。可惜，他所感叹的“《易》之所以用不穷也”，应该取掉其中的“不”字，因为这实质上等于说“《易》之所以用穷也。”

《左传》的玩弄概念

《左传》的占例中也可见到滥用概念灵活性进行占释的情形。前述昭公十三年子服惠伯解释《坤》六五“黄裳，元吉”，所谓“黄，中之色也，裳，下之饰也。元，善之长也”，云云，把元吉（大吉）分开，随己意单讲元字。昭公七年，关于卫君继位问题，史朝将《屯》象“元亨”二字硬说成“元享”（元为人名），任意改字以为占释；庄公二十二年周史占测陈完前途，据《观》之《否》中的艮（山）象，臆断陈完之后将得志于大岳后裔姜姓的异国（详见前文占例），如此等等，都是利用周易辩证思维的灵活性，随意发挥，以圆其说。实质上也属于违反正常逻辑的诡论。有人为此辩解说：“《易》者意也，圣人各以其意遇之也。”王夫之则对此加以反驳，说：“圣人有其意，则后之为术数异端者，亦有其意矣。私意行，则小智登，小智登，则小言起……则滥淫于妄，而诬至道以邪辞。亦曰‘意至则《易》存，意不禁则《易》无方’。”（《周易外传·系辞》）王氏此言，是针对滥用《易》道以为杂七杂八的异端末数说的，但对于要弄周易辩证思维的灵活性以为诡论者，也是适用的。如上所述，倘若故执周易变动不居之一端，而舍其常理常规，那就不可避免地“滥淫于妄”而沦为邪辞。王氏所谓“意至则《易》存”（研《易》的思想深入，则《易》理巍然而立），意不禁则《易》无方（研《易》的思想如无界限，则《易》理失去原则），这可谓学《易》用《易》的必要准则。

通过上述实例的分析，可以体会到，孔子以及《淮南子》等对周易社会效能得与失的两手分析，是有根据、有道理的。同时，对孔子所说的“《易》之失，贼！”的贼字以及“洁静清微而不贼，则深于《易》者也”的含义，会有所领悟。对此，后代的《易》学家也有解说。孔颖达只说：“《易》之于人，正则获吉，邪则获凶”（《周易正义》），而未讲其原因所在。郑玄则说：“《易》精微爱恶相攻，远近相取，不能容人，近于伤害”（《礼记·经解》注)。意为周易的思维非常精细微妙,爱与恶,远与近,相反相成,互相转化。如果恶意运用,反正都是理,近乎以舌战伤人。郑说是抓住了要害,但表达不清。实质上《易》之所以失于贼,重要原因在于,它以鬼谋(占筮)的方式,在常规思维的基础上运用对立统一为本的辩证思维的灵活性,表现义理,进行占筮,而用之于世。这样,如用之得正,合乎《易》道,则产生洁、静、精、微的善果;如用之不正,则产生害人害己的恶果,正如智慧用之于正途为聪明,用之于邪路则为狡猾,是一个道理。

周易辩证思维,虽表现为千变万化,但其基本思想却是中贞之道。正如程颐所说:"《易》,变易也随时变易以从道也。"变易以从"道",是《易》变的正路;变易以从私,则是《易》变的邪路。可以想象,学《易》用《易》之后变得不阴不阳、油腔滑调、反正是理,以"黠慧"唬骗人的作风,不正是一副贼头贼脑的狡猾相么!在这方面,当代易学大师南怀瑾先生似乎也有同感。他在《易理系传别讲》第九章中论述周易阴柔的功能对立身行事如何有用之后,立即叮嘱说:"这里我要告诉大家,用阴柔如没有学对,就会就成阴险了。"在谈到学《易》后把握时空关系而灵活应变的重要性时,他又补充说:"……所以,学了《易经》,也是蛮滑头的。"确实如此,倘若学了易经,未能取得洁静精微的成果,反而变得又阴险又滑头,那不恰恰是失之于"贼"么!?

佛家《易》学也如是说

这个问题,在佛家的《方山易》学中也有所涉及。《方山易》四十三代传人本光法师在阐释《系辞》"穷神知化,德之盛也"句意时,曾说:

"学《易》者因卦象爻象所系之辞……而有所感,借以观辨人事,明其神明莫测之用。深于《易》教者,亦不可以此萦怀自心,炫惑于人,当知崇礼卑之德而审悟之,此即学《易》者之盛德也。学《方山易》者勉之哉!"(《禅与易·周易禅观顿悟指要》)

本光法师所说的"明其神明莫测之用",即指周易阴阳不测的妙用,也即指周易辩证思维的运用之妙高深莫测而言,此即《易》教之"得"。而学了周易玄妙的辩证思维之后,却"萦怀自心,炫惑于人",即成为《易》教之"失"。佛家《易》学也是从济世教化的角度,对《易》教的得失两面,提出了审悟与警诫,基本精神和孔子的说法并无二致。

《易》象非符号

周易的象,包括数,是寓理表意的基本手段,也是最大特点,其体与用的层面是这样,从思想的层面来看,也是这样。① 从阴(袴)阳(—)二象问世,八卦乃至六十四卦图象出现,以至卦名卦辞爻辞等辞象的系就,周易形成了一个"弥纶天地之道"的巨大范畴体系,用于义理教化与占卜决疑。其过程中的思维运动,处处离不开象。古今中外的所有书籍,只有周易的思维是这样。所以说,象也是周易思维的最大特点。

① 象为主体,数则随之。如阳象"—"为奇,阴象"袴"为偶。《震》錡《坎》赼《艮》犨象皆为五画,为奇为阳为男。《巽》傒《离》羑《兑》矰皆四画,为偶为阴为女。阳爻用九,阴爻用六。三爻卦、六爻卦,等等,皆以象为主,象数一如,凡言象,则数也在内。

（二）演变性：

“— 袴”二象互反互依互交互变，从而构成四象、八卦、六十四卦图像和先天卦序、后天卦序（方图、圆图），乃至八宫卦序图像，等等。

（三）蕴涵性：

蕴涵宇宙万有生成、演变的根本法则，包括立身行事的伦理法则。

（四）广阔性：

具有无量无限的代表性。宇宙间任何事物的对立面，都可以“— —”为标象。

（五）正负性

“— 袴“二象本身是平等的，但代表事物，有褒、贬、主、副之分，不是平等对待。如“—”代表善、正、是，“袴”代表恶、邪、非。“—”代表君、雄，“袴”代表臣、雌。而以君、雄为主，臣雌为副，等等。阴阳二象所具有的独特功能，主要有这样四种。这些功能，是数字和一般语言文字所不具有的。孔子看出这一点，所以他说：“书不尽言，言不尽意，圣人立象以尽意”。“尽”就是“充分表达”，意思是圣人画像，是用于表达语言文字难以充分表达的思想。王弼所谓“夫象者，出意者也。……尽意莫若象……”，说得也是同样的道理。在表现意蕴上图象是《易》的基本手段。在尚未系辞之前，《易》理已寓于象中。或者说，作者已将语言文辞所难以尽述的《易》理，凭借图象的特殊性能予以蕴涵和表现，后系的文辞不过是进一步加以为显露而已。象与辞的关系前文已详加论述，无须再赘，

总之，在头脑中概括宇宙万有的本质而寓于图像，从而表现为《易》理，并予以推演，乃是《易》体形成和运作的特殊的思维方式。从这一方面来看，从两仪（阴阳）、四象、八卦、三画卦、六画卦、直到六十四卦《易》象形成的过程，也就是画《易》者思维的过程。这种以图像为主的思维，同以语言为主的思维，显然大有区别。因为，它主要是以图像为外壳的特殊形态的思维。当然，这种思维在运作过程中也要借助于语言，但语言不是主体，只是图像形成与运作的助手，而且是潜在的助手。故而从面貌与性质的整体来说，《易》体的思维，应该说是一种带有图像的思维，并伴之以数，可以名之为象数思维。它和以符号或语言为外壳而进行推理的逻辑思维，以及以语言为外壳而描写生活的形象思维，或以色彩为外壳而描绘情景或以声音为外壳而抒发感情的艺术思维，

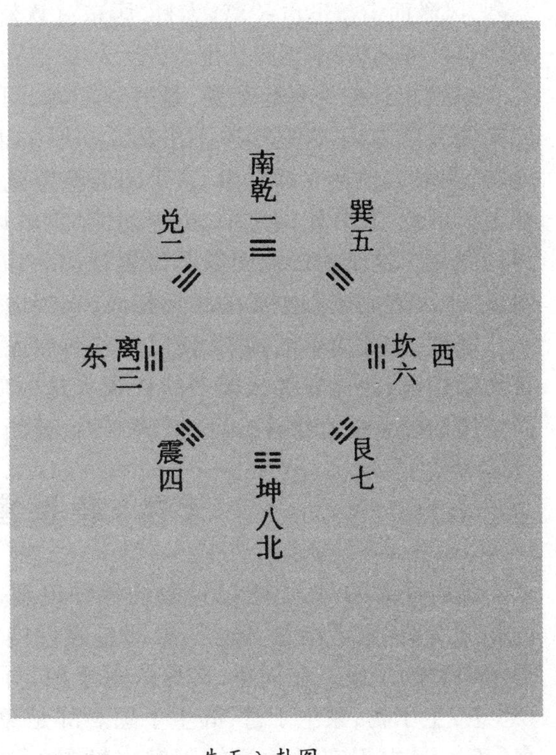

先天八卦图

在性质和功能上迥乎不同。使用任何符号（包括数字）或任何文字（包括象形字），乃至任何色彩和声音，都不能代替《易》象所形成的蕴涵天道地道人道而变化无穷的六十四卦范畴体系，因为数的符号和文字都不具有《易》象那种象征性、演变性、广阔性、蕴涵性和正负性等性能。

孔子的《说卦》为阐明《易》象思维的特殊性和优越性，提供了典型的例证。

《说卦》在阐释卦象的理论基础和六画卦象形成的道理时说：

“昔者，圣人之作《易》也，将以顺性命之理。是以，立天之道曰阴与阳；立地之道曰柔与刚，立人之道曰仁与义。兼三才而两之。故《易》六位而成章。”

大意是《易》象的主旨在于顺应宇宙人间的法则，故而象内含有天地人三才。三画的卦象有所不足，乃扩大一倍，重叠运用阴阳刚柔之爻象，遂成为六画卦象。初二象地，三四象人，五六象天。一个小小的六画图象，竟而成为囊括万有的大宇宙的缩影。如此广阔的容积与巨大的能量，远非其他任何符号、文字、图画或数字之类所能赋有。

《说卦》第二章说：“天地定位，山泽通气，雷风相薄，水火不相射。”宋代易学家认为，这是关于伏羲始画的八卦图象的描述，遂据以构成所谓先天八卦图。

对《说卦》这段话及其图象，陈梦雷作了深入浅出的阐释和分析，对我们探讨周易图象思维的特性与功能很有意义。他说：

“此伏羲先天圆图八卦之位也。《乾》南《坤》北，天居上地居下，两仪（阴阳）之位也。《艮》为山，居西北。《兑》为泽，居东南。通气者。泽气升于山，为云为雨。山气通于泽，为水为泉也。《震》为雷，居东北，《巽为风，居西南，相薄者，势相迫也。雷迅而风益烈，风激而雷益迅也，《离》为日，居东；《坎》为月，居西。不相射者，水得火以济其寒，火得水以济其热，不相灭息也。先天八卦之位如此。”（《周易浅述·说卦传》第二章）

原始八卦是否有此图像，是另一问题，可置而不论。单就图像自身而言，自然是原来便有此内涵，否则引申不出如此深厚的道理。即使不读《说卦》的叙述和后人的绎释，明眼人也会立即看出，这个图像整体就是人类生存繁息的宇宙的缩影。是一个在上天下地、日月轮回之中，山川河流、雷电风雨之间，作息繁衍、生生不已的人间世界的图象。这个缩影或图像不仅表现出宇宙人间的基本结构，而且通过天地、山泽、雷风、水火之间阴阳刚柔的相反相成，直观地显示出宇宙万有对立统一的基本规律。

然则，如此简单的构图，何以有若斯深邃而无边的巨大概括能力？为什么使用语言文字作解，要花费那么繁多的长篇大论？质言之，原因就在于以阴阳（⚋ —）为本而衍生的图象赋有上述象征性、演变性、蕴涵性、广阔性和正负性等诸多性能的缘故。

《易》象是寓理之器

值得注意的是，上图《易》象的种种道理，不是源于附加的文辞，而是象中原有的内涵。所谓“象者出意者也”，象即是表现内涵的手段。“言者明象者也”，文辞则是揭示象意的手段。在周易，文辞依附于象，并无独立自足的性能。其间的关系是，意（思想）生于物，象生于意，辞生于象。辞是象的助理，而非象的主人。如夬象之所以名《乾》，是由于它显示天的阳健之性，姤象之所以名《坤》，亦复如此。其他《震》、

《坎》、《艮》、《巽》、《离》、《兑》诸卦,亦莫不如此。①

总之,如上所述,从思维的角度来说,《易》的产生、发展和形成巨大的范畴体系,其间是经由作者在感觉、知觉和表象的基础上借助于语言(不是文字)把天地人间万事万物的共性加以概括,并经过演绎,造成“— 袴”两个图像,借以蕴涵与表示宇宙万有的共同本质与法则。然后,在潜内在语言的帮助下,以“— 袴”两象为基础,发挥它们象征性、演变性、蕴涵性、正负性等特殊功能,重叠组合,反复变化,终于发展成为八卦乃至六十四卦的图像体系亦即思想体系。其间,图像在演变发展过程中反映“万物之情,”和“天人之道”。所谓“卦之德,方以知”(《系辞上》十一章)——卦的方形图像蕴涵着人间的智慧,即指此而言。这种在创作过程中凭借图像反映事物情态和蓄藏事物义理的思维,显然和运用空洞符号的数理思维以及单纯用文字说理的逻辑思维、运用文字描写生活的形象思维以及运用声音或色彩反映生活的艺术思维,迥乎不同。其不同处除上述情况外,还在于周易的象数思维当中,图像是反映义理的生生不已的主动的工具,而在数理思维、逻辑思维、形象思维或艺术思维当中,无论符号、文字、声音或色彩,在表达内容上只是被动的工具。同时,《易》的图像在思维当中既属于形式又属于内容,它是内容与形式的统一体。而其他思维当中,符号、文字、色彩、声音之类,只属于形式而不属于内容。

周易的内容与形式的关系,可以归结为理与象的关系,辞象是图像的文字延伸,也属于象的范畴。关于理与象关系,程颐认为:“至微者,理也;至著者,象也。”从而概括为简练的八个大字:“体用一源,显微无间。”(《易传序》)对此,朱熹盛加赞扬,并作了解释。他说:“自理而观,则理为体,象为用,而理中有象,是一源也。自象而观。则象为显,理为微,而象中有理,是无间也。”(《近思录》卷三)大意是说,理是实体内容,象是理的功用形式。理中有象,二者统一,故谓之“一源”。象以显著形式表现微妙之理,象中有理,故谓“无间”。程颐所说的“体用一源,显微无间”,以及朱熹的解释,十分恰当,都正确而扼要地说明了周易以理为体、理象一如的特点,亦即内容为主、内容与形式浑然一体的优越性。黑格尔曾经说过:“在艺术里以及一切别的领域里,内容的真实和实质,主要地乃建筑在内容与形式之合一上面。”(《小逻辑》)周易为自身的特定内容——理,找到了合适的特定形式——象,经过殚精竭智的思维,做到了两者的统一。从而形成巨大的范畴体系,发挥出伟大的哲理功能、教化作用及一定的占卜功能。从这个层面也可以充分看出,周易象数思维,具有独一无二的特殊性与优越性,任何其他类型的思维方式,都不能代替。

辩证思维的鼻祖

任何事物的发展,总体看来,都是从低到高、从简到繁,人类的思维,自不例外。从“一就是一、二就是二”式的形式思维,发展到“一是一也是非一”的辩证思维,就是思维运动前进的必然历程,中外的思维史都留下了这样的记录。

① 关于象的双重性特点,见《〈易〉苑漫步(之一)》。

抛开形式思维不谈，单就辩证思维来说，在过去“言必称希腊”的哲学气氛中，一般学者多认为人类思维之发展为高级辩证思维是滥觞于希腊，代表人物是赫拉克利特（大约公元前530—470年）。从他的《论自然界》这本著作所残留下来的一百三十个片断中。可以看到如下一些辩证思维的观点。

——万物都在流动变化的思想：所谓人不能两次踏进同一条河流”。

——自然现象向对立面转化的思想：所谓在我们身上，生和死，睡和醒，少和老，都是同一的东西。后者变化了，就成为前者，前者再变化，又成为后者。冷变热，热变冷，湿变干，干变湿。“结合物是整个的，又不是整个的，既是协调的，又不是协调的，既是和谐的，又不是和谐的；从一切产生一，从一产生一切。相互排斥的东西结合在一起，不同的音调造成最美的和谐，一切都是斗争所产生的。”如此等等。

——关于真理具体性的观点，他认为真理以时空条件为转移。如说；“海水是最纯洁的，又是最不纯洁的。对于鱼，它是能喝的和有益的；对于人，它是不能喝的和有害的。”“最美丽的猴子，与人类比起来也是丑陋的。”“驴子宁愿要草料，不要黄金。”

——对立面的差别，斗争和结合的规律，谓之“普遍的逻各斯”（逻辑）。（以上均见《古罗马哲学》三联版）

赫氏辩证思维的主要观点，大致如上。

恩格斯对此给予很高的评价，他说：“这个原始的、素朴的，但实质上是正确的世界观，是古代哲学固有的，它第一次由赫拉克利特明白地表述出来：万物存在着，同时又不存在，因为万物都在流动，万物都在经常变化，万物都在不断产生和不断消灭的过程中。”（《反杜林论》）

这样，在世界哲学史上古希腊便以赫拉克利特为奠基人和代表者而树立起辩证思维发祥地的地位。过去的学术界，一般都持有这种看法。但是，史实并非如此。史实是，上古时代，在赫拉克利特之前，东方的中国早已有了辩证思维的著作。一般认为，和赫拉克利特同时的春秋末季的老聃，是中国最早的辩证法思想家，其实不是。老聃的辩证思维（表现于《道德经》），大多不是开拓和创新，而是袭旧的发展。它的源头乃是兴于殷末周初的易经。《易》以道阴阳，《易》以道化；以阴阳变化之道为核心的周易，比赫拉克利特的《论自然界》和老聃的《道德经》，早出世五百年以上。故此，就世界范围来说，比较成型的辩证思维的发祥地，不是西方的古希腊，而是东方的古中国。而且，除时间差距很大之外，在内容的渊奥性与形式上的多样性上，周易的辩证思维也较古希腊处于大大领先的地位。尽管较之现代的辩证思维来说，它只具有素朴的形态。

上述赫拉克利特的几个主要观点，属于辩证思维的一些基本原理。这些原理，本来就是周易产生、发展、演变、形成的理论基础，也是它的本体与应用的精神支柱。在六十四卦图象及其经文中，有十分具体、生动、丰富的表现。

首先是变动的观点。以变动的观点看天看人看事，是辩证思维的特性。赫拉克利特仅举河流为例，说明事物的变动不居，周易则以天人合一的无限广阔视野，通过一阴一阳的不断变化与无穷演化，具体显示变动的思想。《易》之所以名为《易》，主旨端在于此。无论《易》为善变的蜥蜴也罢，为上日下月、象阴阳之交叠也罢，或为日

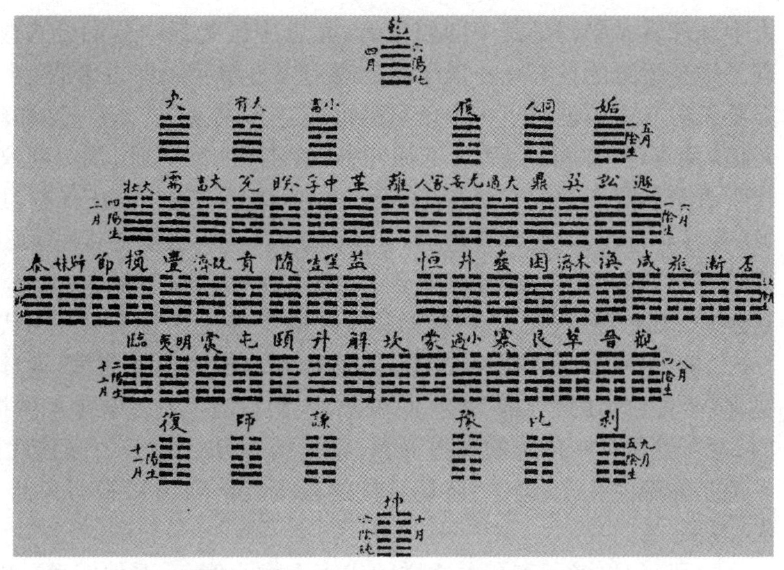

六十四卦横布图,出自清·连斗山《周易辨画》

出时光彩闪烁之象也罢,乃至《易》有变、交、反、对、移诸 义之象也罢,总之离不开一个变字。变为《易》的灵魂,从书名也可窥知。前文多次详述,无须再赘。然则。事物何以变动不居?变的原因何在?这便是继之而来的辩证思维的核心问题。形式思维立足于抽象的同一性,自身无法解释变的根源,只能求助于外力,牛顿之乞灵于“上帝的一击”以解释运动的根源,即是典型的例证。而辩证思维却摆脱了外力论的恶性循环的泥潭,从自身赖以存在的矛盾的同一性中找到了变动的动力——“对立面的统一”当中蕴藏着变动的种子。这一点,周易的表现最为鲜明。

周易的六十四卦体系,是由八卦演变来的,八卦则是由阳(—)阴(⚋)二象演变而成,“— ⚋”二象可谓易经体系的基因。这个基因就是“—”与“⚋”两个对立面的统一体。这两个对立面既相对又相待,既相反又相成,势必造成运动、转化、演变和发展。赫拉克利特所谓“结合物既是整个的,又不是整个的;既是协调的,又是不协调的”等辩证特性,在《易》的基因上表现得十分清楚。依据天人合一的原理,《易》既把阴阳的相反相成作为六十四卦范畴体系形成的基因,也把它作为万有生长变化的基因。就是说,依照周易的思想来看,不但大自然的天地万物和人间的万事万物是如此演变而成,人类的精神和思想的成果,也是如此演变而成。运用一阴一阳之道来观察自然、社会和精神现象,而且从头到尾一以贯之,正是大《易》独特的无与伦比的优越性。这在纪元两千年前的全世界来说,显然开创了辩证思维的最高境界。五百多年后才出现的古希腊辩证法思想家赫拉克利特,对此恐怕只好说是后生晚辈,望尘莫及。

两点论

如上所述,从人类思维发展的历史来做观察,一个突出的革命性巨变,就是从把事物视为单一体转向把事物视为矛盾体的飞跃,也就是从确定性的形式思维向灵活性的辩证思维的发展。这在上古时代文化较为先进的国家,是自然要发生的现象。

古中国和古希腊则是其中的佼佼者，尤以中国为最。这两个古国也许是分别领先发现了辩证思维的核心——以矛盾的观点考察事物。在古希腊，除赫拉克利特之外，斯多葛派哲学家曾创造了一个著名的命题："万物各有二柄"，这和现代中国极为流行的所谓"两点论"非常相近（参见钱仲书《管锥篇》第一册《周易正义·归妹》）。中国汉代学者董仲舒所说的"凡物必有合。合必有上，必有下，必有左、必有右……有寒必有暑，有昼必有夜，此皆其合也。"（《春秋繁露·基义》第五十三）又说："独阴不生，独阳不长。"（《春秋繁露·顺命》第七十）宋代哲人邵雍所说的"一分为二"（转引自《监本易经》），和张载所说的"一物两体"（《横渠易说·说卦》），明代哲人方以智所说的"合二而一"（《东西均》），等等，从思维方法的辩证性来看，基本精神大体相似。但是，关于古希腊的"二柄"思想的来源，人们只晓得它是从辩论中揭发矛盾而逐渐产生的，是否继承某些传统的思想资料，则不得而知。至于中国古代辩证思维的两点论，无论是先秦的孔子、老子、还是后代的董子、邵子、方以智等思想家，其根源统统在于大《易》。

这里，仅以老子和孔子这样的代表人物为例，看看他们辩证思维的两点论。

老子生当春秋末季，与孔子同时，生平简单，隐于周王朝柱下史的卑下职位，以冷眼观察乱世。虽然很少出头露面，但作为思想家，知名度却很高。据司马迁《史记》记载，孔子曾问礼于老子。老子赠他一句名言："……良贾深藏若虚，君子盛德，容貌若愚。"（《老庄申卦列传》）这句名言中的良贾与君子都表现出外貌与内情的相反相成，这和《道德经》所说的"上德若谷，大白若辱，……质真若渝"等（四一章）说法相似，都属于"正言若反"（七八章）之类，都是运用两点论而得出的辩证命题。全部《道德经》五千言，上篇从有与无的关系开始，到三十七章"道常无为而无不为"为止；下篇从"上德不德，是以有德"开始，直到八十一章"信言不美，美言不信"终结，基本上是以两点论的辩证思维一以贯之。老子之所以成为先秦时代中国辩证思维的先驱人物和代表人物，于此可见一斑。

与老子同时的孔子也是深通辩证思维的大师。从他的活动和言论中可以发现许多运用"两手"的例证。在政治方面，例如他一面主张"导之以德"，一方面也不反对"齐之以刑"（《论语·为政第二》），强调"刚柔并济"的两手。突出的事例是《左传·昭公十二年》所载，郑国贤相子产主张"有德者能以宽服民，其次莫如猛"。用以告诫继任者子太叔的史实。孔子对此赞颂说："善哉！政宽则民慢，慢则纠之以猛；猛则民残，残则施之以宽。宽以济猛，猛以济宽，政是以和。"和子产的观点一样，孔子也认为宽猛的相反相成，是统治人民的良策。另外，孔子本人的从政态度是"有道则现，无道则隐"（《论语·泰伯》），隐现结合，随时而行，也表现出对立统一的"两手"。在为学方面，也是如此，孔子认为"学而不思则罔，思而不学则殆"（《论语·为政》），讲求思与学的相辅相成，强调这样学法才最有效。孔子这种两点论表现得最清楚的，莫过于《系辞》。本来周易中并没有阴阳二字，只有"祎""一"二象，是孔子揭示其象义而表以阴阳。在《系辞》中，他抓住周易的灵魂而大肆发挥阴阳两点论。所谓"一阴一阳之谓道"以阴阳两端的相反相成，作为宇宙人世的普遍法则。所谓"阴阳不测之谓神"，以或阴或阳的适然变化，来解释莫名其妙的"神"。所谓"阴阳合德而刚柔有体”。以阴(柔)阳(刚)的对立统一来解释“天地之撰”(大自然的造化)。特别是在讲述卦爻的体会时,更能联系政治修身的实际,作出发挥。在《乾》卦《文言》中讲述“亢”字的体会时,他说:“亢之为言也,知进而不知退,知存而不知亡,知得而不知丧。……知进退存亡而不失其正者,其唯圣人乎?”从进退存亡得丧这样两个方面的对立统一和互相转化上讲解亢字,可谓深通辩证思维的奥妙。在谈到知“几”的重要性时,孔子不是单以隐伏的先兆来解释几字的本义,而是说:“知微知彰,知柔知刚,万夫之望”。把几(微)同彰(著)加以对比,从双方的对立统一关系中加以讲解,并把它提到柔阴与刚阳的高度予以申述,从而揭示出“几”的法则性功能。再如,在谈到周易的优越性与功用时,孔子认为它具有“因贰以济民行,以明失得之报”(《系辞下》六章)。所谓贰,是指阴阳两端。全句大意是说,人们可以顺应其阴阳之道,用以指导民众的行为,使民众明辨吉凶得失的反应。如此等等,孔子就是这样善于运用两点论的思维方法,看人看事看问题。总而言之,由上述可见,孔子和老子虽未曾对辩证思维的“两手”,从哲理上作过直接的论述,但这种思维方法在他们的言行中已具有多方面的明显表现。这和古希腊斯多葛哲人所作的“万物皆有二柄”,以及现代哲人所说的“两手”或“两点论”,可以说基本精神并无二致,都属于辩证思维的范畴。

不过,虽然说孔、老善于运用辩证思维的两点论来观察和思索问题,是上古时代辩证思维的代表人物,但却不是说,他们是辩证思维的奠基人和创造者。因为他们的两点论思维方法,都来自周易的阴阳观念。老子的“万物负阴而抱阳”也罢,孔子的“一阴一阳之谓道”也罢,追本溯源,并无例外。故此,必须承认,兴起于殷末周初的易经,才是中国乃至世界上两点论辩证思维的鼻祖。

子产像,图出自清·顾沅辑《古圣贤像传略》。子产,公元前春秋时政治家,复姓公孙,名侨,郑国贤相,主张为政要“刚柔并济”

关于周易以两点为思想基础一点,程大昌的论述最鲜明、最确当。他说:

“若大《易》之名书也,专以变易言之,则凡象若(或)数,虽其屡变迁也,而皆不出乎两相更迭也。非‘两’则无变,舍变则无《易》也。其曰:‘一阴一阳,之谓道者,是‘两’之可以出变者也’。又曰:‘一开一合之谓变’,是‘两’之终能变者也。用此求之,凡其相错、相杂、相得、相易、相等、相摩、相盈、相推、相感、相攻、相取、相逮、相悖者，莫非以‘两’为体，而形乎相交之地也。人而知夫‘两’之所当而措焉，则可以常吉而不凶也。苟惟不能参观、而倚于一偏，则其蔽必至于知得而不知丧，知进而不知退，知存而不知亡也。故夫子之言《易》曰：‘因贰以济民行，以明失得之报。’贰即两也。贰之可以济民也，即参彼我而裁可否之谓也。”（《易原》卷四《因贰明失得》）

他又说：

“极天下之大，万物之众，事为之夥，而其形体情实，无有不相配对者也。寒暑、日月、雷雨、昼夜、山泽、水火、君臣、父子、夫妇、牝牡、道器、刚柔、仁义、治乱、进退、生死、吉凶、荣辱等，有万不同，而无有孑然独立者也。夫其每出必‘两’者何也？阴阳实为之也。……故事物之无不有‘两’者，其源实出于阴阳也。于是，究其极言之，天之阴阳，即地之柔刚，人之仁义，而卦爻之《乾》《坤》也。四易其地，四变其名，而皆不离乎‘两’也，六十二卦，无一卦焉而不载《乾》《坤》，则何事何物也，而非‘两’出也？故说‘两’明，而《易》之本末著矣。措‘两’明，而有得无失矣。”（《易原》卷四《事物悉载二》）

程氏以阴阳两点论作为宇宙的根本法则，据以剖析天人万物和周易，一以贯之，简明确当，鞭辟入里，实为打开周易辩证思维体系的一把金钥匙。尤其其中“非‘两’则无变，舍变则无《易》”和“六十二卦，无一卦而……非‘两’出也。故说‘两’明，而《易》之本末著矣”两句，更是画龙点睛之笔，《易》之以辩证两点论为思想主干，于兹昭昭明矣，程氏之言，良有以也。

六十四卦是三十二个阴阳对立统一体

阴阳的对立统一是周易的世界观。但经文中只有阴（⚋）阳（—）二象，并无阴阳二字，阴阳二字是外来的解释。孔子袭用传统的说法，阐释并发扬其中的一阴一阳之道。后来《庄子·天下篇》之所谓“《易》以道阴阳”，也许是基于孔说而作的集中概括。这一观点，扼要地抓住了周易辩证思维的灵魂。整个易经六十四卦三百八十四爻，从头到尾，处处充满阴阳相反相成的关系和变化，可谓一以贯之。

如前所述，阴阳二象是效法天地而生。“—”象天，于气为阳，于数为奇；“⚋”象地，于气为阴，于数为偶。天地合而为大宇，分而为天地；阴阳合而为太极（大气），分而为两仪。分中有合（合二而一），合中有分（一分为二），相反而又相成，相依而又相变。如此这般，生生不已，千变万化。简单的阴阳二象本身，已竟蕴涵着如此玄妙的“天机”：“—”象为奇，“⚋”象为偶，而“—”象具有两端，两为偶，是奇中有偶，亦即阳中含阴。同时“⚋”象由两奇构成，是偶中含奇，亦即阴中含阳，如此阴阳互为其根，相反相成。而“反者道之动”（《道德经》四二章），正中有反，必然不寂静而发生动荡，成为生命的源头。于是正如天地之气分合升降而生万物一样，阴阳二象也交叠演变而生四象、而生八卦、而生六十四卦三百八十四爻，终于形成蕴涵天地人三道的无限广阔的辩证思维体系。《易》体就是这样由阴阳二象矛盾统一的内在机制的互动而造成的。在这一点上，任何《易》体形成的理论，无论是《乾》《坤》生六子之说，或其他卦变之说，都离不开阴阳二象相反相成的辩证思维法则的作用。

这一法则在八卦和六十四卦上都表现得清清楚楚。

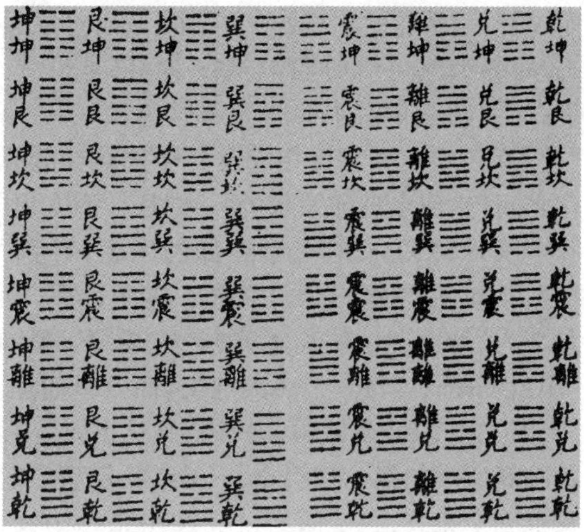

羲皇先天六十四卦方图，出自清·刘一明《周易阐真》。羲皇即伏羲，相传伏羲画先天八卦，八卦衍生为六十四卦

八卦由《乾》夬天、《坤》姤地、《震》锜雷、《巽》傒风、《离》羑火、《坎》趍水、《兑》赠泽、《艮》犨山组成，其结构特点是两相对待，相反相成。分则为八个卦，合则为四对卦。它以图象加文字的形式，直观地体现出宇宙万有合二而一与一分为二相结合的对立统一的基本法则。例如《乾》（天）健《坤》（地）顺，健顺相反而又相辅，生成万物。《离》（火）刚《坎》（水）柔，刚柔对立而又互助，发挥功用。（《水火即济》，如烹调之类）就这一点来看，孔子所说的八卦可以“通神明之德，类万物之情”，完全正确，绝不过分。八卦图像已见前文，兹不再赘述。

最能具体而鲜明地表现对立统一辩证法则的，是六十四卦的传统卦序。它和用之于占筮的八宫卦序之类不同，是表现天（自然）人（社会）合一之道（共同的普遍法则）的卦序。名称上是六十四卦，实质上乃是三十二组卦。上经始于《乾·坤》。终于《坎·离》计十五组，下经始于《咸·恒》终于《既济·未济》，计十七组，总共三十二组。即孔颖达《周易正义》所说的“二二相耦”。用辩证法的语言来说，六十四卦的卦序，就是三十二个对立面统一体的序列。同时把这三十二组卦贯穿起来的纽带和关系，则是卦象的“非变即复”或曰“非错即综”。“变”（错），指两卦的阴阳相反，如《乾》夬与《坤》姤、《坎》趍与《离》羑之类。“复”，指前卦颠到而成后卦，如《屯》鸪象颠倒，即成《蒙》鹓象、《需》鸤象颠倒，即成《讼》睸象，等等。如此，从《乾·坤》开始，或错或综直到《既济·未济》终了，就形成了三十二个对立面统一体相反相成、生生不已的序列。这就是周易卦序所依据的原则。

这里有一个问题需要顺便说一下。有一种说法，认为“非错即综”只是六十四卦形式上的演变，这种说法有所偏失。实际上，六十四卦经过错综而造成三十二组卦的序列，既是卦象外形的演变，也是卦象内涵的演变，其外形和内涵的演变，在这里完全融为一体，可以说是表现出逻辑与历史的统一。具体说，如周易第一个对立统一体是《乾·坤》夬 姤，象形上是六阳六阴相错并立，象义上是象征天地纯阳纯阴的相反相成。而象之形义所蕴内涵则是《乾》（天）健《坤》（地）顺而始生万物，同时也是“《易》之蕴”，而演为六十四卦。再如第四个对立统一体是《师·比》祐 衹，《师》的象形是六阴在上，四阴夹阳在下。颠倒过来（综），是四阴夹一阳在上，六阴在下，成为《比》。这表示，前者象征地上水下，即地下有水；后者是水下有地，即地上有水，其象形与象义所蕴之内涵则为；地中有水，众多而积。地有顺义，而水有险义，内险而外顺，险道

而顺行,是军旅之事,故名为《师》。而卦象颠倒之后,成为水在地上,有水土相亲的情态,故名为《比》。卦象的综变,不仅是形式之变,也是内容之变。它表示险道的战争——《师》,倒过来即成为顺道的和平——《比》,地水之象综而为水地之象。《师》《比》在逻辑上的相反相成及其转化,恰好同战争与和平在历史上的对立统一及其转化之间,呈现出辩证关系的一致性。所以,孔子所说的"立象以尽意,设卦以尽情伪",其中所含象义一如、义事一如的思想,对后人认识周易形式与内容的关系有很大启示。又如;周易第六个对立统一体为《泰·否》 嘼踠,《泰》象为三阴在上,三阳在下,象义为《坤》(地)在上,《乾》(天)在下,天地倒置,含义为:"小(阴气)往(上去)大(阳气)来(下来)。……天地交,而万事通也。上下交而其志同也。内(下卦)阳而外(上卦)阴,内健而外顺,内君子而外小人。君子道长,小人道消也。"这是孔子对《泰》象内涵所作的揭示与引申。《泰》象倒置,成为相反的《否》象,其象义与内涵同《泰》象也完全相背,一变而为:"大往小来……天地不交而万物不通也。上下不交而天下无邦也。内柔外刚,内小人而外君子,小人道长,君子道消也。"从象形上看,《泰》《否》阴阳相错,对立统一,综而为《否》《泰》,仍然阴阳相错。这在卦序的演进中属于错综相兼之类。周易殿尾的第三十二个对立统一体《既济·未济》钼 밝,亦复如此。其中,前者的象形是四阴夹一阳在上,二阳夹一阴在下,后者恰好相反,彼此相错而相依。《既济》象义为水火相济,阴阳各当其位(初、三、五,,二、四、六,阳爻占阳位,阴爻占阴位)而相应(初与四、二与五、三与六),其内涵表示事物的完成(终)。《未济》则反之阴阳错位,(初、三、五阴爻占阳位,二、四、六阳爻占阴位),其内涵表示事物的未完成(始),两卦合为一组,表现事物发展的阶段性。其卦象阴阳相悖,是为错,倒过来是为综,依然阴阳相悖,还是错。就这一点而言,周易三十四对统一体(六十四卦)是始于《乾·坤》之错,而终于《既济·未济》之错综兼备。卦象的联系和演进情况如上图所示。

以上六十四卦象,除《乾》《坤》、《坎》《离》、《大过》《颐》、《小过》《中孚》八个相错,其余五十六卦象都相综。其中《否》《泰》、《既济》《未济》、《随》《蛊》、《渐》《归妹》四组卦象是综错相兼。

如此,三十二组卦或综或错,相反相因,遂形成一个赅蕴天则人道的巨大的《易》象范畴体系。宋儒程颢所谓"其体则谓之《易》,其理则谓之道"(转引自《近思录集注》卷三),扼要地揭示出象体与义理的统一。而这正是周易辩证思维的根本特点。

错(阴阳相反) 综(上下颠倒其中*为综错兼) 错 错

下经三十四卦

综(上下颠倒其中*为综错兼) 错

卦象联系演进图

阴阳互交互变

阴与阳既对立又统一，既相成又相反，既互相排斥。又互相包含；这种矛盾关系，是动力的源泉；而动必引起分裂，由合二而一成为一分为二，并发生互相转化。这种情景以直观的鲜明形态，呈现在广泛流传的所谓太极图。

此图的名称与内涵，皆源于孔子对周易本质的解说：所谓"《易》有太极，是生两仪（阴阳），两仪生四象，四象生八卦"，等语，是此图所本。据杭辛斋先生讲，此图又名"天地自然之图"，是"八卦所由所画"，乃宋人蔡季通从四川隐士手中获得的。虽然它未必是伴随周易流传下来的古图，大约是后代道家人物依据《易》理而绘制的，但诚如杭先生的体会："熟玩之，有太极函阴阳，阴阳函八卦之妙。"（以上见《学易笔谈》书中《易楔·图书第一》）从此图中，可以见到上述对立面统一的关系：两仪合而为太极（矛盾统一体），分而为阴阳（统一体的分裂）。阴为黑色，阳为白色。黑中有白点，是为阴中有阳；白中有黑点，是为阳中含阴。黑白两色呈两鱼形，头尾相接，表示阴阳二气互为其根，相反相成，互相消长，互相转化，生生不已，终始无际的自然状态。仔细观察，《易》道之辩证思维情景，的确跃然纸上。应该说，太极图是揭示《易》理秘蕴的一大发明。——在这里，人们直观地看到了阴阳这个对立统一体互交互变法则的情景。如图所示，阴阳既对立又互交，便发生动盈与变化。孔子所说的"刚柔相摩，八卦相荡"，"刚柔相推，变在其中矣"以及荀子所说的"阴阳接而变化起"（《荀子·礼论》），都是指阴（柔性）阳（刚性）既互为其根又互相斗争而发生变动。前文所举出的《泰·否》的情况，便是这样。两卦显示：阴（地）阳（天）同体，而刚柔相摩，阴升阳降变为《泰》，阴降阳升则变为《否》，互为升降而吉凶转变，便是阴阳互交互反所引起的互相转化的形态之一。此外，更重要的转化形态是阴阳互为消长。所谓十二消息的卦变，就是刚柔相推而引起的阴阳转化。简言之，它就是《乾·坤》诸爻阴阳互为消长所造成的十二个循环卦变。其概况为：《坤》阴交于《乾》阳，阳一长而转为《复》䷗，再长而转为《临》䷒，三长而转为《泰》䷊，四长而转为《大壮》䷡，五长而转为《夬》䷪，如此阴阳消长，至六长而臻阳极，乃由纯阴（柔）之《坤》，一变而为纯阳（刚）之《乾》。但阴阳互为

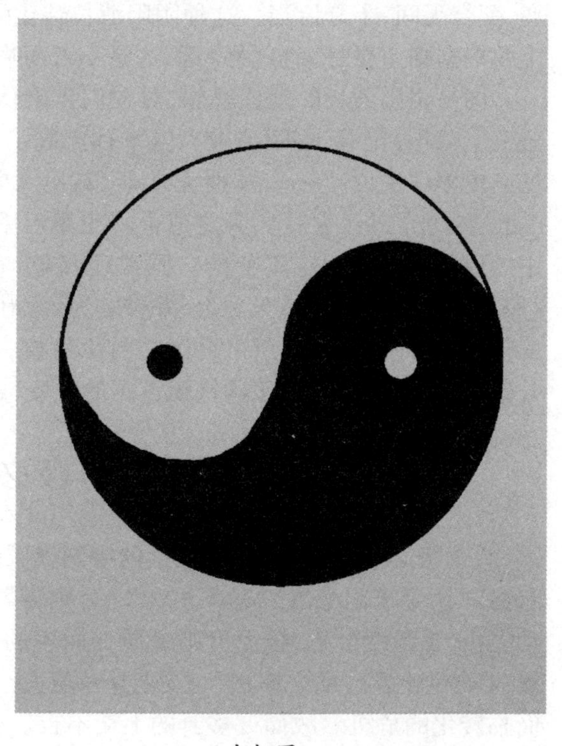

太极图

其根，阴中寓阳，阴不能灭。阳长至极，则转而生阴。于是，《乾》夬阳反过来交于《坤》姤阴，阴一长而为《姤》䷫，再长而转为《遁》䷠，三长而转为《否》䷋，四长而转为《观》䷓，五长而转为《剥》䷖，如此阳消阴长，至六长乃由纯阳之《乾》，复返为纯阴之《坤》。如此阴阳相推，刚柔相易，遂造成《乾·坤》与《坤·乾》的阴阳大转化，这就是所谓十二消息卦变的实质。

由上述可见，周易的思维里不仅有两手或两点论，不仅有对立面统一的观念，而且也不乏对立面互相转化的观念，这些都是周易辩证思维的要素。老子所谓"祸兮福之所倚，福兮祸之所伏"，正表现阴阳互为其根的思想。"正复为奇，善复为妖"，则表现阴阳互转的思想。看起来，老子这种思想也许都是来自周易。

周易阴阳消长互相转化的辩证观点，对人们正确认识自然与社会的运动，有着重大的指导意义和实用价值。上述十二消息卦，即是一例。十二消息卦是西汉易学家孟喜卦气说的重要内容。孟喜是应用周易《乾·坤》阴阳消长转化之象，配合于节气变换而创出的，所以又名十二月卦。简言之，每年十一月冬至，一阳生，为《复》卦。十二月阳长至二，为《临》卦。正月阳长至三，为《泰》卦。二月阳长至四，为《大壮》卦，三月阳长至五，为《夬》卦。到四月小满，阳气满盈，纯阴之《坤》一变而为纯阳之《乾》。但接下去，到五月夏至阴复生，成《姤》卦，六月阴长至二，成《遁》卦，七月阴长至三，成《否》卦，八月阴长至四，成《观》卦，九月阴长至五，成《剥》卦，到十月小雪，阴气满盈，成《坤》卦。接下去，阴极阳生，到十一月冬至，一阳复生，又返为《复》卦。如此阴阳互为消长，互相转化的情景，与一年廿四节气的推移更迭和流转不已的气候演变，配合无间，十分恰当。这种阴阳消长转化的气象观，虽非直接取之于周易，但其产生的根据则主要是来自《易》理，这是不言而喻的。

周易阴阳消长的辩证思想，对人们正确认识社会，也有重大功能。例如《左传昭公三十二年》记载，鲁昭公被大臣季孙氏赶出鲁国，死于外地。赵简子探问史墨的意见。史墨评论说："……社稷无常奉，君臣无常位，自古以然。……在《易》卦，《震》（雷）乘《乾》曰：《大壮》，天之道也。"史墨引用周易卦象之变，证明自古以来国家与君主的地位都不是固定不变的。照常理，《乾》（天）在上，《震》（雷）在下，但周易却让《震》（雷）乘坐于《乾》天之上，并誉之为《大壮》（正大）。史墨认为，这表明事物地位的转化是必不可免的，所以鲁国之君臣易位，也在情理之中。这样，周易辩证转化的卦象和思想，对当时人正确认识鲁国的政变，成为哲理的论据。

物极必反

"物极必反"是一个高度概括的中国气派的辩证命题。上述"履霜坚冰至""亢龙有悔""阴疑于阳必战""盈不可久""穷则变"等思想，都可以囊括于此。从物之动到动之极，是量变过程，极而反则是质变而生的转化。《乾》之极，必转为《坤》，《泰》之极，必转为《否》，反之亦然。《易》卦六位，上位是卦位的顶峰，爻至于此，已达极限，面临转化的危机。故而许多卦的上爻不吉。《乾》《坤》之外，《讼》上九"或锡之鞶带，终朝三褫之"（凭健讼而获朝廷显贵的大带之赐，一天内却多次被剥夺），表示上九阳刚已达极点，逞强胜诉而获赐，不能持久。《比》上六"比之无首，凶"，表示上六以阴柔处于极位，柔弱无能，与众亲比，却不能率先行事，故而凶。《泰》上六"城复于隍"，比喻《泰》运已臻极点，将如城墙又倾覆到壕沟里那样，转化为《否》。《噬嗑》上九"何校灭耳，凶"，意指穷亢之阳居于极位，怙恶不悛，以致遭受抗枷灭耳之刑。《复》上六"迷复，凶"，意为上六以阴柔居《复》之终，迷途而不知返，结果必凶。《无妄》上九"无妄，行有眚，无攸利"，是说上九处"无妄之颠，途穷难行，行必有灾"。《大过》上六"过涉灭顶，凶"，是说上六以阴柔而居于阳气大过之境的无位之高位，会有灭顶之灾。《恒》上六"振恒，凶"，指出上六以阴居阳，处于"恒"境之顶，动必有咎。而上六震动不已，必"大无功也"（《象》辞）。其他如《晋》上九，《明夷》上六，《益》上九，《夬》上六，《革》上六，乃至《既济》上六，《未济》上九，等等，很多居于上位之爻都以穷极而陷于困境，面临物极必反的灾祸。老子"物壮则老，谓之不道"（《道德经》五十五章）的辩证发展观点，大约也是吸收周易这种"恶首"（恶亢）的思想而形成的。由此可见，周易所涵的阴阳对立面，在相反相成的运动中，以卦爻的象数辞的形式发展变化，其间蕴涵的量变质变的法则，确已精练地概括于古人所说的"物极必反"的哲学命题中。所不足的，只是需要回过头来联系周易的实际，具体而深入地加以探索和论述而已。

知"几"、知"度"、知"中"

对于"物极必反"的法则，周易在通过象数文辞之变加以表现的同时，也提出趋吉避凶的对应之计。上述"知几""持盈"，便是主要的对策。"知几"能因小见大，预见吉凶，而加以预防，或采取应付的手段。老子所谓"其未兆易谋，其脆易泮（碎），其微易散"（《道德经》六十四章），就是说明"知几"早备的对策。"持盈"的办法是适可而止，不走极端。老子所谓"其安易持"（《道德经》六十四章），便是与此类似的观点。这里便涵着一个"度"的概念。

"度"是事物发展的量变过程中保持原质的数量界限。超出"度"的界限，事物即发生质变。例如《乾》阳自下而上"六龙时位"，这"六龙"的范围，就是《乾》阳的度。在这个界限内阳性不变。越过这个范围，立即发生质变。《乾》阳化而为《坤》阴。具体说，《乾》阳自下而上，逐步量变，达到五位时，已近满盈，是尚有余地的最佳状态。如再进一步升到六位（上位），就达到巅峰，接近"度"的最上界，濒临质变的边缘，势将发生转化。于是周易站在扶阳仰阴的立场，依据物极则反的原理，提出"亢龙，有悔"的告诫。告诉人们，龙阳长到五位时，已经"飞龙在天"，达到志得意满、中而且正的境地，此际要返身修德，留有余地，切勿一意亢进，走上穷途的上位，成为"亢龙"，以免陷入"物极必反"的泥坑。周易这一告诫，表现出关于事物发展的"度"和"知度"的思想，要人们办事留有余地，盈而不溢。也就是要人们注意量变的界限，注意事物的度，不要过度，以免发生邪恶的质变。在周易思想里，作为主要概念的"中"和"度"的观念也有关联。不少人以为周易（乃至儒家）的中是折中的调和论，其实这是误解。所谓中，并不是中间之意，而是说，既非过分又非不及，恰如其分。俗语所说的不走极端，就是"中"的观念的表现。在方法论上，周易最重视的是中。如《乾》五爻为最佳时位，九五谓之得中。至于上九，则过中而成“亢”，走上极端，是以有悔。而《乾》九四则处于九五之下，故必“跃”始得及“中”。《丰》䷶卦象是震上离下，象征光明盛大。卦辞曰：“亨，王假之。勿忧，宜日中。”意为，气象亨通，君王的德政所致。无需忧虑，宜如日照中天，而不过中，盛而不衰。这也是以恰如其分而不过头来描绘“中”的优越性。周易往往于位增至三，即提出将过中之戒，如《临》卦辞指出，“至于八月有凶”，才及三爻即劝诫说：“即忧之，无咎”。同样，《泰》运将转为《否》，甫及三爻，即提出“无平不陂，无往不复”之戒，这表现周易对事运过中之变，极为担忧。如此等等，不一而足。

由此观之，可见周易的所谓“中”，既非折中，亦非调和，而是表示：事物的成长发展过程中，有一个量变达到的最合适最理想的“度”，不及则弱，过头则亢。这个量度，就叫做“中”。在这个意义上，可以说周易的“中”，就是量变所达到的满而不溢的度。而“极则反”，则是过度而转向反面。

为了在进德修业的道路上趋吉避凶，面对阴阳消长、极而必反的法则，周易提供的对策，除先见之明的知几以外，还有“进退而不失其正”的知度。这种思想的典型，蕴涵于《乾》卦。特别是三爻的“君子终日乾乾，夕惕若厉，无咎。”深藏着知几、知度、进退适宜的训诫。孔子解释说：“君子进德修业……知至至之，可与几也；知终终之，可与存义也。是故，居上位而不骄，在下位而不忧。故乾乾因其时而惕，虽危无咎矣。”（《文言》）这段话的核心是“知至、知终”的立身行事之道，亦即进退不失其正的处世原则。“知至至之”是说，认清时势，知道进德修业的目标可望达到（至），就不失时机，努力前进而实现它（至之）。“可与几也”是说，能做到掌握机先而奋进，可以认为这是知几的明智。“知终终之，可以存义也”是说。能够认清时势，知道前进不利，应该终止就断然终止，可以认为这是保存道义的立场。依据前述阴阳消长、极则必反的法则，来看孔子所提出的这个“知至至之，知终终之”的行动方针，便可体会到其中的前者属于“知几”，后者属于“知度”。

但是，何以孔子从《乾》三爻内涵中悟出这么个行动方针呢？略作分析，便可明白，《乾》卦是纯阳纯刚之体，阳自下长，长至三爻，臻于内卦之巅，虽未离开人位（三、四为人位），却已崭露头角，声誉显赫，处于上下之际，而有浸浸上升，前进不已的趋势。三属阳位，三爻又是刚性，阳居阳位，且不得中，是为“重刚而不中，上不在天，下不在田”（《文言》），正处于一个不上不下的险地，最易有咎。故而周易告诫君子，必须认清所处的这种地位，兢兢业业，朝夕不懈，既不可盲目前进，也不可委靡怠惰。要审时度势，可进应进，则不失良机，奋力“至之”。如不可进或不应进，则乾乾兢惕，知终终之，守志不移。如此，知几知度，知进知退，小心谨慎，顺时而动，自能趋吉避凶，泰而无咎。正因为《乾》九三处于这种进可攻退可守的“关隘”，故而需要知几知度，以定行止。孔子于此提出“知至至之，知终终之”的行动方针，说明他对周易阴阳消长转化之义认识极深。

知“时”

与“几”“度”等概念关系密切的，还有个“时”的概念。周易中只有一个时字，在《归妹》䷵卦九四爻“归妹愆期，迟归有时”中。大意是，少女延期未嫁，是静待良辰。

这里的“时”，是时机之意。但孔子却抓住它的内涵，加以延伸，遂使它内在的哲理得以充分抒发。在《系辞》和《象》传中出现竟有五十七处之多，可见在孔子心目中，“时”的概念在周易来说是何等重要。孔子后来被称为“圣之时者也”（《孟子·万章下》），也可见《易》理的“时”对孔子思想的影响，多么巨大。

“时”这个概念虽是由孔子发掘与发挥的，但它的母体却在于周易本身。换言之，周易处处充满了“时”的观念。每一卦有每一卦的“时”，每一爻有每一爻的“时”，卦变有卦变的“时”，爻变有爻变的“时”，离开“时”的观念，周易的象数文辞就失去变化，丧失生动活泼的体性，而成为一大堆占卜辞象的汇集。对学《易》来说，离开“时”的观念，也无从理解周易的象数文辞及其“唯变所适，不可为典要”的属性。

孔子在《系辞》中对“卦、爻、变、动”的根本作了论断，他说：

“八卦成列，象在其中矣。因而重之，爻在其中矣。刚柔相推，变在其中矣。吉凶悔吝者，生乎动者也。刚柔者，立本者也。变通者，趣时者也”。（《系辞下》首章）

这段话的内容，由四点组成：①八卦分列其位，万物的情志现其象中，据八卦而重叠，乃生成六十四卦而含有三百八十四爻。②刚爻柔爻互相推摩，其中便出现变化。③按其变化而系以文辞，指出吉凶悔吝，其中乃蕴涵行动的规律，因为吉凶悔吝是由行动产生出来的。④爻之刚柔互相对待，是立卦生变的根基。在此根基上，刚爻柔爻相推而生变化，变化而流通。爻之变化流通的趋向，是适应于“时”的变动。

然则，周易的“时”，究竟是什么意思呢？

前文说过，王弼以“时”作为卦的界说。他说：“夫卦者时也，。”又说：“夫时有否泰，故用有行藏。”意思是说，卦就是“时”。时有否时泰时，故而泰时则行，否时则遁。看来，王弼认为卦就是一种情境。在泰平的情境中应施展抱负，亦即孔子所谓“知至至之，可与几也”。当情境转为否塞时，就要“知终终之”，隐遁以存义。但“时”是个言简义丰的词，含有多个相关的义项。情境只是其中之一。《归妹》九四的“迟归有时”，是

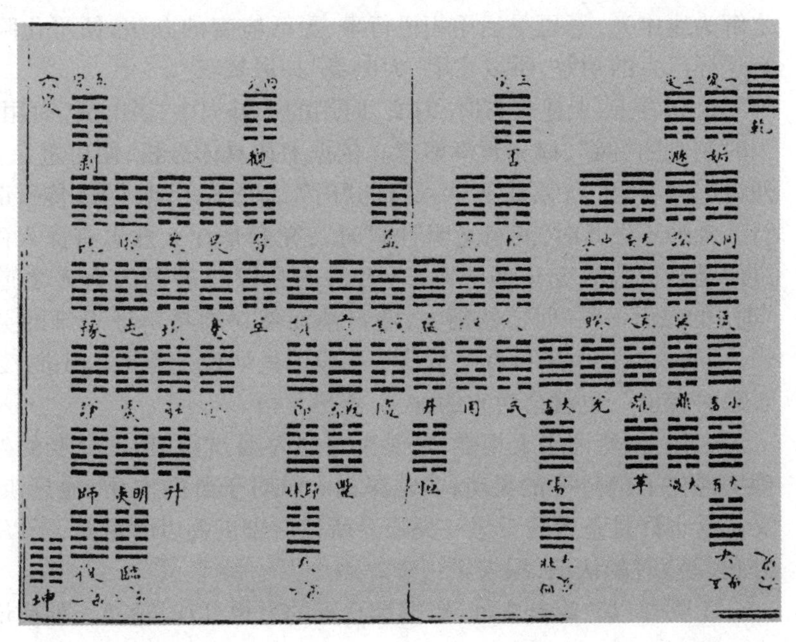

六十四卦卦变图，出自清·连斗山《周易辨画》

指时间而言。《系辞》所谓"变通配四时"(《系辞上》六章)的"时",当然是指时节。《象传》"以大矣哉"的语气,对《豫》、《随》、《遁》、《姤》、《旅》五卦的"时义",《坎》、《睽》、《蹇》三卦的"时用"以及《颐》、《大过》、《解》、《革》四卦的"时"加以赞叹。在这里,"时义""时用"和"时"三者的"时",意思也有所不同。《周易本义》说:"……然叹卦有三种:一,直叹'时',如'《大过》之时大矣哉'之例是也。二,'叹''时'并用,如'《险》之时用大矣哉'之例是也。三,叹'时'并'义',如'《豫》之时义大矣哉'之例是也。"这只是举例分类,而不是具体解说。具体情况应该说是,《大过》䷛象征阳刚过甚、正旺邪衰的重大时局。这个"大矣哉"的"时",是指时局。《解》䷧象征患难消散、万象复苏的形势,这里的"大矣哉"的"时",是指形势。《革》䷰象征除旧布新的革命局势,这里的"大矣哉"的"时",显然是指时事大变的政治局势。《颐》䷚象征饮食养生,这个"大矣哉"的"时",却不是指养生的时期、时势之类,而是说民以食为天,要养民以时,指时需而言。程颐所谓"万物之生与养,'时'为大"(《易传》),即是此意。由此可见,《象》传之所谓时,含有时间、时期、时势、时局、形势、时需等多个义项。

但是作为哲学概念,周易的"时"却另有含义。

就"大矣哉"的时义来说,周易的《豫》、《随》、《遁》、《姤》、《旅》五卦,并不像《周易·玩辞》所说的"皆若浅事而有深意"那样含糊、空泛。具体说,《豫》䷏之"时义"之大,在于顺理而动,以应"时趋"。《随》䷐之"时义"之大,在于不失时机。《遁》䷠之"时义"之大,在于依道浮沉,随时隐现"。《姤》䷫之"时义"之大,在于因时制"遇",不窒一隅。《旅》䷷之"时义"之大在于失其所安而刚柔不失其正。这五卦的所谓时义,就是时宜(义者宜也)。含有合乎时宜,随机应变,审时度势,因时制宜的意思。另外,就"时用"来看,简言之,《坎》䷜象为险,《睽》䷥象为乖,《蹇》䷦象为难,这是三卦的基本情境。处于这种不利的情境中,若能保持贞固,灵活应对,也可变不利为有利,关键于在因时制宜。故而这三卦之"大矣哉"的"时用",是"用时"的倒置(如《中庸》之解为庸中)。意思是运用相机行事、灵活应变的办法,便可化险为夷。由于"时用"有这样巨大的功效,所以才用"大矣哉"加以赞叹。

这样看来,上述带有时、时义、时用的十卦当中,讲时义、时用的八个卦的"时",是因时制宜的"时",属于哲学概念。依据上述具体分析,便可进一步对《系辞》所谓"变通者趋时者也"(《系辞下》一章)的"时",以及《艮》卦《象》传所谓"时止则止,时行则行。动静不失其时,其道光明"的"时",究竟是什么意思有深入而切实的理解。前者讲的是卦爻因时变化的法则,后者讲的是以时进退的为人之道。深入领会这两个"时"的二而一、一而二的精义,便自然而然对周易辩证思维的灵活性产生亲切的认识。同时,回过头来再看上引孔子那段话里所说的"刚柔相推,变在其中矣"和"变通者趋时者也",也就会对它的含义,豁然了悟。

大体上,所谓刚柔相推,是说爻变的内因,趋时是说爻变的外因。孔子这两句话确实抓住了《易》变的灵魂,非常深刻。但对于卦的本质,他只谈到象义,而未讲到时义。这也许是圣者的千虑一失吧。所以后来王弼以时论卦,予以补充,就使人对《易》卦和《易》时的认识,深入了一步。

王弼在以时论卦之外,也继承孔子的思想,以时论爻。他所说的"爻者,适时之变者也”，和上述孔子所说的“变通者，趋时者也”，大意相同，但略有差异。孔子说“趋时”，王弼说“适时”，虽以时为本，但“趋”（趋向）与“适”（适应）显然有所不同。不同的原因大约在于孔子所说的“趋”，是卦爻刚柔的变与通，变而且通，必随时移动，故曰“趋时”。而王弼以卦为时（情境），时（卦）有变，则时（卦）内之爻必应变而变，故曰“适”。正因为这样，所以王弼接下去，阐述说：

“夫时有否泰，卦有小大，故辞有险易。一时之制，可反而用也，一时之吉，可反而凶也。故卦以反对，而爻以皆变。”

大意是说，卦为时，时变引起爻变。

接着，他又说：

“是故，用无常道，事无轨度，动静屈伸，唯变所适。故名其卦，则吉凶从其类；存其时，则动静应其用。寻名以观其吉凶，举时以观其动静，则一体之变，由斯见矣。”

大意是说，事物的功用并无固定的套路与轨度，动静屈伸皆适时而变。故而冠以卦名，便现出吉凶的类别。如《谦》、《比》为吉，而《蹇》、《剥》为凶。思其卦时，则动静可供应用。如《震》时起动的作用，《艮》时起静的作用。探索卦名以观吉凶，揭示卦时以观其动静。如此，则全卦的变化，于兹可见。简言之，这段话的重点就在“变”与“适”两个字上。亦即变源于时，爻变在于适时。唯有知时，始可知变。

然后，他举例加以论述：

“《比》、《复》好先，《乾》、《壮》恶首。《明夷》务暗，《丰》尚光大。吉凶有时，不可犯也。动静有适，不可过也。”

他认为，周易的吉凶在于时，背时而行，必受其害。如《比》、《复》二卦，以先（初爻）为好。《比》初六为：“有孚，比之，无咎。有孚盈缶，终来有它吉。”（开始与人亲近，从诚信出发，无咎。诚信若如满瓮之酒，终必另获吉运）《复》的初九为：“不远复。无祇悔，元吉。”（迷途不远即返回，不至于悔恨，大吉。）正因这两卦的初爻都处于良好的“时”，所以吉祥。而《乾》和《大壮》却厌恶出头。《乾》上九“亢龙，有悔”，《大壮》上六“羝羊触藩，不能退，不能遂，无攸利。”（羝羊以角触藩篱，角被挂住，进退不得，无利。）都是逞强冒进，人所厌弃。《明夷》务求晦明（彖曰“利艰贞”，即主张藏明于晦，以度困境）。《丰》则崇尚光大（《彖》曰“勿忧，宜日中”，即强调盛衰之际要持盈保泰，维持如日中天的状态）。或初吉，或上凶，或暗吉，或光吉：唯时是依，时不可逆（犯），一动一静都有恰当的时机，不可错过。

接着，他又以严厉的口吻指出违时失时的害处，说：

“犯时之忌，罪不在大。失其所适，过不在深。动天下，灭君主，而不可危也，侮妻子。用颜色，而不可易也。故当其贵贱之时，其位不可犯也，遇其忧悔吝之时，其介不可慢也。观爻思变，变斯尽矣。”（以上皆引自《周易略例 · 明卦适变通爻》）

这段话的大意是说，违时失时之所以必须避免，不在于它会酿成大罪深过。《离》九四之“突如其来如、焚如、死如、弃如”是说，九四在《离》的重明之体中，阳处阴位。不中不正，重刚躁烈，进逼柔居尊位的六五，有犯上灭君之势，气焰烈火，震动天下，为上下所不容，祸至于死弃而后已。这是乘人之危而违时蠢动的大罪。至于变貌变色，辱骂妻儿，如《家人》九三之“家人嗃嗃，悔厉吉。妇子嘻嘻，终吝”（治家宜严。虽使

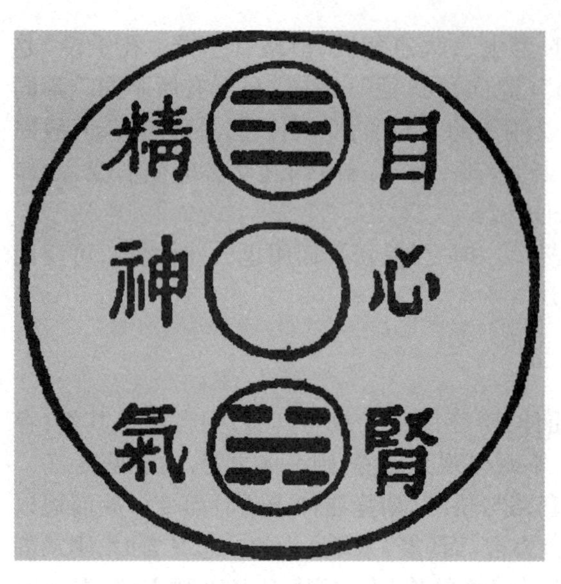

后天卦离南坎北图，出自清·胡渭《易图明辨》

家人嗃嗃叫，有悔有厉，但终会获吉。治家不严，使妇子笑嘻嘻，终致羞吝）。虽是小事，也不可大意，当严必严，不可违时而行。故此，位有贵贱，爻有尊卑，其时其位，不可违反，遇到忧、悔、吝、之“时”，其微小的朕兆也不可掉以轻心。如此，观爻思变，思变知时，变化之道，尽在于此。

在这篇《明卦适变通爻》当中，关于爻变情况，涉及爻位和爻间的比、应、承、远、近、内、外、初、上等关系。这些概念实质上也可纳入时的范畴，故而作者在文中一并加以论述（为了免于烦琐，引文从略）。综合说来，王弼所谓“适时之变”的时，就是“理当其可”的时，亦即时宜之意。和孔子《彖》传所赞叹的“时义、时用”的时，是一个意思。用今天的哲学语言来说，就是一定的时间、地点、条件所形成的具体情况，就是“时”。应此情况而变动，谓之适时，顺此情况而变通，谓之趋时。简言之，古人所说的时，就是据以适变的时空情的统一点。时的概念，确是一把打开周易变化之门的钥匙，用它来分析卦爻之变通，可以说无往而不利。

从卦变来说，卦序的错综展开，也都有个适时趋时的问题。

继《乾》、《坤》始交之后，造成《震》、《坎》，从而组成《屯》䷂，这是《屯》出现的时间；上天下地，是它出现的空间；雷水满盈，混沌郁难是它出现的情况，三者合一，就是《屯》的“时”。就是说，《屯》是在这种时空情况下诞生的。由于《屯》“时”多难，故卦辞提出“利建侯”的处《屯》之计。亦即告诫人们，此时要稳健基础，不宜前进。继《屯》为《蒙》䷃。《坎》、《震》相综，象征万物始生的蒙昧时期，这是《蒙》生的时间；天地之中，是《蒙》生的空间；上《艮》下《坎》，象征《蒙》情如山下出泉而有险，是《蒙》的情况。三者合一，就形成《蒙》的“时”。《屯》变为《蒙》，就是《屯》“时”变为《蒙》“时”。卦辞同时指出，《蒙》“时”的演变前景“亨”，亦即蒙昧经开发后能转化为畅明，犹如泉水在山浊而出山清。要在于时。故而处《蒙》之道，要掌握时宜，看到“蒙”可能化为“亨”，只要致力于开发，则前途光明，关键在于适时与趋时。

再如《既济》䷾与《未济》䷿两卦。前者卦体为上《坎》下《离》，六爻皆各得其位，阴阳相应，象征事物的终结。这就是《即济》的“时”。一旦卦形颠倒（综）之际（时间），变为上《离》（火）下《坎》（水）的形体（空间），造成六爻阴阳皆不得位，象征事物的开始（情况）。这样，《即济》之变为《未济》，就是《即济》的“时”变为《未济》的“时”，《即济》趋《未济》之时而造成了卦变。

爻变的适时趋时情况，最明显地表现在爻位的移动上。典型的例子仍是《乾》卦。孔子在《彖》传中所说的“六位时成，时乘六龙以御天”，是指出六爻六位的形成在于

"时",六龙以不同的情态居于六位,逐步上升,也在于时。故而解释爻象时,他认为初九"潜龙勿用,阳在下也。"就是说,龙象喻阳,阳气初萌,精力微弱之际,是潜龙的时间,初位为地下,阳在地下,是潜龙的空间,需要晦养待机,是潜龙的情况(条件)。《乾》卦初九的象数义理,就是在这样时空情的统一下形成的。换言之,就是针对《乾》初九这样的"时",周易所提出的处时之计是宜潜不宜现。

位是爻的象数辞的载体,亦即爻的时空情之所在,双方有互动共变的关系。象数辞变,则时空情变,两者皆变,位亦从之。反之亦然——位变则其他也必随之而变。《乾》九二爻的位,是象征地上。这是九二阳龙上升所到的"空间"。龙由潜伏而出现地表之际,是时机成熟,出潜离隐,崭露头角的"时间"。"见龙在田,利见大人",表示九二阳龙展现大德,施展抱负的"情况"。在这样的"时空情"的综合下形成的"情境",就是《乾》九二的"时"。这个"时",是初九的时,适应象数辞之变而形成的。九二的阳继续上升,由二及三时(时间),迈上人位(空间)。以后出现的情况是以阳刚之身处于阳刚之位,正而不中,处于下体之巅,上体之下,上未着天,下已离地,跻身于上下之际,风险之中。此时此地此情,就是九二当前的"时"。"终日乾乾,夕惕若,厉,无咎",便是周易为君子筹划的处时之计:以精勤谨慎的精神度过危境。进一步,阳复上升,由三及四之时(时间),越出下体,走上上体,达到人位之巅(空间),阳居阴位,逼近九五尊位,为"多惧"之境,缺乏安定感(情况)。对应之计,只能时或退居于渊,时或跃跃欲试,自我修炼,审时度势,待机而动。继而龙阳上升,由四及五之际(时间),即越出人位而跃上天位(空间)。此位是表现《乾》道刚、健、中、正、纯粹之性情的理想境界。阳臻五位,如"飞龙在天",志得意满,为天下人所景仰。这就是"四"至"五"的数之变所形成的新形势(情况)。周易认为,此时此位此情的应时良策是"利见大人",亦即飞黄腾达,身居尊位,意得志满之际,应保持谦虚,礼贤下士,求得上下合作,敷扬德政,以利天下。万不可得意忘形,逞情骄亢,以致由五升六之际,闯进穷途的上位,成为亢龙。上位乃《乾》阳满盈之时,满则必亏。阳

原宪像。原宪是孔子的弟子,春秋鲁国人,字子思,亦称原思、原思仲。曾任孔子的家宰,为人清正,不贪财,不求仕,后人曾以他为例诠释《周易》经传中面对人生的困境,或反身修德,或"遁世而无闷",表现出的旷达开朗、处困犹歌的精神

既得志于五位，理应留有余地，保持太和。倘若一意冒进，犯时而行，必致有悔，乃至吝凶，甚至陷于"动天下，灭君主""死如，焚如，弃如"的可悲下场。

《乾》卦取象于天，具有天的纯阳的健性，始生万物而运行不已。——这是《乾》卦的"时"，亦即它所象征的情境。卦分上下六位，《乾》阳自下而上运行上升。如上所述，其运行上升所经的上下六位，就是上下卦的"时"和六个位的"时"。爻适时变，爻趋时变，适时而变者吉，违时而行者凶。其时、其时义（宜）、其时用，在六爻的变动中，表现得极其明显。《乾》卦六爻的适变之情，可以作为六十四卦三百八十四爻的典型代表。

依据上述，可见孔子所揭出的周易的"时"，无论卦或爻，所指的都是时、空、情的统一。适变，就是适应时空情之变。

周易本教化之旨，适应象数位之变，以文辞指出应时之计，孔子对此深有体会，主要地表现在《艮》犨卦的《象》传中。他说："艮，止也。时止则止，时行则行，动静不失其时，其道光明。"《艮》象山，山有止义。孔子从山的止义中却悟出止与行的标准——"时"。意为时宜止则止，时宜行则行。或动或静，不失时宜，前途光明。如此，能从止中悟出行，从动中悟出静，从行止动静中悟出时，这正是孔子知进知退、知柔知刚的两点论辩证思维方法的功效，而这种思维方法完全是他从阴阳之道的周易中获得的，说周易为孔子儒家思想的主要源头，并不算过分。

所谓"时止则止，时行则行，动静不失其时"云云，对孔子来说，不止是也不仅是从《艮》卦中悟出的立身行事之计，而且已经上升为自己的人生观和世界观。这在《论语》中有明显的表现。如孔子在评论逸民（隐逸不仕者）时说："虞仲、夷逸，隐居放言，身中清，废中权。我则异于是，无可无不可。"（《微子》第十八）大意是说，周代隐逸不仕的人当中，吴泰伯之弟虞仲和另一个名叫夷逸的贤者，隐居不仕，畅所欲言。自身的行为合乎清高之义，废弃不仕合乎通权达变之理。但我和他们的作风不一样，是无所谓"可"，也无所谓"不可"的。这就是孔子"不可为典要，唯变所适"的观点，亦即适"时"而动，并无常规的观点。他如孔子对颜渊所说的"用之则行，舍之则藏"（《述而第七》），自述心志的"天下有道则现，无道则隐"（《泰伯第八》），解答原宪问"耻"时所说的"邦有道，谷；邦无道，谷，耻也"（《宪部第十四》），对比史鱼和蘧伯玉的作风进行评论时，说史鱼"直哉！……邦有道如矢，邦无道如矢"，说蘧伯玉"君子哉！……邦有道则仕，邦无道则可卷而怀之"（《卫灵公第十五》），认为史鱼不论当局有道无道，皆正直如矢，不过是正直的人而已，不够君子。而蘧伯玉则依当局之有道无道而或仕或隐，适"时"而行，够个君子，如此等等。一言以蔽之，如同周易卦爻那样，依据具体的时空情况决定行止，灵活地因时制宜。从孔子这种隐现适时的政治态度中，可以看到周易《遁》卦的影子。

时　中

在孔子的《易》学思想中，时与中都占有重要地位。他在解《易》时，不但分别强调时与中，而且还把两者结合起来，构成"时中"的概念。在解释《蒙》的卦辞时，他认为"《蒙》亨"的含义是"以亨行，时中也。"意思是说，蒙昧可变为畅明，但由山下有险的蒙昧走向山外畅明的前途，关键在于遇险而止，通达则行，亦即时止则止，时行则行，动静不失其时。不但适时而又恰如其分，这就叫做“时中”。后来孔子讲时中之义的话为子思在《中庸》里加以引用，成为中庸哲学的理论依据。其言曰：“仲尼曰：‘君子中庸，小人反中庸。君之中庸也，君子而时中。小人反中庸也，小人而无忌惮也。’”今人的译文里，有的将这段话里的“时中”解作“时时处处既不‘过’，又非‘不及’”，把“时”译为“时时处处”。若依孔子解《蒙》卦的“时中”来衡量，恐怕未必确当。以孔子的“时中”思想来看，这里的时中也应如旧注，解作“随时以处中”（《四书集注·中庸》），较为允当。随“时”者顺随时宜也，就是随其“时”而恰到好处。此之谓“时中”。周易的辩证思维认为，事物的发展可分为初、中、上三阶段，过中则趋于上，上则穷变。为防止正之转邪，兴之转衰，就要注视事物发展的度，力求不过中，以免趋于亢，所以，周易最重视中，而力诫过中。故而卦德不善的如《剥》、《归妹》之类，过中更甚。卦德善的，过中则难守。如《复》《中孚》之类。《临》卦首先指出“至于八月有凶”，是瞻望将来，阳长而阴消的局面不会长久，到八月《遁》卦时，便将反转而为阳消而阴长，故曰凶。但六三则说“既忧之，无咎。”意即看到初、二阳长之势将来有变，如能持谦守正，知危而忧，以时中之态应之，亦可免于有咎。六三处于上下卦之际的中间地位，正是对“八月有凶”早期警觉的适当时期。故而爻辞提醒说“既忧之，无咎。”《泰》九三“无平不坡，无往不复”，则是为了保持善境，防止衰变，甫及三爻即提出教诫，以免过中而悔。《丰》象所谓“勿忧，宜日中”，则是当头宣告，日过中则昃，丰过中则衰。其下三爻。皆明而无咎，上三爻皆暗而以求明为吉。所以持明不可过三，亦即不可过中。其警诫之意，同于《泰》卦。总之，对盛事诫以不可过中，以防衰变。对衰事则劝以未中警觉，以防其日趋恶化，所谓“动静不失其时”的时中，就有这样的含义。

自周易问世、孔子解《易》之后，两千年以来，时的观念早已深入人心。“此一时，彼一时”“因时制宜”之类，几乎成为口头的俗语。但追本溯源，试问我国文化中时的概念从何而来，恐怕知者不多。至于它原是蕴涵于周易深处的辩证概念，由孔子发掘出来并加以阐扬，从而流行起来的问题，大约知者会更少吧。

综上所述，可以认定，“时”与“时中”是和“穷则变”“极则反”“变通者趣者也”以及“知几”“知度”等思想相关联的概念，都是表现周易变化之道的辩证思维的重要内容。

关于量变与质变

如上所述，《乾·坤》与《坤·乾》之互变，表现出阴阳相推而互相转化的规律。用今天的哲语来说，相推属于量变，转化属于质变。十二月卦即蕴涵量变与质变的统一。《坤》从一阴生，积二、三、四、五逐渐向阳发展，至六阳就臻于极点，于是立即发生突变，阳由进而退，阴则绝处逢生，由退而进，再一步一步阴长阳消，待到六阴《坤》卦，阴气满盈后，忽又发生质变，转为阳长阴消。此中，量变质变的情景，在卦爻象上表现得非常鲜明，使人能在直观的感受中领悟到事物辩证发展的规律性。

但是《易》学界有的学者认为，周易只有量变，没有质变，这恐怕不合乎实情。当然,周易当中没有“质变”这样的哲学名词,但质变的象与辞却大量存在。在爻辞方面,第一个例证便是《坤》卦初六的“履霜坚冰至”。依照《乾·坤》互相转化的十二消息卦变来看,《坤》初爻可能视为《乾》阳下生一阴,相当于《姤》䷫卦。阴气虽表现为始生的薄弱状态,但自下而上,处于长进阶段,生机勃勃,必持续增长,经二阴的《遁》䷠、三阴的《否》䷋、四阴的《观》䷓、五阴的《剥》䷖以至六阴的《坤》䷁,达到阴的顶点。这种阴长阳消,阴气趋于强盛的前景,如用天气来做比喻,则一阴初生的情景,恰似深秋的霜降,当下虽不太冷,但瞻望前途,寒气必一步步前进,不致寒冬结为坚冰,不会休止。天气如此,人事亦然。据此阴阳消长的必然规律,周易在一阴方生时,便告诫世人,正如脚踏白霜之际,切不可掉以轻心,无动于衷;要展望将来,要想到坚冰将至,应早做防寒准备那样,对一切邪恶要由小见大,防微杜渐,早为之备,不可姑息养奸,免贻大患。正如王弼所说:“遇其忧悔吝之时,其介不可慢也”。邢璹作注说:“吉凶之始彰也,存乎微,兆悔吝,纤介虽细,不可慢易而不慎也。”所表达的正是这种从发展中看问题的慎始思想。

对《坤》初爻的含义,孔子作了深透的阐释。他说:

“履霜坚冰,阴始凝也。驯致其道,至坚冰也。”(《坤》初六《小象》辞)意思是,履霜坚冰表示阴气开始凝结。顺势发展,最终必结为坚冰。他又说:

“积善之家,必有余庆。积不善之家,必有余殃。臣弑其君,子弑其父,非一朝一夕之故,其所由来者,渐矣。由辩之不早辩也。《易》曰:履霜坚冰至,盖言顺也。”(《文言》)

孔子的前段话,是从卦象阴阳消长的规律上讲解《坤》初爻“履霜,坚冰至的道理。后一段话,是联系人事,从阴阳消长的规律上所作的阐释。他以沉重的语气告诫人们,周易所谓“履霜坚冰至”的含义是善有善报,恶有恶报,乃必然之理。无论是一场政变或一场家祸,都不是突然造成的偶然事件,而是日积月累,逐渐形成的恶果。所以如此,就是由于当事人未能乃早察觉,防微杜渐,以致暴乱突发,猝不及防而身受其害。孔子还特别以“顺”字对“履霜坚冰至”作了画龙点睛的解释,《小象》所说的“驯致其道”中的“驯”字,就是顺的意思。就是说,如同寒霜之顺其发展必成为坚冰一样,对邪恶若姑息养奸顺其发展,最终必然成为暴乱。孔子这些话的中心思想是说,一切事物的发展都是一点一点逐渐前进的,善果或恶果的出现,不是一朝一夕造成的。所以,积善不已,将来必有善果,积恶不已,将来必有恶报。为此,对邪恶要防微杜渐,如履霜而防坚冰,初冷而备大寒。此中的道理用今天的哲语来讲,大体是说事物的发展是量变到质量的过程,没有朝夕不已的量变,不会有突然发作的质变。

孔子的阐释可以说完全符合周易的思想和事物发展的辩证规律。尽管周易的原文和孔子的讲解中并没有量变质变的概念,但实质上是蕴涵这种思想的。

其次,再观察一下《坤》卦上六辞象:“龙战于野,其血玄黄。”为什么这里出现战斗的形象呢?孔子在《小象》里解释说:“龙战于野,其道穷也。”意思是说,阴气从初爻自下而上,发展到上爻已经达到顶点,没有前进的余地(其道穷也)。此际阴气极其强盛,必向对立面的阳气进逼,妄图取而代之。阳气当然抗争,于是发生战斗。对此,孔子在《文言》里进一步阐述说：

“阴疑于阳，必战。为其嫌于无阳也，故称龙焉。犹未离其类焉，故称血焉。夫玄黄者，天地之杂也，天玄而地黄。”

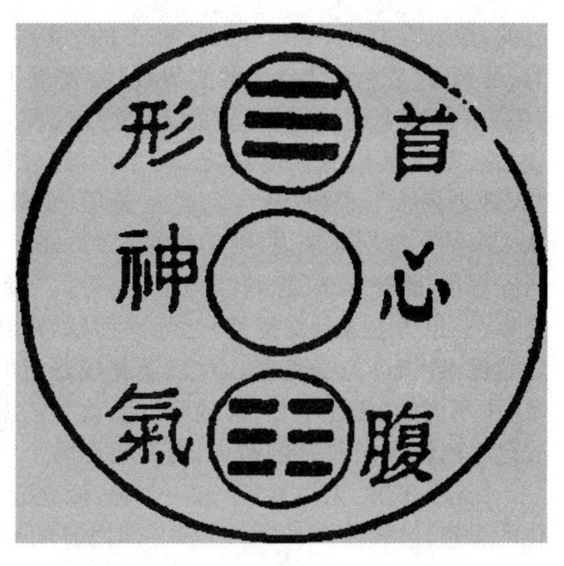

先天卦乾上坤下图，出自清·胡渭《易图明辨》

孔子这段话，易学史上有不同的理解。本文认为这样的解释比较合理，亦即：大意是说，阴盛之极，与阳势均力敌（疑者拟也），浸逼于阳，阳所不堪，必发生战斗。既是阴阳交战，何以单称龙战？这是因为恐怕人们怀疑（嫌）盛阴之下阳已消失，故而称“龙”（阳），表示阳仍然存在。又由于阴虽极盛，仍未离其类属，血为阴性，故而称“血”。交战的结果，两败俱伤，流血于野，其色青黄。天色青而地色黄，天（阳）地（阴）相斗，故而流血呈现青黄相杂之色。

诸家对孔子这段话的解释尽管存在分歧，却离不开一个共同的核心，那就是阴逼阳，阴阳必战；经过激烈战斗，阴阳的势力必然发生转化。阴由盛极而衰退，阳则由衰极而复兴。阴阳的势力转化，势所必然，这是阴阳互为消长、互相转化的规律所决定的。在这一过程中，一阴浸长至六阴，经六个步骤，积累力量，显然是量的变化。当达到盛极的六阴时，必犯阳逼阳，惹起激战。经过战斗，阴阳形势乃发生逆转，性质便发生突变。这当然属于质变的范畴。《坤》阴是这样由长而盛，盛极而衰，由量变达到质变。相对的，《乾》阳也是如此。《乾》阳来自《坤》阴，一阳复生之后，，由潜及见，由见及乾乾，由乾乾及跃，由跃及飞，由飞及亢，逐步前进，达到旺盛的巅峰。这一步一步的发展，是量的积累、变动，阳的根本性质，并无改变。然而一旦达到“亢龙”（处于极高处的阳）的高位，便不可避免地发生突变，由《乾》阳而转化为《坤》阴。故而《乾》卦上九爻辞曰：“亢龙，有悔”。孔子在《小象》里解释说：“盈不可久也。”盈，是指九五“飞龙在天”的志得意满而言。一旦达到志得意满的状态，如若自骄不已，继续冒进，则必至上位的亢极。极则必反，《乾》阳化为《坤》阴，遂生质变。

由阴阳所代表的一切事物的对立面，都在不停地由缓慢的量变而趋于质变的转化。这一法则，在周易的辞象中还有更高的概括性的比喻。那就是《泰》卦九三爻的“无平不陂，无往不复。”意思是说，所有的平坦道路，发展下去，将来无不转为倾斜。所有前进的事物，发展下去，将来无不转而返回。这两个辞象的直接比喻是指《乾》（天）阳《坤》（地）阴的转化。《乾》上《坤》下，是本来状态。但这个状态绝不是固定的，会发生升降的转变。《乾》天的阳气下降，《坤》地的阴气上升，经过“小（阴）往大（阳）来，”即构成《泰》䷊卦（《地天泰》）。但阴阳的本性不是静止不动的，是变动不已的，所以乾上坤下的《泰》卦，在下的《乾》阳，逐步前进，经过初位、二位，至于三位时，已到达《乾》天《坤》地的交界线，再发展下去，它必将由下位转而为上位，亦即由《乾》下《坤》上的《泰》卦，转而为《乾》上《坤》下的《否》卦。在阴阳互为消长、极则必变的法则支配下，正如事物之"无平不陂、无往不复"那样，《泰》《否》之互相转化是"天理之必然"（程颐《易传》）。从卦象、爻象和辞象的层面来看，是这样的含义。而从人事的义理层面来说，则是告诫人们，处于《泰》（泰平盛世）时，切勿乐而忘忧，要居安思危，瞻望未来，想到《泰》会变《否》，"泰平盛世"会变为"闭塞不通"。当此天地交界（三位为上下卦交接处）之际，应以对处艰难的态度，保持正直的精神，乾乾不已，居盈保泰，当可免于忧患。六三爻辞接着说的"艰贞，无咎"，即是此意。孔子在《小象》中所说的"无往不复，天地际也"，就是依据象义指出，在三位的上下卦之际，《泰》安已显出转为《否》塞的苗头，要人们警惕。

"无平不陂，无往不复"这一命题，孤立起来看，其自身似乎只含有对立面必然转化的思想，但放在《泰》的三位、亦即内卦的最高位来看，它同时也含有，经过从初到三、从低到高的量变过程，而后使人感到"无平不陂"的质变之惧。这一点，也表现于告诫的语调中。就是说，周易提醒人们，不要以为泰平世界就这样一步一步向前走（初、二、三），永远保持原有状态，要知道，"无平不陂，无往不复"。平而变质为陂（偏），往而变质为复（返），是阴阳转化的必然规律，所以要保持"艰贞"，以避免后患。这一告诫，明显地含有量变发展为质变和"物极必反"的思想。

"知几，其神乎"

与量变质变，阴阳转化问题相关联，值得特别指出的是，周易辩证思维所提供的"几"（幾）这个概念。《屯》卦六三爻"即鹿无虞，惟入于林中。君子几，不如舍，往吝。"其中的几字，即可作如是解。全句大意是，追捕山鹿而无向导的官员，看来只有闯入森林而迷失归途。君子预见凶险的朕兆，认为不如舍弃为好；如若盲目前往，必招致困辱，这是对《屯》卦六三爻象义的比喻说法。《屯》卦鹄是水上雷下的屯难之象，在此情境中，六三处于下卦（《震》）之颠，阴处阳位，不居中，且在上下卦相交之际，处境最难，而本身却居于《震》的极点，性情躁动，在"即鹿无虞"之际，也会有闯入林中的危险。据此象义，爻辞作出了警诫。此外，上述《坤》初六的"履霜坚冰至"，也是如此。秋霜是寒气的"动之微"，但却是酷寒（坚冰）将至的朕兆。以阴的喻义来看，这是邪恶将要成灾的苗头，即所谓凶兆。对此有所觉察而加以防范，就是"知几"。所谓动察几微，或"见小曰明"（《道德经》五十二章），即指此而言。周易的《剥》卦䷖，也表现出这种思想。初六"剥床以足，蔑贞凶"，象义是阴剥阳，先从卧床的脚剥起，自下而上，邪气嚣张，势欲尽灭正气而后已。对此情况，周易也提出告诫，要人们对事物的始生的微小苗头，万不可掉以轻心。要因小见大，见微知著，要想到"合抱之本，生于毫末"（《道德经》六十四章），有所戒备，以防凶险。"剥床及足"的迹象，是邪恶的动之微。知其"不利有攸往"而备之，即是"知几"。这同"履霜"而虑及"坚冰"一样，都是警诫人们要从量变的信息之初，预见到未来质变成患的危险。至于上述《乾》上九的“亢龙有悔”,《泰》九三的“无平不陂,无往不复,艰贞无咎”,虽非量变伊始而是量变高峰,但也含有“知几”的问题。《乾》阳经潜、见、乾乾、跃而达于飞,正臻于满盈,即量变的高峰,居于此际,应想到“盈不可久”和“物极必反”而保持谦抑和警惕。《泰》之九三也与此类似。阳气自下而上,增长至三,已达到内卦《乾》天之巅、《泰》运之底部,已萌发《否》运的微苗,阳《泰》将逐渐为阴《否》所取代,《泰·否》之阴阳互变,势所难免。必须在此《泰》阳冉冉上升趋于顶峰的前夕,自其量变高峰中预见其质变的必然趋势,事先采取谨慎艰贞的态度,持盈保泰,以防止过分而受害。总之,以周易的思维来讲,无论在事物的量变初始阶段,或在成长壮大的量变高峰时刻,凡是预示未来质变的朕兆,都属于“几”的范畴。在突发的质变尚未到来之前,能够事先以辩证的发展目光看到它的预兆,就是一种“知几”的修养。孔子认为,周易的“极深而研几”(《系辞上》十章)能赋予人以这样料事如神的思维能力。所以他感叹说:“知几,其神乎!”对善于捕捉事几,洞察趋势,预见未来,有备无患的知能,给予神的称号。他认为君子应该从周易中汲取这种“知几”的本领。他接着说:“君子见几而作,不俟终日。《易》曰:‘介于石,不终日,贞吉’。介如石焉,宁用终日!断可识矣。君子知微知彰,知柔知刚,万夫之望。”(以上《系辞下》五章)意思是说,君子发现事情的先兆,就应当立即行动,不必迟疑而等到晚上。正如周易《豫》卦六二所说,在豫乐的环境中,诸爻皆系于主爻九三,溺于欢娱,唯独六二以中正之身,守志不移,其坚如石,并善于“见几而作”,当机立断,绝不犹疑,不待日终。君子就应该这样,对事物之运行,由其几微而预见其彰著,由其柔弱而想见其刚强,这样的智能才合乎万民的期望。从这番话中,可以体会到,在孔子的《易》学思想中,“几”是埋伏在事物发展底流的微妙信号。及时抓住这种信号,便能洞察事物未来的变化而采取对策。故而孔子一面说“知几,其神乎”,同时又说,“知变化之道者,其知神之所为乎”(《系辞上》八章),把“几”归属于变化的规律,把知几的灵效,形容为造化的神妙。甚至于在孔子看来,“几”乃是周易所探究而致用的主要对象。他言:“夫《易》,圣人之所以极深而研几也。唯深也,故能通天下之志,唯几也,故能成天下之务。”(《系辞上》十章)何谓“深”?何谓“几”?韩康伯注解说:“极未形之理则曰深,适动微之会则曰几。”就是说,极深地探究无形的规律,叫做“深”。及时抓住事物微妙变动的瞬间朕兆,叫做“几”。换言之,孔子认为周易就是探索研究事物的发展规律和变化朕兆的书。唯有掌握这些规律,才能通晓天下万事万物的道理;唯其具有知几的本领,才能成就天下的事业。可见,在孔子心目中,“几”的道理和功能在周易的辩证思维中占有如何重要的地位。实际也是如此,如上例所示,在讲求阴阳变化之道的周易中,无论是履霜、剥足的渐变量变,还是龙战于野、亢龙有悔的突变质变,在变的流程中,都有个“几”的关节,都有个知几以制变的对策问题。

量变质变的思想,不仅存在于卦爻变动中,也存在于卦序演进中。以上经前十一卦为例,可以说,《乾》《坤》生成万物之后,“《屯》作君,《蒙》作师,《需》以养民,《讼》以刑政,《师》武,《比》文,《小畜》富,《履》礼,而《泰》运成矣。”(朱骏声《六十四卦经解》)这些卦中,前十卦展开的序列,表现出社会文明逐步进化的过程,可谓属于量变的范畴。有了逐步进化的量变达到一定的高度,就出现泰平盛世——《泰》,《泰》是

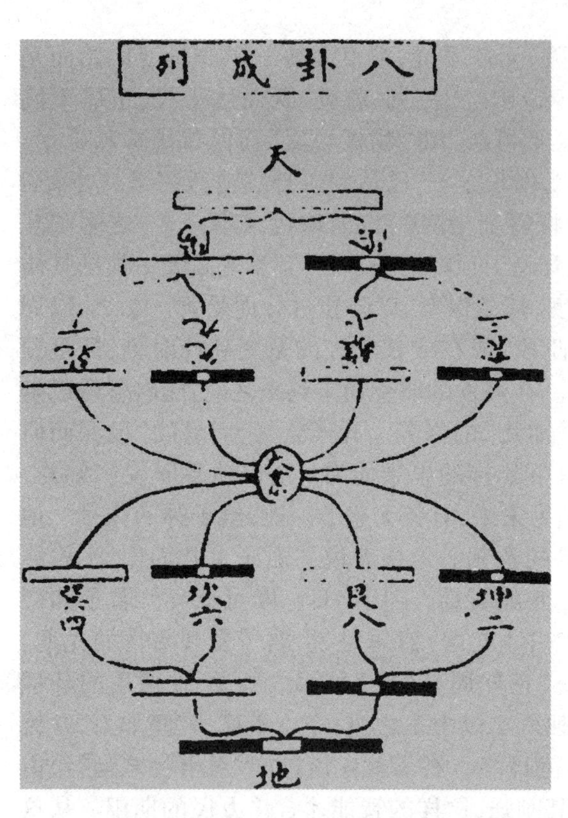

四象生八卦之图，出自元·张理《易象图说内篇》

前十卦文明进化量变结果造成的质变。另外，从卦序的演进全程来看，《乾》《坤》之间、《坎》《离》之间、《损》《益》之间、《革》《鼎》之间，在卦象的阴阳上和内涵的义理上，都表现出十分明显的质变关系。

综合上述，可见在讲究变化的周易当中，量变质变、质量互变的要素不仅存在，而且占有支配地位，而这些要素正是辩证思维的精髓，故而从这方面来看，也应该承认周易思维的主体是辩证思维。

但是，尽管思维实际是这样，但周易本身，包括孔传乃至后代的《易》学当中，并没有量变质变、量变导致质变这样明确的哲学概念。孔传中只有“亢龙有悔，盈不可久”（《乾》上九《小象》），“亢龙有悔，与时偕极”（《乾》上九《文言》），“龙战于野，其道穷也。”（《坤》上六《文言》），以及“履霜坚冰，阴始凝也，顺致其道，至坚冰也”（《坤》初《小象》）这类内涵其意的解说。最高位的概括，只达到“穷则变”（《系辞下》二章）的程度。老子只是说“反者道之动”（《道德经》四十章），也没说清楚。至于进一步把这个内在思想以精练的哲学语言概括为“物极必反”，乃是后代学者的创造，据说是出自周代《鹖冠子》中的“物极则反，命曰环流”，但那是伪作，不足凭信。大概汉代京房《易传》所说的“物不可极，极则反”，应该是周易所含量变最终必导致质变这一思想最早的哲学概括。接下来唐代孔颖达把它简化为“物极则反”（《周易本义》），宋代欧阳修则提出了“物极而必反”的命题，在表达周易量变导致质变的内涵上，达到较为明确的地步，并且逐渐流传开来，成为自古迄今中国一句通俗的辩证铭言。

周易的辩证思维内容丰富。上面所涉及的阴阳两点论、阴阳对立统一体、阴阳互交、互变、量变质变、几、极则反、度、时、中等，是其中较为显著的部分。总体来说，其中心内容就是现代哲学所说的对立面统一的规律。孔子所说的“一阴一阳之谓道”，《庄子·天下篇》所说的“《易》以道阴阳”，乃至司马迁所说的“《易》以道化”等，实质上，也就是意味着周易所讲的辩证思维的矛盾统一律。出现于三千年前的周易，其辩证思维虽然精神实质和现代哲学相近似，但作为人类早期辩证思维的鼻祖，作为上古亚洲中华文化的精品，自然具有一些独自的特色。

天人合一

中国传统文化所特有的天人合一的世界观,是周易辩证思想的理论基础。周易象体的基因一阴一阳,既是大自然(天)的法则,也是人间的法则。八卦是宇宙的缩影,也是人世的聚焦。周易始于《乾》《坤》,《乾》《坤》相依相交而衍生六十四卦。这既象征天地相依相交而生万物,同时也象征父(乾)母(坤)相依相交而生子女。周易终于《即济》《未济》,这既象征大自然(天地)生化万物,终而复始,无有尽期,也象征人间万事终始相继,永无休止。《屯》的情境为“刚柔始交而难生”,大自然万物始生时充满困难,人间万事亦复如此。天地始生万物,萌芽时节必处于蒙昧状态,人类初生的童稚时期,也是这样,《蒙》之义,既适用于天,也适用于人。《坎》《离》之日月水火,为天人所共用,《损》《益》之增减,是天人所同行。天地有节而后时成季节,人间有节才能行有规范,大自然在运行中去旧布新,才能造成四季,人亦如此。只有顺天应人进行改革,才能进步。《节》《革》之义,体现天人合一。万物之交,无咸(感)不成,男女之交,重在相感:《咸》之卦义,表现出《易》理熔天理人理于一炉。前文多次谈到的阴阳互为消长的十二辟卦,既表现出大自然气象运行的节奏,也表现出人间十二个月的节气动态。如此等等,天人合一的辩证思维,比比皆是。

另外,周易立象的主旨在于喻义明理。所取之象,也是“推天道以明人事”。《乾》为天为父,《坤》为地为母,《震》为雷为长子,《巽》为风为长女,《坎》为水为中男,《离》为火为中女,《艮》为山为少男,《兑》为泽为少女:八卦之象亦天亦人,合二而一。基于八卦而演成的六十四卦三百八十四爻之象,包括辞象也莫不如此。以《乾》卦论,其卦时为阳气演进的情境。潜、见、乾乾、跃、飞、亢六个量变阶段,基本情况是喻之以龙,谓之“六龙时位”。借大自然的神奇动物,表现圣者之德,亦即借天喻人,体现正气(阳气)伸长的辩证历程。其中,伺机而动(几)、适时而动(时)、持盈知度、中和保泰、穷则质变、物极则反等辩证思想,既由龙体现,也融以君子之象(三爻),天乎?人乎?二而一、一而二也。纯阴之象的《坤》也不例外。既以天气演变之朕兆,比喻邪恶增长的苗头,表现出量变发展为质变的规律,以及量变有其朕兆“几”的规律,从而提出以先见之明预防灾祸的对策,这是借天象以明人事。但同时《坤》卦也就人事讲阴顺之德,六三“或从王事,无成有终”,六四“括囊,无誉无咎”,六五“黄

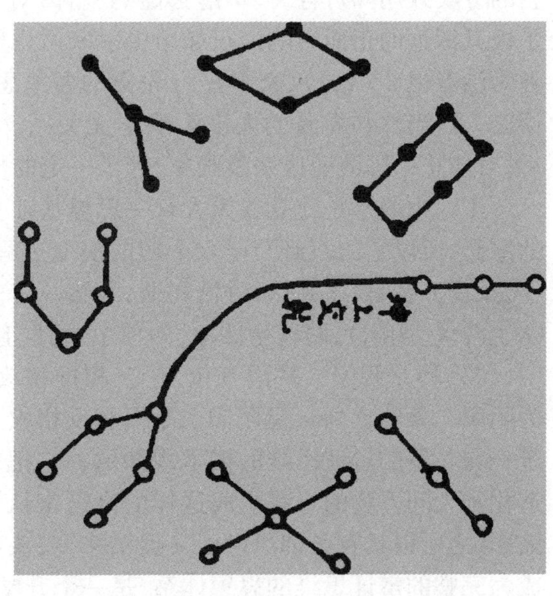

艮为少男图,出自宋·刘牧《易数钩隐图》

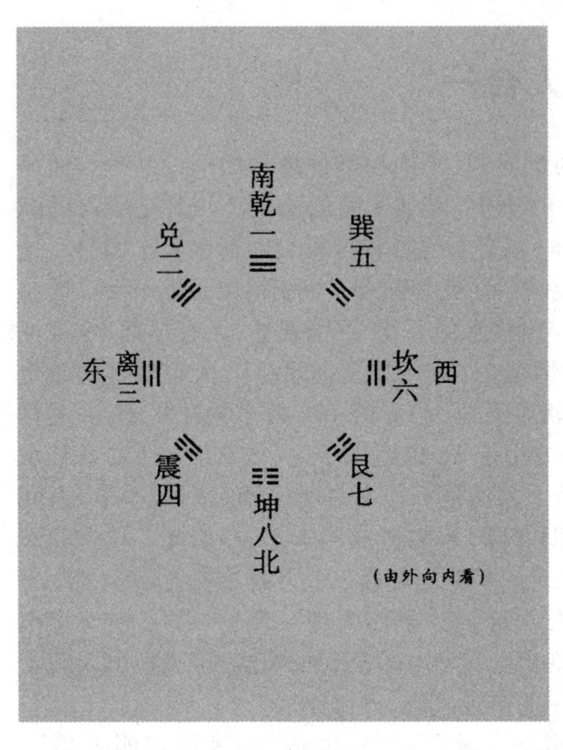

此乾一、兑二、离三、震四、五、坎六、艮七、坤八为先天数

裳元吉”等皆是。但上六又转而借天喻人,以“龙战于野,其血玄黄”表现物极必反的规律,忽天忽人,天人一如。我们阅读周易时,从头到尾处处深感它在灵活地运用辩证思维的规律谈天说人,而谈天是为了说人。包括其中的鬼谋(占筮),也是为了人谋。六十四卦是阴阳《乾》《坤》所演变成的宇宙六十四个代表性的情境,也是阴阳男女所衍化成的人间六十四个代表性的场景。三百八十四爻则描绘这种情境与场景的各种各样的变化,表现其中辩证发展的规律,并提出依据这种规律而行动的准则。全部周易,是天人规律的融合,也是行动准则的集合。如果我们高兴的话,完全可以去掉周易的占筮外貌,剔出其中天人合一的哲理,用论述式的语言,把它写成六十四篇论文,写成一部以辩证规律指导人们立身行事的哲理·伦理书。

由此我们看到,周易这部中国最早出现的经书,它的悲天悯人、兴教治世的思想,它的务实致用知行合一、不落玄虚的精神,对后代的学术思想乃至社会思想,都发生了极其深远的正面影响。正如历史学家司马炎所说:“夫阴阳、儒、墨、名、法、道德,此务为治者也。”(《论六家要旨》)先秦的各家思想,归根结底都是修身治国,而非出世谈玄。这当然和周易的人谋影响不无关系。也许周易这种影响深入社会各行各业后,对防止中国演变成宗教国家,起了一定的作用,也未可知。

正因为周易是建立在天人合一思想基础上的以阴阳为基因而构成的宇宙与人世的缩影,所以它的八卦乃至六十四的演变过程和演成的图像,全是出乎自然,不假造作,条理分明,秩序井然,融洽和谐,浑然一体。在这一点上,孔子所说的《易》有太极,是生两仪(阴阳),两仪生四象,四象生八卦(包括六十四卦),是精辟确当之论。它说明,《易》体是阴阳二基因互依互交、相推相攻而自己生出来的(其中的太极,也可视为阴阳二象的首画),是阴阳二基因相反相成、自我发展而生成的观点,是符合对立面统一与斗争的辩证思维的根本规律的。它把周易象体的形成,提到宇宙万有的自我造化和人间万物的自我生成这样的高度来认识,对理解周易之所以呈现天人合一的缩影,之所以具有条理严谨而又灵活多变,头绪纷繁而又密切相连的有机体,之所以成为完整的辩证思维的思想体系,是一个升堂入室的关键。

扼要地说,正如宇宙人间都是循阴阳之道自我生成,并井然有序而运行不已的浑然一体一样,循天人之理而自我生成的《易》象思想体系,亦复如此。这一点,《易》卦的各种图象都表现得十分清晰。为避免重复,这里仅举所谓先天八卦图作代表,略加说明。

此图虽然非周易原经所有,而是宋人所拟制,但它是有根据的,完全符合周易的原理。它的根据是《说卦》和《系辞》。《说卦》第三章说:“天地定位,山泽通气,雷风相薄,水火不相射(害)。”勾画出一个《乾》(天)《坤》(地)《艮》(山)《兑》(泽)《震》(雷)《巽》(风)《坎》(水)《离》(火)的八卦图。孔子在《系辞》伊始说:“天尊地卑,《乾》《坤》定矣,卑高以陈,贵贱位矣。动静有常,刚柔断矣。方以类聚,物以群分,吉凶生矣。在天成象,在地成形,变化见矣。是故刚柔相摩,八卦相荡,鼓之经雷霆,润之以风雨。日月运行,一寒一暑,《乾》道成男,《坤》道成女。”云云,看样子似乎是对八卦图所作的阐释。实情如何,姑置勿论,究极言之,此图确实直观地体现出《易》体的灵魂。

具体说,此图以简洁的神来之笔,鲜明地勾画出一个以《乾》天《坤》地为中轴而展开的《艮》山《兑》泽《震》雷《巽》风《坎》水《离》火等八种四组互相对待的物质及其象征的事物与情性。图表清晰地表现出,宇宙万有包括天地和天地之间的人世在内,根本上都以阴(－－)阳(—)为基因而构成,并且其形体的脉络,都是有条有理,一丝不乱。同时还直观地表现出宇宙万有都是双双对对的矛盾的统一体,没有不含矛盾的独立自足的单一体。另外,图像还表明,这个以阴阳为基本,以《乾》《坤》为中轴而派生的八种四组代表性物质,虽有一定位置,但不是静止不动的,它们蕴涵着阴阳之气盛衰消长的机运。由《震》经《离》《兑》至《乾》,象征阳气由微、壮而至于盛。由《巽》经《坎》《艮》至《坤》,象征阴气由微、壮而至于盛。天地、日月、季节、动植物、人物、莫不如此,都具有生、长、壮、衰、老、死的历程,这是天地之则,也是天人之则。正如程颐所说:“远在六合之外,近在一身之中,暂于瞬息,微于动静,……其道至大而无不包,其用至神而无不存。”(《易传·易序》)这样,一个有理有序而又千变万化的广大无垠的宇宙(包括人间),就以缩影的方式纳入一个简而赅的八卦图像之中,这个图象正是周易思想体系的骨骼及其灵魂。其他后天八卦图,以及由先后天八卦图所推绎出来的方圆图之类,虽模式有异,但性质相似,可以类推,无须赘述。

上述种种,足见周易的辩证思维是建立在天人合一的世界观和人生观的基础上的。当然,在周易中不仅辩证思维如此,其他形式思维、象数思维、模糊思维等,也莫不如此。因为天人合一、推天道以明人事,是周易全部思想的根基。

寓理于占

周易的所有思想内容,都蕴于占筮的面貌之内。其辩证思维也是这样。

前面说过,辩证思维是从对立面统一所造成的变动中观察事物的,周易以阴阳的相反相成来看待一切,当然讲求变易,变是《易》体的灵魂。除《易》名以变义标榜之外,《易》卦三百八十四爻之或阴或阳,也皆冠以变数,或六或九。按筮法,九为老阳,七为少阳;八为少阴,六为老阴,老变少不变。周易讲变,故其阳爻皆用九,阴爻皆用六。据说周易出现前《连山》《归藏》的筮法,用“七、八”不用“九、六”,讲“定”(宿命)不讲变。撇开天定的不变之数“七、八”,以阴阳的变数“九、六”来占测未来这一点,应视为筮法曲折地反映事物辩证本性的一大进步。一阴一阳互依互交，相推相摩，必然发生变动，发生转化。这既是天之道，人之道，也是筮之道。而周易所有卦爻所蕴涵的天人之道，也表现于筮之道中，从阴爻用六阳爻用九的外貌中，也可见其端倪。唯其阳爻用九，《乾》阳才能自潜趋亢，六龙时位，由量变达到质变，穷极而转为《坤》阴，而以《乾》之刚健融入《坤》阴之柔顺，故曰“见群龙无首，吉。”《坤》阴之用六，亦取变义。唯其用六，才能由“霜”及“冰”，实现量变到质变，穷极而变，与阳搏斗，造成“龙战于野，其血玄黄”的激变场景。用六所谓“利永贞”，即表示阴转化为阳后，以柔顺之质永保阳刚之性，最为有利。由此可见，作为《易》蕴的《乾·坤》这个阴阳对立统一体，其运动发展所反映出的事物质量之变、穷极必反和互相转化的辩证规律，是透过用九用六的筮法变数而表现出来的。不难设想，假若从每卦上取消了“九”“六”的变数，那么阴阳的爻象立即失去生命而成为六具“僵尸”。卦爻间的位、中、正、应、承、比、时等有机联系将完全丧失；六个爻象占辞，将各自为政，无以贯通，当真成为一堆筮辞的杂拌，而不是喻示象义的创作。正如黑格尔在《美学》中所说的一匹马和一堆乱石的区别。一匹马之所以美，正由于它有生命，一堆乱石之所以不美，就在于它没有灵魂。由具有九六变义的阴阳爻所构成的卦，等于有生命的马；如有与此相反的卦，那将等于一堆乱石。因此，周易采取九、六变数以为阴阳的属性而起卦占卦，以占筮的方式，展开辩证思维，寓理于占，实为古今中外占术空前绝后的独到之处。

如上所述，天人合一的思想是周易的理论基础。整体如此，每卦也如此。六十四卦，卦卦都蕴涵三个层面，三种语言。第一个层面是天（大自然，包括动植物），如《乾》象央代表天、木果、马、冰等，《坤》象姤代表地、牛等，《震》象锜代表雷、龙、萑苇等，《巽》象傒代表风、木、等。如此这般，八卦卦象涵有象征自然的层面，八卦所组成的六十四卦当然也是这样。第二个层面是人（人事），如《乾》象代表君、父、首之类，《坤》象代表母、腹、布、文之类，《震》象代表长子、大涂之类，《巽》象代表长女、工、寡发、广颡之类。第三个层面是占，如《乾》象为“元亨利贞”的阳健情境，《坤》象为“元亨利牝马之贞”的阴顺情境，《雷》象的卦情是，“亨，震来虩虩，笑言哑哑。震惊百里，不丧七鬯”（雷声震动，天下亨通。震雷骤至，戒惧慎行，而后可获吉利而欢笑。虽震雷惊动百里，但虔诚致祭的长子，却从容镇定，手中的酒匙不会落掉）。《巽》象的情境是“小亨，利有攸往，利见大人。”

这样，每卦涵有天、人、占三个层面，三层意义，三种语言。它们相辅相成，又相对独立。如依性质细分，“占”也属于人事，综合观之，仍然只有二层，即天层人层，而天不离人，人不离天，仍以天人合一为归趋。而自外貌观之，天人合一的内涵，皆取占筮的形态。

前文讨论《易》占问题时，曾谈过它的非理无占的特性。所谓理，也是天理（大自然的一阴一阳之道）与人理（人事的一阴一阳之道）的融合，都属于对立面统一的宇宙基本规律。如阴阳互依互交互为消长转化的规律，即表现于日月轮换与寒暑交替，同时也表现于正气与邪气，君子与小人之间互相渗透，互为兴衰的关系。十二辟卦就是这样，其中的《剥》之阴剥阳，阴盛阳衰，《复》卦之阳复生，阴消阳长，《夬》卦之五阳决一阴，阳亢至极，《姤》卦之一阴复长而阳势趋退，等等，天理人理，融为一理，成为周易的实质内涵。周易的教化主旨即以此理为本，周易的占筮也以此理为根。反言之，此理的运行及其教诫作用，也是以占筮的面貌表现于世。义理的内涵与占筮的面貌合为一体，也是周易辩证思维的一个特色。

周易内涵渊奥，实是一经而括三书：讲阴阳之道，是哲学书；据阴阳之道讲教化，是伦理书；据阴阳之道而预测吉凶，是占筮书。这三者归一，已是他经所无，而以占筮的面貌出现，更显示为独一无二的奇书

但是，正如前文所述，周易之道阴阳（天），讲占筮（鬼），归根结底是明理而归于教化（人）。故而虽是筮书，却以明理训教为本。非理无占，是它占筮的根本准则。只有依据这一准则来研读周易的象数文辞，才能看清它的真实面目。正因为周易言天、鬼而归于人，旨在教化，所以六十四卦三百八十四爻，无一处不涉及立身行事之道。从哲理上讲，就是涉及主观与客观的辩证关系，如《乾》卦讲处乾健之计，《坤》卦讲处坤顺之计，《蒙》卦讲处蒙时之计，《需》卦讲处险境之计，《师》卦讲行兵之计，《泰》卦讲保泰之计，《否》卦讲出否之计，等等，全部周易始终如此。下面仅举数例，试作探讨。

首先谈谈《需》卦䷄。

“需”是等待之意。从象义分析，下为《乾》天，上为《坎》水，象征云上于天，天上有水。但阴阳始交，尚待熏蒸而后成雨。天水成雨落地，还需等待。这是指天道而言，是《需》的象义之一。再有《坎》性险，《乾》性健，《坎》在《乾》上，象征乾之健进，遇有风险，面对风险，不可贸然挺进，以免陷于险中，应耐心颐养，静待时机。这是指人事而言，是《需》的象义之二。总之，都是说时机未到，需要等待。就主客观的关系而言，所谓等待，有两种情况，一种是面对客观困难经主观努力，可以及时解决而犹豫不决，以致错过大好时机而陷于失败。这种当断不断的等待，就是《左传・哀公十四年》所痛斥的“需，贼也。”（傻等，碍事）。另一种等待，是面对客观困难，解决的时机尚不成熟，如水在天上尚未成雨，或如巨险当前，战胜它的条件尚不具备。此时此际，养精蓄锐，坚忍待时，才是上策。《需》之等待，是后一种。孔子反对“暴虎冯河”，主张“好谋而成”（《论语・述而》），就含有此意。就是说，办大事要审时度势，主客观

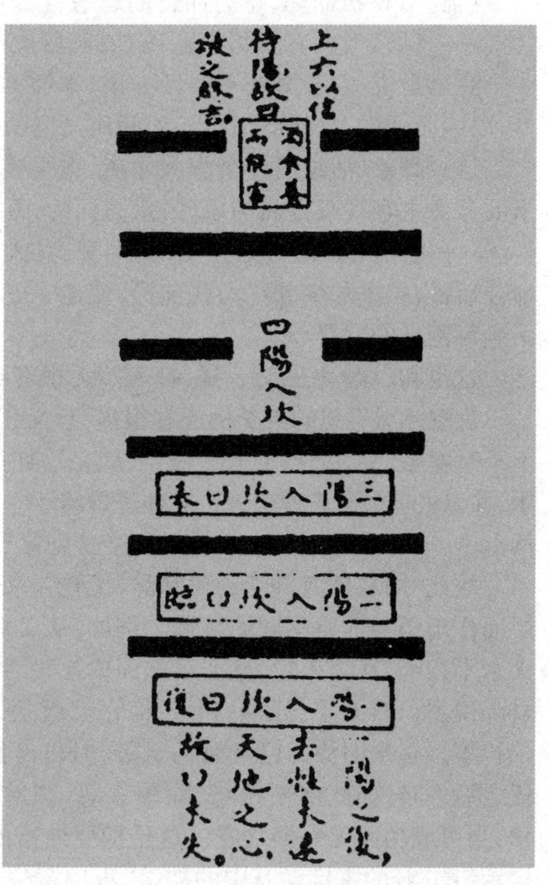

需须图，出自宋・佚名《周易图》

条件不具备，时机不成熟，不可轻举妄动；应安心休养，耐心等待。时行则行，时止则止，不动则已，动则必成。这是积极的等待，而不是消极的等待。所以《需》的卦辞说："需，有孚，光亨，贞吉，利涉大川。"意思是说，在云上于天，险阻在前的时空情况下，中心充满诚信，养晦待机，前途必光明而亨通。守正不移，必吉利无疑。如此，则时机一到，必能如涉渡大川一样，克服困难而成就大业。一句话，《需》卦告诉人们，在主观努力和客观困难相对立的情况下，待机而动是取胜的必要条件。

这里，值得注意的是，"需"这种审时度势，颐养待时，静中涵动，以守为攻的辩证思想，不是以文章的形式写出，而是以占筮的面貌出现，表现为卦象卦辞爻象爻辞在上下两体六位中的有机汇合。并且以特定的占辞（亨、吉、利涉大川），表达教诫。对此，还要反复申明，在这里占筮之所以称为外貌，就因为它的骨子里是"需以待时"之理，只是理的内涵外化为占筮的面貌而已。虽然揲筮求卦而遇《需》卦，好像《需》卦生于筮数，但抽象之筮数，焉能生出具体的《需》卦之理？《需》卦之理是来自辩证思维对实践的概括，当无疑义。尤其是撇开揲筮，单据实情引证《易》理而论事，春秋时代早已有之。孔子在《系辞》中所讲的"观象玩占"和对卦爻的大量分析，都足以证明《易》理以占筮为貌，无占理在，无理占亡。

《需》卦待机而动，量力而行的思想，在某些卦爻中得到了反面的证实。

——《履》䷉六三"眇能视，跛能履，履虎尾，咥人，凶。"

意思是说，六三爻既不中又不正，本性柔弱而居于阳刚之位，本无健才却逞强自专，眼眇而硬看，足跛而强行。如此而又尾随老虎之后，必遭咬啮。凶。

这一辞象，活画出一个志大才疏、逞强妄为的人所遭到的可悲下场，借以喻示办事要考虑主客观双方面的条件，量力而为，万不可一意孤行，招致失败。

——《睽》䷥六三"见舆曳，其牛掣，其人天且劓"，描写一个莽汉，看见大车便拼命往后扯，拉车的牛却尽力往前挣，使他一下子闪倒在地，擦伤了额头和鼻子，如同受了刺额割鼻的刑罚。

这也和《履》六三爻一样，都表示无视客观困难，只知逞强好胜，必导致恶果。

表现此类思想的卦爻例还有很多，意义相似，无须赘举。总之，在对待主客观关系上审时度势、量力而行的人事法则，就是这样蕴涵于象、数、位、辞所构成的占筮形态之中，并以占筮形态表现出来。其他进德修业立身处世的辩证性法则，如前述知进知退的两点论、知几、知度、知时、知中的应变法则等等，无一不是以理为实而以占为貌。

故此，周易任何卦爻的象和辞，无论是否含有占断语，都可以从哲理层面或占筮层面作出两种性质不同的解释。例如：从义理上说，《革》的卦象䷰是《兑》上《离》下，火水不相容，互为灭熄，象征对立面你死我活的斗争，必引起革命。革命的关键何在？卦辞说："已日乃孚，元亨，利贞，悔亡。"就是说，革命是除旧布新的重大举措。不可率尔行事。必须旧势力已经腐朽至极，时机已经成熟，准备已经充分，并获得民众的信任之后发难，如此摧枯拉朽，除弊去恶，则前景大为亨通。但利于坚持正道，贞固不移，当可成功而无悔恨之虞。这是扼要地指出革命之道的重要法则和关键大计，也是揭示《革》卦的主旨。其中的初爻"巩用黄牛之革"表示，初九居于初时，处于低位，以阳刚而居《离》体，有火暴躁动之性，不宜于革，应如黄牛的中顺之性，以坚韧的牛皮自包自裹,以免轻举妄动。六二“已日乃革之,征吉,无咎”,是说六二柔顺中正,居于《离》中,为文明之主,上有九五应援,已到发动革命的成熟时机,此时发动,勇往直前,吉而无咎。九三“征凶,贞厉,革言三就,有孚”,是表示九三阳居阳位,过刚不中,易于躁动,如此冒进,虽坚持正道,也不免风险。此际唯一的上策是对革命大计进行反复多次慎重的研讨,达到足以使民众信赖的程度,然后深入革命,才是可靠的办法。九四“悔亡,有孚改命,吉”,表明九四的阳居阴,不正,本有悔象。但卦已过中,九四处下体之上、水火交接之际,革远已成,志在必行,故而得以悔亡而见信于众,革除旧命,而获吉祥。九五“大人虎变,有孚改命,吉”,是说九五中正而居尊位,是大人之象。以大人之德,顺天应人,推行变革,威势如虎,大公至正,文采焕然。其信誉必大行于天下,不占可知。上六“君子豹变,小人革面,征凶,居贞吉”,是说上六在革命已经成功之后,君子阴居阴位,处《革》体之极,当革道已成之时,应辅佐九五大人,在虎变之下展开豹变,亦即在大改大变、文采焕然如虎变的崭新局面下,应继业守成,润色新政,文理蔚然,如同豹变,引导庶民,改变守旧倾向。在此改天换地的大动荡之后,如激进不已,则前途凶险。守成建业,坚定不移,是吉祥之路。总而言之,前三爻着重讲革命要审时度势,谨慎行事。后三爻着重讲革命的美绩与守成建业的重要。全卦以审时度势,取信于民,除旧立新,谨慎从事,为革命成功的主要准则,并教诫指导革命的人,必须遵守这一准则,否则必败。这一准则既符合革命的客观规律,也符合革命者的行动规律。这是《革》卦的义理。但这一义理的表现,也可与占筮解卦携手并进。亦即经过揲蓍问卜,遇到《革》卦之后,如无变爻,即着重看卦辞的革道大意,而据以决疑。倘有变爻,如初九变阴爻,《革》卦即变成《咸》卦,可将革卦初爻“巩用黄牛之革”和《咸》卦初爻“咸其拇”以及两卦卦象参照并绎。《革》初九以不动为好,《咸》初六则欲进不能。据此而占,则作出“居贞吉,勿用有攸往”之类的断语。其他爻变,大致也可如此占断。显然,占断是依据上述卦爻内涵的革道之理而作出的。除揲蓍求卦的筮法之外,其他占释都与义理阐释实质上并无差异。卦爻的象数占辞等,只是周易表达义理的形式和运用辩证思维的外貌而已。

由此观之,孔子和荀子虽然精通周易却不主张占筮,是有道理的。因为对于洞晓《易》理的人来说,占筮也只是观理的特殊工具而已,并非凭依鬼神的决疑手段。

寓理于象

如前文所述,周易的象可分为两种:一种是以阴阳二象为本的卦象爻象;另一种是缀于卦象爻象的辞象。二者均蕴涵哲理,前者为本,后者为喻理的手段。从本质上说,二者是表里一如的关系。

众所周知,阴阳是宇宙的究竟本质,阴阳所形成的八卦则是宇宙的缩影、万物的镜象。故而八卦乃至六十四卦之象,包括附缀的辞象,理所当然地反映出宇宙的基本规律和人世的基本法则。孔子在《系辞》里说“《易》者象也,象也者像也”。“圣人有以见天下之赜,而拟诸其形容,象其物宜,是故谓之象”。“圣人立象以尽意”。这三句话联起来看,是说《易》是象,是近似物情之象,作《易》的圣人发现隐伏天下繁杂事

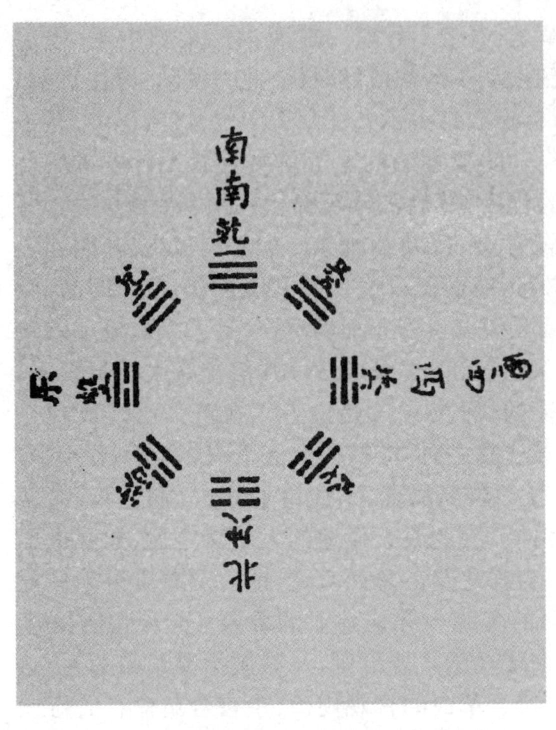

伏羲八卦图，出自宋·朱熹《周易启蒙》

物深处的道理，便拟造适于表现这些道理的形象，这就叫做象。立象的目的，是为完全表达圣人依理劝世的思想。扼要地说，在孔子的心目中，周易就是一部以象喻理从而教化世人的经书。这个认识是完全正确的，因为理在象中，舍象无理。王弼的得意忘象和扫象说《易》，对摆脱汉《易》象数派之穿凿附会，有其积极的一面，但究属以老解《易》，失之一偏。解《易》应按其本来面目，以义理为主，即象言理，殆为正途。

仅就前举各例来说，这一点已非常明显。《乾》以六龙时位之象，表现阳气由潜及亢的运行规律。倘无初位地下之象，则潜龙之时义不深，"勿用"之教诫亦将浮光掠影。倘无上位臻于顶峰之象，则物极必反之理和亢龙有悔之诫，也不能以直观形象落到实处(此间龙象由初之潜至上亢六个阶段，含数在内，应为象数，以象代之，简称象)。《坤》卦所涵的量变到质变的阴长阳消和阴阳转化的规律，也是借履霜坚冰至以至龙战于野，其血玄黄的辞象表现出来的。《泰》九三则以无平不陂，无往不复之象，喻示阴阳互为转化的法则。见几而行，见微知著的应变之计，涵于《屯》六三"即鹿无虞，惟入于林中。君子几，不如舍，往吝"的辞象中。《丰》"勿忧，宜日中"之象，表达持盈保泰的知度之计。《豫》以上锜（雷）下姤(地)的卦象，上动下顺的象义，和"利建侯行师"的辞象，表达宇宙人间万事万物，必须顺应规律而动才能获得成功的道理。同时，六十四卦三百八十四爻都是卦有卦时，爻有爻时，而无论卦或爻都有象(包括辞象)，所以一定的时空情所构成的"时"的思想以及适时而动的应"时"之计，都通过象(卦象爻象辞象)及其相关的数而表现于外。换言之，周易的辩证思维是和象数思维熔于一炉而通过象数的面貌表现出来的，这也是它的特色之一。详见前文，无须重述。

有褒有贬

从根本性质来说，周易的阴阳相反相成之道，属于现代辩证法所谓对立统一律。但就个性来说，它还有极其鲜明的特色，褒贬性也是其中之一。

对立统一律，又称矛盾统一律，它所讲的事物都有对立面，对立面既统一又斗争，从而促进事物的发展变化，这同周易所讲的任何事物都由阴阳互依互攻而发生演变，基本精神是一致的。但是周易所谈的阴阳两面，却同矛盾统一律所说对立面，色彩有很大差异。矛盾统一律所谓矛与盾两个对立面，是客观的，中性的，并不带有道德性质与感情色彩。而周易的阴阳之道则不同，它含有熔理性、道德与感情于一炉的褒贬性，对阴阳两个对立面，不是客观地平等看待，而是区别对待。

在周易的辩证思维中，阴阳两端不仅象征事物的对立面，而且象征对立面的道德性质。阳为君子，阴为小人，阳为正，阴为邪，阳为光明，阴为黑暗，阳为大，阴为小，等等。总之，本质上以阳为善，以阴为恶，这就是易学上所谓"阳淑阴慝"。

六十四卦伊始，已经露出端倪。《乾》阳以龙德之君子（九三"君子经日乾乾"），备受钦敬。《坤》阴则以"坚冰"之虞，遭到提防。虽未以君子小人对举，但其以阳为淑，以阴为慝之意，业已跃然纸上。这一点《剥》䷖上九则表现明白如画。其辞象曰："硕果不食。君子得舆，小人剥庐。"《剥》卦义为阴剥阳，小人道长，君子道消。《剥》至六五，上端仅余一阳，如硕大之果，剥而不亡。阳为君子，君子居上而不亡。其卦象若君子乘车居上而泽洽黎民。阴为小人，倘上九变阴，则卦象大变，，如小人将庐拆散䷁有房屋零散之象，则天下蒸民无寄身之庐舍矣。《剥》上九以君子小人对举的象义来看，周易以阳为善，以阴为恶之意，更无疑义。他如《泰》䷊象为内阳而外阴，内君子而外小人，象征君子道长，小人道消的盛世。《否》䷋象则相反，象征"匪人"（小人）得势而"不利君子贞"的衰世。阳淑阴慝之情，表露无遗。

在阳淑阴慝的思想支配下，周易便产生了所谓扶阳抑阴的倾向。本来，周易经文中不见阴阳二字，阴阳的观念是寓于爻象之内的，是孔子在解释《乾》《坤》两卦初爻的象义时，首先揭示出来的。（当然孔子是依据传统观念）他说《乾》初九的象义是"阳在下"也，又说《坤》初六的象义是"阴始凝也"。《乾》阳《坤》阴之说，自然符合周易的实际。同时，孔子的解释也意味着，期望阳气待"时"而进和警惕阴气随"时"发展。一以期望，一以警惕，其扶阳抑阴之念，溢于言表。这也是周易原有的思想倾向，并不是孔子的引申。看看《坤》上六"龙战于野，其血玄黄"，即可明了。《坤》上六本来 是阴发展到极盛，转顺为逆，对阳抗衡，遂造成阴阳大战。但辞象却不说阴阳大战，而说"龙战于野"，以龙阳为体。其扶阳抑阴之心，不言而喻。可见扶阳抑阴是周易原有的思想倾向，尽管经文没有直说，含义确实如此。他如《剥》《夬》对比来看，这种倾向也很强劲。《剥》是阴盛阳衰，群阴剥阳殆尽的情境，尽管如此，周易却认为阳无衰亡之理，故而保留一阳，"硕果不食"，以便果核坠地，转而复生，于是一阳独复，成为《复》卦。但对比观之，周易在《夬》卦䷪中对五阳一阴，对消亡殆尽的阴，却采取了相反的态度。《姤》上六"无号，终有凶"，即表示阳已决心，不将阴邪的小人消除净尽，绝不罢休。小人无须号咷大哭，终必有凶。余一阳则硕果不食；余一阴，则无号有凶：扶衰阳（正气）使之复生，除衰阴（邪气）务求必尽，周易扶阳抑阴之志，可谓旗帜鲜明。《复》与《姤》对比看来，亦复如此。《复》䷗为一阳独复于初，《姤》䷫为一阴再生于初。但《复》初九为"不远复，无祗悔，元吉"，对一阳独复，持肯定、鼓励和赞颂的态度。而《姤》初六则为"女壮，勿用取女"，对一阴再生，持否定与警戒的态度，其扶阳抑阴之意，不待言而自明。再如《大壮》䷡九三"小人用壮，君子用罔"，也是这样。意思是在《大壮》的情境中，阳刚盛壮，已至当止则止的地步。九三以阳刚而居阳位，在下体之巅，过刚不中，不宜猛进。此时此际，阴邪的小人将恃刚用壮，侵凌于物，以致遭灾。而阳正的君子则将观时静处，不为过壮之举。其扶阳抑阴之意，和前举各卦相同。

正因为周易有阳淑阴慝的思想，所以扶阳抑阴观念的发生，也是理所当然。同时，喜阳恶阴，褒阳贬阴的感情随之而生，也便顺理成章。这种情况，上举各卦爻例，已经表现得清清楚楚。

但是另一方面必须认识清楚，在周易的思想中所谓阳淑阴慝、扶阳抑阴云云，并不是说，任何场合阳都善阴都恶，都应扶阳抑阴，都要喜阳恶阴。这里也有个时、空、情的条件问题，也是因时制宜，因地制宜，因事制宜。《乾》之阳龙象君子、大人之德，可谓善之善矣，然上九"亢龙"，穷极之灾，动必"有悔"，则又反善为不善矣。《乾》阳九五大善，上九不善，善或不善，在于"时"，亦即因时空情之不同而不同，并非固定不变。《讼》上九"或锡之盘带，终朝三褫之"，表示上九居高临下，以阳刚健猛之才，穷极于争讼，必无好下场。即使胜讼有赏，也是仇争所得，难以长保。其命服之赏，将一朝而三见褫夺。这也是一种逞强好胜不知进退的偏亢，令人厌恶。虽为阳性，也只可"三褫"而抑之，万不可因健讼而扶之。《恒》嚯讲守常不喻之义，以中为贵。九三"不恒其德，或承之羞"，是说九三位虽得正，但以阳居阳，至刚而不中，处于雷风交接之际，有应于上六，动摇不定，不能坚守己志，这种无恒的作风，会蒙受羞辱。阳本淑善，而无恒之阳，则为人唾弃。《噬嗑》衍讲刑罚治狱之道。卦象上《离》（火）下《震》（雷），象征以离火之明与震雷之威，察案惩罪。其初九"屦校灭趾"，是说初九居一卦之始，处无位（初、上无位）之地，重刚不中。在刑罚严明的环境里，象征一个刚暴违法的人，受到穿带足械的轻刑。而上九居一卦之终极，则犯了重罪，遭受"荷校灭耳"（肩上扛枷，遮住耳朵）的刑罚。尽管初九、上九都是阳爻，但处于《噬嗑》的局面下，分别以不同的"时"情，成为轻重不同的罪犯。如此等等，可见在周易的思想里阳的本性虽善，却不必常善，也有阳而不善者，要看时空情的条件而定，不能一概而论。

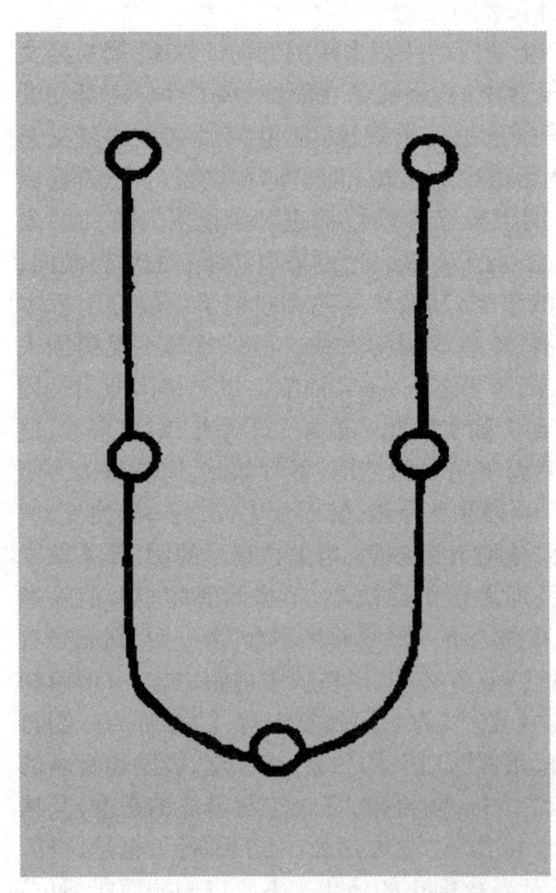

震为木图，出自宋・刘牧《易数钩隐图》

阳是这样，阴也如此。

在一般情况下，阴阳相比是阳淑阴慝。但阴之为善，在周易中也是常事。《坤》初之"履霜坚冰至，"固然是阴恶的朕兆，但《坤》六五之“黄裳元吉”，却是大善大吉之象。因为，五为尊位，六五以柔处尊，阴居阳位而得中，如着温文之黄裳，以柔顺之德，守中自居，是《坤》阴善为臣道的楷模，故曰大吉。《离》䷝六二“黄离元吉”，也是以黄色喻中。《离》为火，九四刚躁而不中不正，若猛焰易熄；九三处下体之终，前明将尽，后明当继，居于过盛而衰变之际，有日昃之凶。而六二则居中得正，文明中正，虽属阴爻却为大吉之象。《比》䷇六二“比之自内，贞吉”，表示六二阴居阴位，中而且正，上应九五，以中正之道互相亲比，如此坚贞不移，自然吉祥。《大有》䷍六五是阴爻，但“柔得尊位，大中而上下应之”（象传），上下五个阳爻都来应和六五一个阴爻，成为“元亨”（大好）的局势。《剥》䷖虽是众阴剥阳，君子道消，小人道长之卦，但其阴爻也不尽恶。六五能反剥为顺，率众阴以获宠于上九，所以“无不利”。这表明，阴如能改恶向善，应阳而顺阳，则为善阴。尤其是《谦》䷎卦，五阴一阳，一阳为成卦之主，五阴皆尊而从之。初六以阴柔之性居于最下之地，是谦而又谦的君子之象。可见阴德施于正道，亦可为君子。六二“鸣谦，贞吉，”六四“鸣谦，利用行师”，等等，其阴爻非吉即利，无一凶咎悔吝。因为阳主刚，阴主柔，阳主动，阴主静，阳主奋进，阴主谦退。《谦》卦的五阴，皆以谦顺之性襄佐九三阳爻，共树谦德。阳唱阴和，成事之道，故而周易六十四卦中，唯独谦卦卦爻辞完全吉利。这对人们正确认识阴阳的淑慝善恶，很有启发作用。

综合上述阴阳各例的淑慝情形来看，可以说，在周易思想中，虽有阳淑阴慝、扶阳抑阴、喜阳恶阴的一面，但不可为典要，还有唯变所适的另一面。概括来说，衡量善恶的准则大体上还是孔子所说的“阴阳合德而刚柔有体，以体天地之撰，以通神明之德”（《系辞下》六章），所谓阴阳合德，是说阴阳各以自己的独特性能，取长补短，互相配合。《乾》《坤》的精义即在于此。《乾》健《坤》顺，《乾》刚《坤》柔，《乾》始《坤》成，《乾》主《坤》从，阴阳各以其性能互相偕作，便形成有刚有柔，刚柔得体的万般事物，包括卦爻在内。这样，便能体现大自然的造化情态和奥妙无穷的变化功能。简言之，阴阳合德为善，否则为恶。揆诸上述各例，无一不合乎此一准则。《乾》《坤》作为代表，从根本上体现出这一准则。《乾》取象于龙，《坤》取象于牝马。一以健动，一以健顺，一则“飞龙在天”一则“黄裳元吉”，阴中有阳，阳中有阴，龙马合德，和谐前进。此种情况是阴淑阳善，无可指摘。而一旦出现阳刚躁进、独阳无阴（有进无退）的“亢龙”，或出现阴极拒阳的“龙战于野”，阴阳失调，各自为政，则阴阳俱善转而为阴阳俱恶，“正复为奇，善复为妖”（《道德经》五八章）。故此，《乾》上六“亢龙有悔”是告诫阳悬崖勒马，勿食恶果，不是扶之，而是抑之。同理，《坤》上六“其血玄黄”，也是告诫阴切勿忘记顺阳偕阳的本性而妄想自尊，也是抑之以理，而非恶而抑之。其他《比》六二、《离》六二、《大有》六五、《剥》六五等都是以阴守中道应阳谐阳而受褒扬。阴阳二气合则双美、乖则俱伤的原理，表现得十分清楚。有个比喻说，阳为义，阴为利。阴似乎为不善。其实利非不善，周易有多处言利。但利须合于义，始为善。乖于义，则利非善而为恶，义利和谐，斯为善道。这一点，对理解周易阴阳淑慝的原理，十分重要。

但如前文所述，周易确有阳淑阴慝、喜阳恶阴乃至扶阳抑阴的倾向。这一点，就其心理根源来讲，大约同天人合一的思想有一定的关联。自然界中有光明与黑暗，光明为阳，黑暗为阴。喜光明而厌黑暗，是人之常情，虎为阳刚，蛇为阴毒，喜阳刚而恶阴毒,也是人之常情。如此等等,对自然现象的此种不平衡的心理,施于人事,可能便成为喜阳恶阴的观念。如尊崇光明正大的阳性行为而厌恶阴谋诡计的阴性活动之类,便属于这种心理。也许人们的此种心理反应到周易中,便造成贬阴褒阳的倾向。

不过,尽管阳为君子而阴为小人这样的不平衡强烈存在,但周易里却绝对没有扶阳灭阴的思想,所谓"《易》以道阴阳",所谓"一阴一阳之谓道","阴阳不测之谓神""阴阳合德而刚柔有体"等著名的论断,都已从根本上表明阴与阳是相依相交、相反相成的统一体,不能偏废。故而宋人叶适所说"道者,阳而不阴之谓也。一阴一阳,非所谓道也"(《习学记言》四),以及"《易》之始,其有阳而无阴"(《习学记言·太玄》)云云,这种独阳无阴的说法,实为违反常识与《易》理的浮浅之言,前人已驳之凿凿,无需再赘。关于阴阳的相互关系和阳淑阴慝之义,朱熹是这样阐述的。他说:

"夫阴阳者,造化之本,不能相无,而消长有常,亦非人所能损益也。然阳主生,阴主杀,则其有淑慝之分焉。故圣人作《易》,于其不能相无者,得以健顺、仁义之属明之,而无所偏主。至其消长之际,淑慝之分,则未赏不致其扶阳抑阴之意焉。盖所以赞化育而参天地者,其旨深矣。"(《周易本义》坤卦注)

这段话所说的阴阳互相对待而不可偏缺,有淑慝之分,必要时扶阳抑阴,这三点与本文上述观点相同,但阴阳淑慝在某些时空情的条件下会有转化一点,这段话却没有触及,也许朱熹站在先圣的立场上,维护阳气,不愿涉及"善复为妖"的逆转吧。

综合上文,从总体上看,周易是一方面讲阴阳变易之道,认为阴阳相反相成,缺一不可;另一方面却持有扶阳抑阴的倾向。它对阴阳两个对立面,不肯平等看待,而是有尊有贱,有褒有贬。这和现代辩证法矛盾统一律中两个对立面受到平等对待,无分贵贱善恶,价值相等,谈不到扶此抑彼的情况,迥乎不同。周易的阴阳观当中所以存在尊卑不同的褒贬性,除上述喜明厌暗的心理作用外,很明显,这是由于天人合一的道德观念起支配作用所致。可以说,这是周易辩证思维有别于其他辩证思维的最大特点。

四面八方

在阴阳两点论的基础上运用卦象的多种变化来开展思维,是周易辩证思维的又一特点。由于它的活动面很多,本文以成语形容之,名之曰"四面八方"。周易是一部披着占筮外衣,以君子之道施行伦理教化的书。但它的伦理教化,不像其他儒家经典那样直接说教,而是把中正思想和阴阳之道密切融合,以辩证思维方式对世人的立身行事进行指导和劝诫。在这方面,除了上述告诫世人,在对待问题上要从阴阳两面考量,刚柔并济,知几、知时、知时、知度、守中勿亢、预防邪变等以外,还通过卦象的变化,对世人处理问题表示出多面思维的方法。

下面,通过实例试作分析和说明。

在另文"周易的本性是什么"当中,笔者曾对孔子所说的"观象玩辞"和"观变玩占",作过详细的探讨,认为孔子的意思是说,君子遇到重大问题需要解决时,可以从周易中选出与自身处境类似的卦,观察研究其象与辞的含义和变化,据以推断未来的

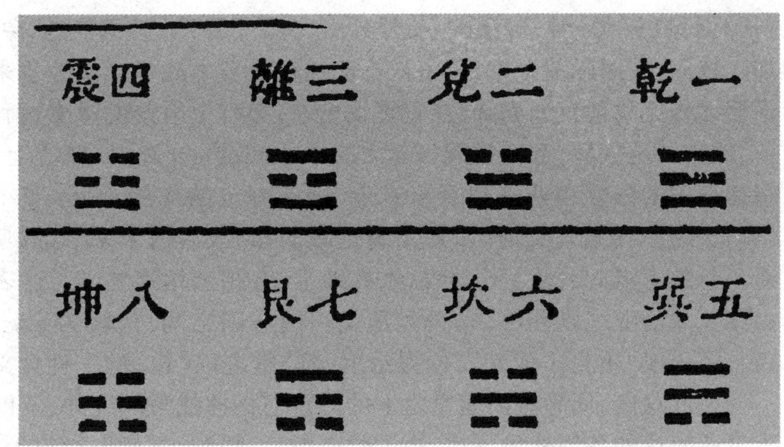

八卦图，出自宋·朱熹《周易启蒙》

吉凶。现在，本文就按照这种精神，结合卦例，谈谈其中蕴涵的多面思维问题。

先谈《师》卦。

《师》是讲军事规律的卦，是兵家的象征。假定有人身负军事重任，面对战事，便可以选出相应的《师》卦，观象玩辞，观变玩占，从中汲取周易所提供的指南，这里就存在一个四面八方多角思维的辩证方法。

首先是观象。

《师》䷆卦的卦象是上《坤》下《坎》。《坤》为地，为众为顺，《坎》为险为水，合起来看，是地中蓄水，象征众人聚集，内险外顺，险道而以顺行，正是军队与战争的影像。六爻当中，九二一阳统领五阴，呈现主将率师之象。六五柔居尊位，与九二阴阳相应，有君命将受，上下和谐之象。

其次是玩辞。

《师》卦辞"师，贞；丈人吉，无咎"是说，行军作战要基于正道。老成持重者为主帅，吉利无咎。初六"师出以律，否臧凶"，是说行军要讲纪律，否则虽胜亦凶。九二"在师中，无咎，王三锡命"，是说九三主帅以刚居中，刚柔相济，上应六五柔居尊位者的信任，多蒙嘉奖。六三"师或舆尸，凶"，是说政出多门，号令不一，必至大败。六四"师左次，无咎"，是说当退则退，无咎。六五"田有禽，利执言，无咎，长子帅师，弟子舆尸，贞凶"，是说执政者为反侵略而兴师，不为兵端，无咎。但任将必专，倘若任长子而又使弟子分权，虽正亦凶。上六"大君有命，开国承家，小人勿用"，是说战胜而论功行赏之际，对有功的小人只可重赏，而不可委以权柄。

总起来说，全卦文辞是讲兴兵作战的基本法则。古今中外，概莫能外。详解已见另文，兹不复赘。

一般来说，通过上述观象玩辞之后，对《师》卦的内涵的了解已经差不多了，但依照周易的思路来说，身居指挥地位的统帅，仅仅想到这里还不够，还应扩大眼界，围绕《师》卦展开多方面的思考，以便从其象变中加深对战争的认识。

（一）要从卦序上想一想

《师》卦从哪里来？往哪里去？按《序卦》说，《讼》的卦象是䷅，上天下水，天气上升，水性下沉，双方相背而行，象征人事违和，发生重大矛盾，因而兴起争讼。而且

《讼》卦继以《师》卦，卦象骤变，外卦由《乾》变《坤》，改天换地，象征争讼激化，暴力相加。故而，就国际关系来讲，争讼不已往往会发生战争。从战争来说，作为国之大事，不会无缘无故地自天而降，在它爆发之前，必有个争讼的量变过程。所以主战者在战前、战中乃至战后，都应把战争起因的矛盾问题（争讼）放在心上，不可忘却。这对于指挥战争的分寸和处理战后事宜上，都有一定的作用。另一方面，反过来还要看看《师》卦之后跟着什么卦，以便高瞻远瞩，看到战后的未来。继《师》卦而来的是《比》卦。卦象为䷇，上《坎》下《坤》，水在地上，有相亲相附之义。这表明，战无常战，战久必和。战争继之以和平，是天经地义。国与国之间，仇转为亲，亲转为仇，是家常便饭。俗语说“不打不成交”，便揭示出《师》继之以《比》的一种含义。

如此这般，周易教诲庙堂之上的元首与指挥战争的统帅，不仅要切实掌握《师》卦本身所表达的各项战争规律，还要瞻前顾后，想到兴《师》之前的《讼》因，以及《师》止之后的《比》情。这样，才能做到从阴阳互交互变的《易》理上，把战争作为一个在时间空间的情节中发展演变的过程，来全面认识和正确对待。

（二）要从错卦上想一想，寻求有益的启示

与《师》卦象相错的是《同人》卦。卦象䷌，《乾》天在上，《离》火在下。天与火当然不同，但天气上升，火焰也上升，在趋上一点又有共同性。基于此，名此卦象为《同人》，即求同于人之义，主旨是要以《乾》天《离》火的正大光明去求同于天下人，亦即广泛团结天下人，越多越好。对《师》卦来说，所谓《同人》涵有双重意义：一是与天下人广泛地求同存异，团结起来，增强力量，以克敌制胜，类似今天的统一战线策略。二是对敌作战，也不能悖乎天理人情，也要遵守共同的战争法规，如“不斩来使”“投诚免死”和“不虐杀战俘”之类，对交战双方来讲，是异中之同，作为正义之师，理应求同而遵行。如果异中求异，背理趋极，则独阳无阴，失道寡助，必败无疑。故此，在大是大非，势不两立的战争情况下，也不要忽略一切事物都是同中有异，异中有同，同异相反相成，不可或缺的辩证规律。兴师作战的场合也不例外。虽然《师》义在战争，《同人》义在团结，相反相异 ，但异中有同，求同有助于制异，所以《易》象显示的这个道理，也是统帅者不可忽视的重要法则。

（三）再深入一步，看看互卦里蕴藏着什么道理

看过本卦、前卦、后卦（综卦）和错卦之后，观变玩占尚未完结。为了尽量挖掘《师》卦的奥义，还要深入分析其卦象所含的互体结构，从中发现相关的有用思想。

《师》卦䷆所含的卦是《复》卦。即：二、三、四爻交互成《震》☳，三、四、五爻交互成《坤》☷，合为地雷《复》卦。而《复》卦翻过来（综）又成为《剥》䷖卦。所以，《师》卦内部蕴涵着《复》《剥》两卦。这两卦表现阴阳互为消长互相转化的规律，可以从《师》的角度合起来参看。这对用兵之道来说，可以悟出如下两个道理：

——阳代表胜利、顺利，阴代表失败、困难。如同阳不能永长常消，阴也不会常盈久虚，而是消长盈虚，转化不已一样，战斗既不会常胜常顺，也不会永败永困。作统帅的应认识到事物发展的这一阴阳互为消长的原理，胜而不骄，败而不馁。即使不幸而屡遭败绩，也要坚定正义之战最后必胜的信心，善于保持被剥殆尽的硕果（《剥》上九“硕果不食”）而争取“一阳独复”（《复》初九为阳复之象）的胜机。这样对于主帅来

说,《剥》《复》两卦阴阳互为消长而阳无剥尽之理的规律。便成为破除畏难、坚定胜利信心的理论依据。

——《复》卦有返本还源的思想,用于人事,意味着走错了路而返回原处,重新进发,所谓知过必改,就体现《复》的思想。《复》卦主张及时改过,以免铸成大错,导致悔恨。所以初九说"不远复,无祇(不至于)悔,元吉"。而上六则谓"迷复,凶,有灾眚",指出迷路而不知复返于正途,必遭凶险、灾难。尤其是用这种有过不改的昏庸态度去打仗,终必大败亏输(用行师,终有大败)。这样,《复》卦所指示的知过速改,切勿"迷复"的人生指南,对于指挥战争的主帅来说,是克敌制胜、免于覆败的永恒准则。

这样,从讲求军事学的《师》卦所内含的《复》《剥》两卦中,至少能发掘出这样两条主帅所必备的指导思想。

以上,以《师》卦为例,试作"观变玩占"的结果,可以清晰地看到,作为思维展开的对象,以《师》之原卦为本,旁及所自之《讼》、后继之《比》(综),所错之《同人》,所互之《复》《剥》,总共六卦。这表明,思考一个对象,不像形式思维那样,只想到一个侧面,也不像一般辩证法那样,只讲究两点论,而是遵循阴阳之道,随卦象的演变,在对本卦观象玩辞的基础上,对本卦的前面、后面、反面、里面以及里面的覆面等,有关的卦象、爻象,都作出有机的思索与分析。当然,相关的卦爻象还可以扩大,这里出于示范之意,暂且到此为止。南怀瑾先生强调周易为"十面思维",那是一点也不夸张的。

基于上述分析,可以设想,假定人们在立身行事的道路上遇到某个重大问题 ,难以解决,如果能像上述那样,运用周易四面八方的思维方法,那就必然能认清难题的全貌,从中找出打开难题的钥匙。周易辩证法所提供的多面思维,同其他思维方法相比 有它独特的优越性。绝不能因为它的占筮外貌和素朴性而加以忽视。

附带补充:所谓周易的多面思维,是周易体系的有机运行的思维,是以卦爻象数辞的演变为外壳而展开的思维,主要地不是以语言或符号为外壳而活动的思维,周易的辩证思维及其多面思维都具有这一与众不同的特点。

模糊不清

周易的辩证思维还有一个明显的特色,就是它的模糊性。产生模糊性的根本原因在于,周易的辩证思维不是通过论述的语言直接运行和展开的,而是通过象数卦爻辞间接地运行和展开的。所以,其意义蕴涵于内,而其表达则模糊不清。

首先是取象的灵活多变。

如《乾》象天,象君,象父,象良马,象老马,象玉,象金,象寒,象冰……忽为天,忽为人,忽为物,忽为性,等等。必要时,也可以借《震》之龙象以为天象。随时变易,灵活多样,以义取象,并无绝对限制。其他诸象,例皆如此,前文多有述说,不必再赘。因此,泥象取义,则义不可解,而随义解象,则往往见仁见智 ,难以为准。这是周易思维的象数外衣所决定的,其模糊性来自先天"基因",不能克服。

其次是卦爻辞的假象喻理

周易的卦辞爻是对卦象爻象的解释，是象义的语言表达，它不是独立的文辞，而是卦爻象的注释。离象解辞，则辞多不可解，能解也不深切。故而解辞先要明象，象义明则解辞顺理成章，志趣自明。但象义本身灵活多变，辞义也难以通晓，一词一句究竟何义，往往难以确定。在卦辞方面，《复》卦辞之"反复其道，七日来复"，就是明显的例子。

按字面解释，大意为阳气依阴阳互相消长的规律反转回复，过不了七日。但以卦象为准加以体会，就出现分歧。下例四说，可见争讼之情。

①王弼之说："阳气始剥尽，至来复时凡七日——反复不过七日。"②侯果之说：五月《姤》至十一月《复》共七月，七日 即指七月而言。③孔颖达《周易正义》说："褚氏庄氏并云五月一阴生至十一月一阳生凡七月，而云七日不云月者，欲见阳长欲速，故变月言日。"④王夫之《周易稗疏》说："来复者自《坤》而言也，《坤》一变而即得《复》，故曰'不远复'。不远则非厉七卦明矣。盖七者，少阳之数，《坤》为老阴，《乾》为老阳，故《乾》曰'用九'《坤》曰'用六'，不用七，八。数至于纯《坤》而无可消矣，于是其复速疾而七起焉。言日者，一昼一夜数极则反之谓。"

此外还有些异说，为避啰唆，不再列举。总之，由此可见，辞义之所以含糊难解，主要不在于词语本身，而在于其所表达的象义模糊多歧。亦即：阴阳二气互为消长的运行与季节时序的关系，从象义来说并不明确，以致诸家注释，出现分歧。关于《临》卦辞"至于八月有凶"，也是其说不一。其情仿佛，可以想见。另文已有详述，无须复赘。

此外，周易的文辞，多采取比喻的手段，以辞象喻理，尤其是爻辞，几乎都是这样。

首先，卦名也有些辞象。如《屯》鹄为草木幼芽在地下萌动，即将破土而出之象，虽有困难，但前途光明。用以名卦，是喻示《乾》《坤》始交，万物初生，雷雨满盈，混沌而艰险。但新生事物，必将破除险阻而大有发展。《蛊》卦的蛊字，是食器生虫或庄稼生虫之象，用以表示卦象庾，是山下有风，风受阻于山，不得畅发，以致事物郁积而蛊坏的含义，如此等等，卦名以象喻理而不直说。此种思维方式，卦辞比卦名更多。《坤》之"利牝马之贞"，《屯》之"勿用有攸往，利建候"，《蒙》之"匪我求童蒙，童蒙求我"，《师》之"丈人吉"，《小畜》之"密云不雨，自我西郊"，《履》之"履虎尾，不咥人"，等等，皆以辞象喻示卦象之义。六十四卦，大多如此。至于爻辞，则以象喻理者，也比比皆是。故而称之为辞，不如名之为"辞象"，更贴近实情。从《乾》《坤》看起，《乾》是龙（九三外其他各爻）和君子（九三）二象，《坤》从"履霜坚冰至"、"直方大"、"含章可贞，或从王事，无成有终"、"括囊，无咎无誉"、"黄裳元吉"，直到"龙战于野，其血玄黄"，六爻六象。六十四卦中爻辞辞象中最少的是《乾》，最多的当以《坤》为代表。不取象喻理的爻辞，一卦也没有。如此，从卦名、卦辞到爻辞，周易的文辞充满了形象（利有攸往、利涉大川之类的占辞应视为行为的辞象），再加上辞象所本的卦象，周易通体处处是象，孔子所谓"《易》者象也"，可谓一言中的。如上所述，假象喻义，是周易思维的特色。

但是，周易这一特色（包括象数和辞象两个方面），有其便于蕴蓄义理而耐人玩味的优点，也有其寓意多歧、模糊不清的缺点。从思维的角度来说，这是一种借助形象的模糊性来含蓄而曲折地表露微言深意的思维方式。依孔子的体会，周易蕴涵圣人对衰世的忧患意识，故而"其旨远，其辞文，其言曲而中，其事肆而隐"，这一体会，正确地抓住了周易假象喻义的根本原因。而周易之难读多解，同象义的模糊性，有密切的关系。在爻辞的形象方面，表现得尤为明显。

例一，《随》䷐六二"系小子，失丈夫。"

系是随而不舍之意。六二所系的小子，所失的丈夫指何而言，辞象的表现并不清楚，以致注解产生分歧。王弼、孔颖达、程颐、朱熹等认为，六二阴柔，乘初九之阳，初九在下，是小子；九五居上卦尊位，是丈夫。但俞琰，龚焕，查慎行，金景芳却另有解释。他们认为，《随》卦与他卦不同，专取相随相比，不取相应。周易以阳为大，以阴为小，六三与六二相比，六三阴爻，故称小子。六二下比初九，初九阳爻，故称丈夫。六二既系于六三小子，当然就失去初九丈夫。同是针对《随》六二，却有如此分歧的解释。原因端在于"系小子，失丈夫"这一辞象，并未将所系所失的关系表达清楚。

例二，《贲》䷕六五"贲于丘园，束帛戋戋，吝，终吉"。这一辞象中的丘园（丘墟园林，质素之处），指何而言？贲于丘园，是谁施贲（加以文饰），谁受贲（接受文饰）？这两点，诸说纷纭，令人莫衷一是。大体情况是，郑玄，荀爽，王弼，苏轼，程颐，何楷，来之德，陈梦雷诸家，认为丘园指上九，阳刚在外，高尚其事，多数学者采取这种看法。但也有不同的体会。如王肃则认为六五"失位无应，隐处丘园"（孙星衍《周易集解》引《文选》注），视丘园为六五。李道平另作主张，说："愚案：五下应二，贲于者，贲二也。二互体《坎》，《坎》为隐伏，隐士之象也……二以一阴居两阳之间，亦外高中下之象。"《九家说卦》曰"'坎为丛棘'，园有树木，丘园之象也"（《周易集解纂疏》卷四），以六二为丘园。更有甚者，杨诚斋别出心裁，以初九为隐居丘园的高士。他说："初九（贲其趾，舍车而徒）义不乘六二之车，舍之而徒行者也。六二不能招初九，而六五之君乃能致之。"（《诚斋易传》）意为：初九之阳虽比近六二之阴，但于义当远应于六四之阴，故而舍易就难，舍车而徒步。虽六二不能招致初九，但六五却能，因为它是君主，能召贤起隐。这样一来，丘园又变成了初九。当然，王肃之六五说，李道平之六二说以及杨诚斋之初九说，虽属于少数派，但都有象数义理的根据，均可备一说。

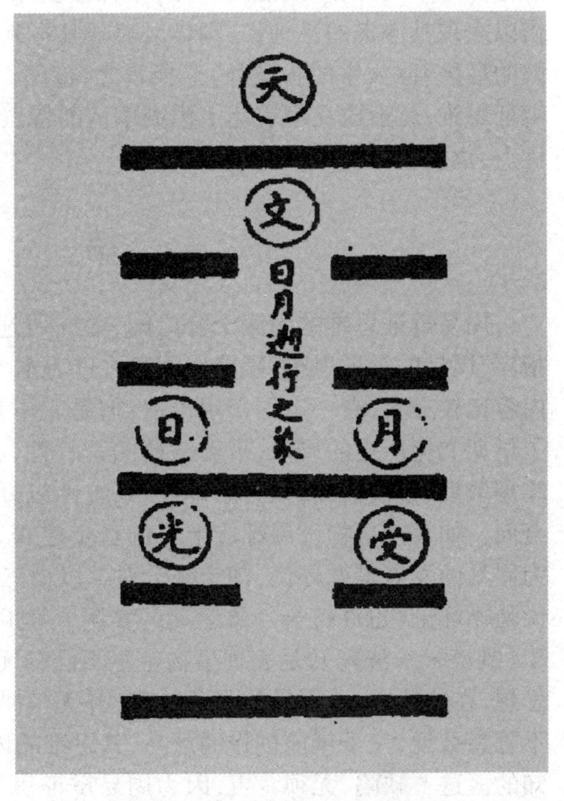

贲天文图，出自宋·佚名《周易图》

此外,关于施贲、受贲问题,也是其说不一。程颐、苏轼、金景芳等认为六五受贲于上九。程之言曰:"六五以阴柔之质,密比于上九阳刚之贤,阴比于阳,复无所系应,从之者也,受贲于上九者也。"(《易传》)。但有些《易》家则认为六五贲于上九,荀爽、王弼、孔颖达、来之德、陈梦雷等便是这样。陈氏说得最明白,他说:"六五柔中,为《贲》之主。——五比上以成贲者,人君虚己以求山林隐逸之贤,故有不贲于朝市而贲于丘园之象。"(《周易浅述》)持 这种观点的人,似乎较多。上述这些,是传统的分歧之见。而今人的见解,尤有异军突起者。如《周易必读》的作者房松令的新解是,"六五居《艮》之中,为丘园。与三四为《震》,故有车奔丘园之象。六五爻动,《艮》化为《巽》,《巽》为入,为进退,为进门之象。之卦《家人》,故为成亲之象。虞翻曰:'《巽》为帛为绳,艮手持,故束帛'。风入于山为有事,故曰'吝'。终成家人,自然吉利。"把六五辞象解为迎亲成家之象。这是他把《贲》卦视为表现婚事的观点所派生的必然的解说,和传统的各种说法,迥乎不同。以上这些分歧的见解,孰是孰非,这里暂不作评论。本文引述这些东西的意图是,从这里可以具体看出,周易同一爻的辞象,会产生如此纷纭的歧见,并且进一步认识到这些歧说产生的原因。

上述诸例表明,周易文辞所以难以解读,所以产生歧解的原因,一是它叙事说理不是使用交际语言,而是借用形象语言。二是在于形象语言(即辞象)与卦爻象的关系灵活多变,含糊不明。统而言之,就在于"象"(卦象爻象辞象)的多义性产生了多解性。追本溯源,应该说,周易的作者在创作时故意采用这种以象喻理的手法,一则借以表现其渊奥的义理;二则借以表现其不满衰世乱政的忧患意识,以致产生如此难解的后果(除文字的古奥外)。换言之,就创作思维的角度来说,利用模糊思维来表达辩证思维,就造成义理表达上模糊不清的特点。也许,这既是表现周易思维独创性的优点,也是它含混不明的缺点。

结　语

周易辩证思维的内涵十分广阔,前面所述,只是其概略情况。作为结束语,必须指出,周易的辩证思维,虽然以阴阳之道为本,有一定的自觉性,并且在原理的运用上内容比较充实,有一定的实用价值,但是它毕竟是中国上古时代的精神产品,避免不了早期文化历史的局限,带着浓厚的素朴性,除了寓理于占筮的象数文辞,在表达上零零散散,模模糊糊,缺乏条理性、系统性以外,较之现代的辩证思维方法,内容亦不全面。如表现事物发展螺旋上升的否定之否定律,在周易就不见踪迹。但许多人认为周易的发展是循环论,却未必全对。以十三消息卦的阴阳互为消长规律来看,可以说是循环论(也许符合气象运动的实际),但以六十四卦整体来看,始于《乾·坤》终于《既济·未济》,乃是表现事物生生不已的无限大,并无返回《乾·坤》,循环不已的思想,在这些方面,周易的借象喻理,并无清晰的表达,需要深入探索,以明究竟。但不管怎么说,三千年前创作的周易,其思维的内容不及后代全面,是无待细说,可想而知的。这一缺陷,无须苛责,因为周易辩证思维的素朴性,是历史局限性的表现。应该看到,周易作为六经之首,它所蕴涵的辩证思维,具有前述种种独特性、优越性,值得后人深入挖掘、层层探索,取其精华,以充实自己的思维世界。

从总体来说,周易的思维是综合思维。周易的思想中心是阴阳之道,在展开阴阳之道的思维时,是以阴即阴阳即阳,阴阳与其自身同一这样的形式逻辑为思维基础;而以阴阳相反相成,互相转化这样的辩证逻辑为思维主体;并以假象喻理的象数思维所造成的模糊思维,作为表现的手段。总而言之,周易是集形式思维、辩证思维、象数思维、模糊思维于一体的综合思维。这一综合思维的哲学实体,古今中外只有周易一例,未见其他。